郑云／著

海丝申遗话月港

厦门大学出版社
XIAMEN UNIVERSITY PRESS

国家一级出版社
全国百佳图书出版单位

图书在版编目(CIP)数据

海丝申遗话月港/郑云著. 一厦门:厦门大学出版社,2015.10
ISBN 978-7-5615-5497-5

Ⅰ.①海… Ⅱ.①郑… Ⅲ.①水路运输-交通运输史-漳州市 Ⅳ.①F552.9

中国版本图书馆 CIP 数据核字(2015)第 191369 号

官方合作网络销售商: dangdang.com 亚马逊 amazon.cn JD.com 京东

厦门大学出版社出版发行

(地址:厦门市软件园二期望海路 39 号 邮编:361008)
总编办电话:0592-2182177 传真:0592-2181253
营销中心电话:0592-2184458 传真:0592-2181365
网址:http://www.xmupress.com
邮箱:xmup @ xmupress.com
厦门市竞成印刷有限公司印刷
2015 年 10 月第 1 版 2015 年 10 月第 1 次印刷
开本:720×1000 1/16 印张:19.5
字数:300 千字
定价:189.00 元
本书如有印装质量问题请直接寄承印厂调换

序 PREFACE

序一

● 郑国珍

　　几千年的历史长河中，人类从事着多种多样的生产和经济活动，创造了多姿多彩的文化艺术。有巴比伦空中花园、亚历山大港灯塔、罗德岛太阳神巨像、奥林匹亚宙斯神像、阿尔忒弥斯神庙、摩索拉斯陵墓、埃及金字塔与中国秦始皇陵兵马俑八大奇迹。还有当代人评选出的 788 处人类"自然和文化遗产"，目前我国已成功申报的世界遗产中，文化遗产 33 处，自然遗产 8 处，自然与文化遗产 4 处，文化景观 1 处。2014 年 6 月 15 日在卡塔尔多哈召开的第 38 届世界遗产大会上，"中国大运河"项目成功入选世界文化遗产名录。同时，由中哈吉三国联合申报的丝绸之路"长安—天山廊道路网"亦成功申报成为世界文化遗产。至此，中国的世界遗产总数达 48 项，继续稳居世界第二。丝绸之路全长 5000 公里，涉及 3 个国家 33 个申遗点，国内有 4 个省共 22 个遗产点，这是中国首个跨国申报项目。这个项目把古代从长安出发穿越河西走廊，途经中亚、西亚、北非，最后到达非洲和欧洲的"陆上丝绸之路"，总长 8000 多公里断截了一半。而由中国明代郑和七下西洋和西班牙哥伦布四次出海远航发现美洲新大陆为主线的"海上丝绸之路"，也正在申报进入世界文化遗产名录。其中，中国的蓬莱、扬州、宁波、福州、泉州、漳州、广州、北海、南京九个城市，联合捆绑申报世界文化遗产名录，于 2013 年 11 月 17 日正式列入《中国世界文化遗产预备名单》。这些城市都是中国"海上丝绸之路"不同时期的始发地，漳州月港是明代中后期中国唯一合法的"海上丝绸之路"港口，也是当时海外交通贸易的中心。漳州月港在我国海外交通史上占有举足轻重的地位并产生重大影响，是此次"海上丝绸之路申遗"不可或缺、无可替代的申遗点。它上承宋元时期的泉州"海上丝绸之路"文化，下启清朝的广州"海上丝绸之路"文化，上接东海、黄海，下连南海，处于中国"海上丝绸之路"的中南部。漳州月港创造的"海上丝绸之路"业绩是其他城市无可比拟的，漳州海商有团结互助、宽容融合、爱拼敢赢的文化精神，是中华民族传统美德的典范，具有鲜明的时代性和历史性。

由龙海市博物馆馆长郑云同志编撰出版的《海丝申遗话月港》，准确地抓住"海上丝绸之路"申遗的时代脉搏和历史定位，较全面系统而又具体生动地介绍了漳州月港的文化资源和遗址现状，以历史场景和社会人文的视野，从不同角度展示漳州月港兴衰成败和辉煌而多舛的命运。作者在消化吸收已有研究成果的基础上，充分挖掘民间和社会人文资料和信息，探索运用多方位、多层次、多渠道研究架构，重新审视和整合月港的历史背景、文化积淀、遗产价值和社会地位，力求有新的突破、新的展现、新的作为。本书图文并茂、情景交融、引经据典、详实可靠、主题突出、提纲挈领、观点鲜明、令人深思。我认为，作者的贡献在于为"海丝"申遗献策献计，为月港文化资源开发利用尽心尽职，为提高月港国内外知名度出智出力。

龙海素有"物华天宝、人杰地灵"的美誉，有着悠久的历史、丰富的内涵和诱人的魅力，月港文化是走出去的文化，也是龙海文化的重要组成部分。龙海文化需要弘扬，月港文化更需要挖掘和传承。

龙海人要十分注重月港这个独一无二的文化资源，加快保护、开发与利用，将资源优势转化为发展优势，将发展的潜力转化为现实的发展能力。本人与作者多年接触交流，并同在文物战线共事，其学养、见识和务实、勤奋，为同道们所称道赞许。该书的编辑出版，不仅是"海上丝绸之路"申遗工作的重要内容，也是对当地的经济、社会及人文环境的侧面反映，是一项很有意义的文化工程。

我衷心希望龙海这块瑰宝在各方面的共同努力下，放射出更加夺目的光彩，为海峡两岸交流往来注入新的活力，为"闽文化"的发展写下浓墨重彩的篇章，为实现中华民族伟大复兴的"中国梦"而做出更大的贡献。

是为序。

2015 年 4 月于榕城

（序者为中国文物协会副会长、原福建省文物局局长）

序 PREFACE

序二

✎ 李金明

　　人类进入21世纪以来，世界经济格局仍旧以美国为主导的少数西方发达国家，凭借其强大的综合实力，利用现行各种国际规则，保护和扩大其既得利益。随着经济全球化背景下"金砖国家""砖石十一国""展望五国""灵猫六国"等新兴市场经济体的崛起，国际经济力量对比发生了一些新的变化。这些国家崛起，强烈要求建立更合理的国际政治经济新秩序，中国、印度、俄罗斯、巴西等新兴经济体群体性的发展起飞，推动国际力量格局的变化演进，而发达国家既得利益集团内部"两极"格局初露端倪，全球的"新旧"力量正在激烈碰撞，加速重组，世界多极化逐步形成并深刻地影响未来的世界经济新格局。

　　面对世情、国情的深刻变化，中国新一代领导人科学地判断时代潮流的发展大势，准确把握国际形势和环境的变化特点，以战略的高度和前瞻的视野，因应国际因素的变化，提出构建新型大国关系，共建"丝绸之路经济带"和"21世纪海上丝绸之路"的新举措、新理念、新道路。这是"古丝绸之路"赋予我们这个地理文化互联互通，经济一体化的新灵感、新思路，是当代中国合作共赢外交新策略的具体体现，是对亚欧大陆桥的纵向延伸和横向扩容。其战略构想，顺应了历史的呼唤，又反映了民众的心声。"丝绸之路经济带"东边牵着亚太经济圈，西边系着发达的欧洲经济圈，被认为是"世界上最长最具有发展潜力的经济大走廊"。"21世纪海上丝绸之路"将中国和东南亚国家的沿海港口城市串联起来，通过海上互联互通，港口城市合作机制以及海洋经济合作等途径，最终形成海上"丝绸之路经济带"，不仅造福中国与东盟，而且辐射南亚和中东以及沿线地区。

"一带一路"是国家不断深化国际合作，开拓国际市场的新空间、新领域，是培育中国对外开放新优势，是在平等的文化认同框架下的战略性经济合作，是国家层面的顶层设计，体现的是和平、交流、理解、包容、合作、共赢的精神，代表着一个新时期更大的构想。它是伟大"中国梦"的合理延伸，顺应了当今世界经济、政治、外交格局的新变化，将把沿线国家和地区人民追求美好生活的梦想连在一起。"一带一路"不是中国一家的事，而是各国共同的事业；不是中国一家的利益独享地带，而是各国的利益共享地带。

"丝绸之路经济带"是在古代丝绸之路的概念基础上形成的一个新的经济发展区域，是古代"陆上丝绸之路"和"海上丝绸之路"的拓展和延伸。历史上如果没有西风东渐、西方商旅之行、张骞出使西域、郑和七下西洋、哥伦布发现新大陆，就没有丝绸之路文化。通过千百年来的发育，丝绸之路的悠久存在和美好记忆，已成为世纪交替、不可磨灭的中亚、南亚乃至亚欧大陆各族群众、各国人民的共同记忆和愿景。链接亚欧两大洲，辐射30多个国家的大动脉，总人口30亿的"丝绸之路经济带"已具雏形。古代海上丝绸之路始于两千多年前，中国的丝绸、瓷器、茶叶等精美物品从海上丝绸之路通过东南亚，向西，到达西亚北非，通达欧洲，一路播撒文明，传播和平，也繁荣了沿途各国的商贸活动和经济。"21世纪海上丝绸之路"强调的是中国与丝绸之路上东南亚国家的对等合作和互利共赢。

"一带一路"的提出，使沉寂几百年的故事，一下子引起社会各界的广泛关注，迅速在国内外各大媒体掀起波澜。随后，各学者、官员纷纷发表意见和主张，各种学术文稿，专著论文像雨后春笋般涌现出来。恰逢其时，龙海市博物馆郑云同志送来《海丝申遗话月港》稿件，嘱予审稿并作序。漳州月港的课题，对我而言，是心仪已久并已研究多年。月港今为福建省龙海市海澄镇，明朝时属龙海县八、九都，扼守漳州市区东南五十里之九龙江下游入海处，起于海澄港口，沿南港顺流经东直至海门岛，因其"外通海潮，内接山涧，其形似月，故名月港"。七世纪下半叶，由于荷兰等殖民者扩张东来，西班牙商人开辟了从马尼拉到墨西哥阿卡普尔科的"大帆船"航线，它们为了开拓国际市场，不惜武力侵占我国的台湾并直接和我国东南沿海地区贸易。而当时的明朝政府因"嘉靖倭寇"侵扰，实行"海禁"政策。地处偏僻、管理松弛的港口地理条件，促使海禁时期的漳州月港，作为私人贸易港口，逐渐孕育发展形成明代中后期我国东南沿海对外贸易中心，是当时"海上丝绸之路"的起航港，也是世界有名"海上瓷器之路"。

月港历史虽短，它上承宋元时期的泉州港，下启清朝中后期的厦门港，在中国和世界海洋交往中占有举足轻重的地位，在"海上丝绸之路"的千年历史变迁中具有不可或缺的地位。所以，历来诸多专家学者对漳州月港学术考究或著书立传都以海上交通贸易、海洋文化、社会习俗等内容为主线，阐述其历史地位和社会作用。读了这个稿件，觉得本书内容跳出传统的藩篱和衣钵，用新起点、新视野、新思维，探索和考证以漳州月港"海上丝绸之路"申遗项目的历史背景、人文素质、文化交流和习俗信仰，具有新意、创意、立意。总体而言，我觉得本书有以下几大特点：

一是主题鲜明。作者以月港申遗为主线，专门阐述"海丝申遗"的文化内涵、历史地位和社会作用，把"海丝精神"贯穿始终。特别提到，当前中央提出构建"一带一路""21世纪海上丝绸之路"战略部署以后，该书紧扣这个时代主旋律。作者紧紧地抓住月港海丝建设有利契机，以宽阔的视野、敏锐的眼光、创业的激情和执着的追求，秉承古代"海上丝绸之路"的价值理念、经济体系，融入"新海丝"的大背景，赋予新的时代内容。

二是思路清晰。该书以月港遗址为案例，以码头、街市、寺庙、牌坊、民居等考古实物遗址为依据，探索月港有关的海洋史实，勾勒出与海丝遗址关联的水下沉船、信函物件、民间习俗、海神信仰、戏剧传播、语言播迁等方面，进而阐述古代东西方贸易和文化交流的联系和影响，值得读者体味。

三是创新体例。本书采用实地踏查各留存遗址，对重要的建筑设施进行详细勘探、调查、测绘，结合遥感、卫星图像，分析月港遗址的地理环境、人文要素与城市规制，以此探讨月港遗址在"海丝"申遗中的地位与作用。同时，将月港"海丝"申遗与考古研究结合起来，重点介绍月港遗产的概况、规则与管理。书稿大量搜集散落民间的历史资料和佚失物件，广收博采、去粗取精、去伪存真、由此及彼，区别于一般文字论述和推理引证的研究论著，有较高的考古价值和科学价值。

四是联系实际。作者通过对古月港遗址的考究，紧密联系当地经济、社会、文化发展，使海内外了解月港，感知龙海，让龙海走出世界，融入"新海丝"大主场，让读者在重走"古月港陶瓷之路"的同时，深刻体悟漳州海商那种多元、包容、开放、进取的人文精神和时代烙印，并使之成为引领当代人开拓"21世纪海上丝绸之路"的力量源泉。

可喜的是，作者长期从事文物保护研究工作，对当地的历史资源、人文风貌、民俗习惯、社会沿革等方面有较深的认识，具有丰富的基层工作经验和扎实的专业知识，掌握第一手文物文化资料。因此，对漳州月港遗址的调查、考究和整理，不仅就有关月港史的论证和描述，更把漳州月港研究放在中国海洋史、世界史中去认识，将之与"新丝路"复兴的时代脉搏联系起来，使读者从中获取更多的收益和启迪。

近年来对漳州月港研究的论文专著不断涌现，但以"海丝申遗"为经，以遗存资源为纬，生动地勾勒出漳州月港在漳州海洋经济及国际海外贸易的活动历史和现实作用的书为数不多，甚至罕见。郑云同志的研究成果"就填补了这一空白"。她为学态度严谨、言必有据，撰写言简意赅、思路明晰，作为研究月港文化的同行由衷欣慰并赞许认可。

该书的出版为发掘、研究与保护月港历史文化遗产提供了丰富、详实的资料，也为推介月港、弘扬月港文化精神，加快融入全国"海丝"战略提供宝贵的史料，值得渴望认识了解月港的人们一读。

此书即将付梓之际，作者嘱予为序，愚自知才疏学浅，难以胜任，但又觉盛情难却，于是聊表数语权以为序。

2015年6月于鹭岛

（序者为厦门大学南洋研究院教授、博士生导师）

前言
FOREWORD

对于海洋，人类从远古开始，就充满着求知的欲望，充满着探索的热情。自秦汉以来的两千多年，"海上丝绸之路"是中国历史上以丝绸和其他商品贸易为特征、连接中外海上贸易的交通线，以及由此建立起来的源远流长的东西方商贸流通、人员往来、文化交融的重要海上通道，对中国和沿线各国的经济社会发展产生深远影响。

当今世界正处于深刻变化之中，国际格局面临新调整，影响全球与地区环境的不确定、不稳定因素与日俱增。"共建30亿人的丝绸之路经济带"和"打造21世纪海上丝绸之路"是以习近平为总书记的党中央在这样的新形势下应对挑战，用开放倒逼改革而提出的重大战略部署。中国作为世界上第二大贸易大国，在改革开放30多年来取得举世瞩目的伟大成就，这使中国与世界的关系发生深刻变化。当今世界正处于大动荡、大变化、大调整的时期，多极化是一种趋势，由美国一极向美、欧、亚三极方向发展。"其中亚洲的中国经济持续增长尤其令人刮目相看，特别是随着中国经济的持续增长而国际地位逐步提高"①。中国正在走向富裕，成为消费大国和生产大国，但还不是经济强国或世界强国。中国这样的一个东方大国的迅猛崛起，导致世界力量强弱对比的改变，必然会引发国际上各种各样的强烈反应。世界各国，尤其是发展中国家，对中国寄托更多期盼，希望中国在世界事务中发挥更大作用，经济上进行更实

---

① 林珏：《试探中国在当代世界经济格局中的地位》，《中国国情国力》2005年第3期。

效合作。世情和国情的巨变，机遇与挑战并存，在这样的大背景下，中国新一代领导人，科学地判断时代潮流的发展大势，准确把握国际形势和环境变化特点，以战略的高度和前瞻的视野因应国际因素的变化，拓展创新，全面推进外交理论与实践的发展。2013年9月7日，习近平主席在哈萨克斯坦纳扎尔巴耶夫大学发表演讲时指出："2100多年前，中国汉代的张骞肩负和平友好使命，两次出访中亚，开启了中国同中亚各国友好交往的大门，开辟出一条横贯东西、连接欧亚的丝绸之路。为了使欧亚各国经济联系更加紧密，相互合作更加深入，发展空间更加广阔，我们可以用创新的合作模式，共同建设丝绸之路经济带。"2013年10月3日，习主席在出访东盟国家时提出："中国愿同东盟国家发展好海洋合作伙伴关系，共同建设21世纪'海上丝绸之路'。"党的十八届三中全会确定："加快中国同周边国家和区域基础设施互联互通建设，推进丝绸之路经济带、海上丝绸之路建设。"这些都是党中央站在历史高度，着眼世界大局，面向全球发展

作出的重要战略构想，充分体现中国作为新兴大国所采取的新举措，所推出的新理念，所展示的新风貌，树立了负责任大国的光辉形象。

中国有14个邻国，另有6国隔海相邻，周边环境相当复杂。无论陆地还是海洋，中国都是一个大国，需要探索具有中国特色的新型大国对外交流合作之路。习近平同志提出的建设"丝绸之路经济带"和"中国与东盟命运共同体，打造新'海上丝绸之路'"，将其作为一项造福沿途各国人民的大事业，正当其时，顺应时势。一个发展中国家的崛起和复兴，一定会影响和改变世界格局。

"21世纪海上丝绸之路"建设是"一带一路"重大战略构想的重要组成部分，将从中国向西延伸，穿越东南亚，跨越西亚到达非洲，为沿线国家与地区的发展提供了巨大的机遇和空间。"21世纪海上丝绸之路"不仅仅传承了古代"海上丝绸之路"和平友好、互利共赢的价值理念，而且注入新的时代内容，合作层次更高，覆盖范围更广，参与国家更多，将串起连通东盟、南亚、西亚、北非、欧洲等各大经济

板块的市场链。新海上丝绸之路的实施涉及同中国相邻的东南亚,甚至印度洋更广阔的海域,即大约几十个陆上和海上邻国及周边国家,充分反映了中国新一轮改革开放的宏大经济愿景。通过向东南亚地区扩大开放,中国同周边特别是海洋地区的经贸往来和人文交流得以加强,既是弘扬中华文明实现"中国梦"的魅力与内涵,也为实现中华民族伟大复兴奠定基础。

一、月港丝路

16世纪下半叶,东亚形势发生了巨大的变化。东来的西欧殖民者为了开拓国际市场,在中国东南沿海一带展开激烈竞争,西班牙殖民者为维持在菲律宾的殖民统治,开辟了从马尼拉到墨西哥阿卡普尔科的'大帆船贸易"航线;荷兰殖民者在巴达维亚建立大本营后,为了直接打开对华贸易的大门,不惜动用武力侵占我国的澎湖列岛与台湾南部;葡萄牙殖民者则利用留居澳门的优势,经营着对日本、马尼拉和南亚的三角贸易。而此时在中国国内,明朝政府在经历"嘉靖倭患"后,不得不考虑改变海外贸易政策,有限度地开放海禁,准许私

人申请出海贸易。漳州月港就是在这种特殊的形势下应运而生。因此,从15世纪末期月港对外贸易悄然兴起,至17世纪中期逐步走向衰落,其间约有200年,月港一度成为"闽南大都会",成为闽南文化向海外传播的重要通道,是"海上丝绸之路"的重要组成部分,并且一开始就与国际贸易接轨,对中国国内乃至世界经济的发展都起到一定的促进作用。

伴随着月港的兴起,中国的陶瓷、丝绸、茶叶等物资通过这里源源不断输送到世界各地,漳州月港成为明王朝的"天子南库",也成为当时世界最繁忙的港口。武夷山"小种红茶"、闽粤乌龙茶也通过月港出口,今天欧美地区将茶叫成"tea",是根据当时漳州话发音而演变来的;各式各样的平和"青花瓷",如瓷盘、瓷杯、瓷罐,通过"克拉克"号商船运到欧洲,因此平和"青花瓷"等漳州瓷器被西方媒体称之为"克拉克瓷",平和生产出口的瓷杯是最早通行世界的茶杯。此外,明清时期,伴随着漳州陶瓷业的日渐繁荣,平和南胜窑及华安东溪窑等十里烟窑生产的瓷器产品经月港大量销往海外,使"海上丝绸之路"

逐渐演化为"海上陶瓷之路"。

闽南地区的出海口凡三变：宋元时期的泉州港，明代的月港，清代的厦门港。在长达千年的历史变迁中，漳州月港的历史并不算长，从 15 世纪中叶出人意料地崛起，到 17 世纪前半叶急剧衰落，前后不过 200 余年，最辉煌的岁月只有半个世纪。月港似乎是承上启下，完成厦门港替代泉州港这一历史宿命的过渡性港口。

月港时代虽短，却适逢其会，参与了欧洲文明与中国文明最初的直接接触。当葡萄牙人和西班牙人开辟全世界的航道时，月港商人扬帆出海，开辟了自己的东西洋航路，加入全球贸易体系。更重要的是，在受到中央政府控制甚至打压的情况下，闽南海商迅速崛起，在南中国海一带与西方殖民势力争夺海权。这一时期的大事，有汉人开始大量移民海外，台湾失而复得，欧洲传教士来华，美洲农作物传入中国等等。中国的航海史很长，可是我们很难再找出第二个这样风云际会、影响深远的时代。从这个意义上说，月港时代不仅是闽南的，还是全中国的。它辉煌而多舛的命运，由此充满传奇。

斗转星移，数百年后，青苔爬上昔日的窑墙，匣钵在红土中慢慢沉睡，这些饱含当年骄傲的老物件逐渐被世人遗忘时，关于文化遗产保护的呼声让它们又重新回到历史舞台。

二、海丝申遗

"海上丝绸之路"是中西方贸易往来的重要通道，更是中外政治、经济、文化交流和发展的重要线路。为了充分挖掘海丝资源，展示海丝魅力，保护海丝史迹，开发海丝旅游，弘扬海丝文化，就要展示海丝曾经拥有过的物质与精神财富。蓬莱、扬州、宁波、福州、泉州、漳州、广州、北海、南京等九个城市达成《泉州共识》，决定联合推动"海上丝绸之路"文化遗产列入《世界遗产名录》。

泉州早在 1980 年就开始包装"海丝"，1991 年 2 月 14 日，为纪念马可·波罗离开泉州返国 700 周年，来自 30 多个国家和地区的 100 多名官员、学者、记者聚集泉州，开展为期六天的学术研讨和海丝遗址实地考察，掀开了泉州申报"世界文化遗产"的帷幕；1991 年，建成泉州海外交通史博物馆；1992 年，筹划"海丝"申遗并被联合国教科文组织宣布为"海丝"中国段唯一入选城市；2001 年，泉州启动"海上丝绸之路·泉州史迹"申报世界文化遗产项目；从 2002 年元宵节起，泉州每年举办"海丝文化节"，配合申遗活动，向世界展示泉州文化积淀；2003 年，泉州向国家文物局递交规划申报文本，与广州等沿海城市捆绑申报；2006 年，泉州被联合国教科文组织列入《世界文化遗产预备名录》；2007 年，文化部批准以泉州为核心，成立闽南文化生态保护实验区；2013 年 8 月，泉州当选为由中日韩三国共同组织的"首届东亚文化之都"，为打造"21 世纪海上丝绸之路"先行区奠定良好基础。

宁波从 2001 年起，每年都举办"海丝文化节"，召开"海丝"国际学术研讨会，组织海外寻珍团，推动"海丝"研究的国际合作；2006 年国家文物局将宁波列入"海丝申遗城市"，随后还将庆安会馆改为"宁波海外交通史博物馆"；2012 年 5 月建立国家级研究平台——"海上丝绸之路研究中心"，与中国社科院开展战略合作，为海丝申遗打下坚实的学术基础。

广州于 1991 年加入"海丝"申遗行列，2002 年，以南越国宫署遗址、南越王墓和南越国木构水闸遗址为代表的南越国遗迹申报世界文化遗产；2006 年，热炒瑞典"歌德堡号"大帆船访问广州，建成广州海关博物馆，同年与泉州、宁波被国家文物局纳入"海丝"申遗城市，市委市政府制定《广州 2011—2020年文化发展纲要》，培育广州世界文化名城。

扬州是海陆"丝绸之路"的连接点和隋唐大运河交通枢纽，2005年，花巨资建成扬州市博物馆，陈列扬州"海丝"遗存物件；2006年年底，国家文物局将瘦西湖及扬州历史城区列入《中国世界文化遗产预备名单》，运河文化保护是传承运河文明的重要基础工作；2007年，国家文物局确定扬州为大运河申报世界文化遗产的牵头城市；2009 年 4 月，与泉州等地一起纳入国家申遗行列；2012 年，由国家文物局主办的大运河保护和申遗工作会在扬州召开，大运河沿线

8省市文物行政部门和33座城市的政府文物保护代表参加会议，对西湖文化景观、扬州盐商、大运河扬州段水工遗产等三个申遗项目开展专题研究。

蓬莱是国家历史文化名城，有2100多年建城史，古登州是中国与东北亚交往的贸易转运港口，也是"海丝"重要军事防御基地，与明州、广州、泉州齐名，被誉为"中国古代四大港口"。2006年启动的"海上丝绸之路·蓬莱史迹"申遗工作，确立以蓬莱水城为主体项目；2009年，与广州、宁波、泉州、扬州等城市联合申报世遗；2012年11月17日，在北京召开的全国世界文化遗产工作上，蓬莱登州港（蓬莱水城）及蓬莱阁天后宫、龙王宫等遗址入选《中国世界文化遗产预备名单》。

北海是最早的海上丝绸之路始发港，是汉朝经海路对外交流的重要都城。2004年，50多位专家学者齐聚北海就合浦"海丝"始发港历史价值开展研讨；2009年成立申遗小组；2010年北海成功列入国家历史文化名城；2011年8月跻身"海丝"申遗团队。

2012年年初，福州加入"海上丝绸之路"世界遗产申报行列，与蓬莱、扬州、宁波、泉州、漳州、广州、北海、南京等城市联合申报"海上丝绸之路"。国内水下考古发现，宋代沉船中的出水瓷器许多出自福州的窑口，数量比瓷都景德镇还多。福州主要申遗点包括闽王祠、淮安窑、马屋闽安古镇及三坊七巷等。

南京城墙建于元至正二十六年（1366年），长为35公里，为世界第一大城垣，2001年南京明城墙开始申遗，2012年打包"捆绑"西安城墙、兴城城墙、临海台州府城墙、寿县城墙等8家"明清城墙"，2012年进入中国世界文化遗产预备名单。

漳州于2009年举办首届海商论坛，邀请两岸三地近百名专家学者研讨漳州海商的人文精神，首次提出参与申报"海丝始发地"为世界文化遗产的议题；2010年全国"两会"期间，漳州籍政协委员正式向全国政协提交提案，开展一系列"海丝"课题调研，推动漳州"海丝"申遗列入福建、漳州"十二五"规划；2011年12月10日，漳州与泉州等七个城市在宁波共同签署《新机遇、新挑战、新跨越——中国"海上丝绸之路"北海、广州、泉州、漳州、宁波、扬州、蓬莱联合申报世界文化遗产行动纲领》；2012年2月，漳州市政府向国家文物局申报"海上丝绸之路·漳州史迹"；2012年11月17日国家文物局正式把蓬莱、扬州、宁波、福州、泉州、漳州、广州、北海、南京九个城市一起列入《中国世界文化遗产预备名单》，申遗工作取得阶段性成果，但申遗成功还任重而道远。

三、月港申遗

月港的辉煌与壮举体现了中国古代劳动人民杰出的聪明才智和非凡的创造能力，月港遗址是承载"海上丝绸之路"文明的独特遗产。我们从中可以追溯漳州海上贸易的发展轨迹，也可见证"海上丝绸之路"由兴盛走向衰退的历史过程。在参与申报"海丝"史迹的过程中，月港文化资源具有其他地区所没有的，且不可替代的优势与条件。

（一）历史回顾

长期以来，月港研究一直受到国际国内学术界的关注。随着考古发现的不断涌现和"海丝"申遗工作的启动，诸多海交史研究专家围绕月港的历史地位、价值和贡献等方面，撰写了一些考古报告和综述类著作。早在20世纪40年代，胡寄馨发表《明代福建对外贸易港研究》一文，以丰富的史料展现月港的历史风貌，指出月港是"近代中国国际贸易史上占重要地位的厦门兴起之先声，其兴起仍是值得我们重视"。此篇首开月港研究之先声。1957年，美国学者菲律乔治在《西班牙与漳州的早期通商》论述了明隆庆五年（1571年）西班牙人占领吕宋后漳州海商在吕宋与西班牙人展开贸易的情况，指出："西洋人通商，先在波斯湾，次移施拉尔，后迁至霍微拿斯。三四百年前，中国对外通商的地区，也曾三变，先泉州，次月港，最后在厦门。"之后，史学界几乎无人问津月港。直到80年代初，改革开放浪潮席卷，月港重新进入史学界视野。1980年，许在全发表《张燮与〈东西洋考〉》一文，分析明代漳州月港海外贸易情况。1981年，中华书局出版谢方校注的《东西洋考》，为月港研究的开展提供权威性的历史文献依据。1982年，陈自强《论明代漳州月港》、林仁川《明代漳州海上贸易的发展与海商反对税监高寀的斗争》、唐天尧《试论明代月港兴衰的原因》方文图《略论月港的兴衰》等论文相继发表，月港研究进一步深入和具体。

1982年10月下旬，由中共龙溪地委宣传部、福建省历史学会厦门分会联合主办的"明代漳州月港研究学术讨论会"在漳州召开，来自北京、福州、厦门、泉州等地40多位专家学者出席会议，提交了30多篇关于月港研究的学术论文，这次会议既是对月港研究的一次检阅，又是一次推进，引起社会各界高度重视，成果斐然。尔后，国内外学术界和学者陆续发表有关月港研究的文稿和专著。如厦门大学教授李金明的《明代海外贸易史》、林仁川的《福建对外贸易史与海关史》、杨国桢的《闽在海中》等书都论及月港。1999年，龙海文史工作者柯渊深编辑出版《明代闽南大都会——海澄月港》一书。2010年5月，龙海市政协编写《海澄月港》一书。2013年6月15日，中国社科院考古学研究所、国家水下考古中心、福建省博物院在龙海市博物馆联合举办"海上丝绸之路与漳州月港"研讨座谈会。2014年9月9日，龙海市委召开"月港文化研讨会"，邀请漳州市政协、闽南师院、漳州党校、龙海二中、海丝研究会、龙海党校的专家学者前来演讲和报告。龙海市委主要领导亲自主持会议，市四套班子主要领导及相关部门负责人领导50多名参加了会议，此次会议审时度势提出要"挖掘月港文化，凝聚社会力量，重振龙海雄风""保护月港旧区，打造月港新区"，积极主动参与建设"21世纪海上丝绸之路"和"海洋强国"战略。同年11月19日，由龙海市政协和龙海市海丝文化研究会联合举办的"月港文化课题调研工作会"在市政协办公楼二楼会议室召开，来自漳州市的相关部门领导、专家、学者及部分月港文化爱好者参加了本次会议。本次调研工作会是根据漳州市委主要领导提出的有关月港研究重点课题的内容进行调研和工作，取得丰硕成果。

（二）时间节点

2008年，漳州全国政协委员提交《漳州与泉州联合申报"海上丝绸之路"始发地为世界文化遗产的提案》，月港申遗拉开帷幕。

2010年9月，月港"海丝"遗址正式加入申报世遗行列。

2011年8月，漳州"海丝"工作推进会在龙海市钻石酒店召开。

2011年8月，龙海市委市政府成立以市长为组长的申遗工作领导小组，加快申遗步伐。

2011年12月，龙海市政府邀请省文物局专家实地考察月港，确定月港遗址包括7个码头和1条临江古街，作为"海丝"重点遗址纳入《海上丝绸之路·漳州史迹》申报世遗。

2012年3月，聘请福建省博物馆完成古月港《海上丝绸之路福建漳州保护管理规划》文本制订，协同漳州文化新局聘请北京建筑设计所吴东教授进行《海上丝绸之路中国段》的申报文本编制。

2011-2012年，邀请省文物局的专家现场考察，划定月港遗址的核心区和缓冲区范围并竖立界碑；在月港码头遗址的附近竖立有关遗址保护的告示牌、遗址简介牌；发布《关于月港遗址保护的通告》。海澄镇政府与豆巷村委会还制订《村规民约》，以有效保护月港周围环境。

2012年4月，国家文物局专家组对月港遗址进行书面评估和现场考察。市政府成立"迎检"工作领导小组，召开专题会议部署迎检工作。

2012年10月，顺利进入《中国世界文化遗产预备名单》。

2014年11月28日，"海上丝绸之路与世界文化遗产申报学术研讨会"在泉州召开，会议研究海上丝绸之路在世界文化交流和发展史上的重要意义和突出价值，促进各申报城市联手行动，推动"海丝"申报世界文化遗产工作，争取早日将"海丝"申报列入《世界文化遗产名录》。

总之，《海上丝绸之路·漳州史迹》就是以月港为中心，以陶瓷为主要贸易输出品的海外贸易，是明清时期漳州"海丝"文化的独特见证，也是全国"海丝"申遗不可或缺的重要组成部分。月港"申遗"一时成为热门话题，在文化界、史学界掀起波澜。

四、月港申遗作用

月港是明中后期至清代海上贸易的活动中心，见证了"海上丝绸之路"由兴盛走向衰退的历史过程，填补了"海上丝绸之路"发展历程的空白。月港有优越的地理区位、特殊的民间港口贸易形式、丰富精美的贸易输出品以及对当代海运贸易产生重大影响的海商人物，对漳州明清海洋贸易起着承上启下作用，在我国和世界海洋贸易交往中扮演着举足轻重的地位。以月港为中心的漳州明清海上贸易史迹是这条全球性的文化线路中不可缺失的部分。

打好"海丝月港"这张闻名世界的王牌，弘扬古月港历史文化，对今天建设21世纪"海上丝绸之路"有着非凡意义。漳州打造"海丝"品牌，申遗是重要的一步，也是必不可少的一步。通过申遗，可以使漳州参与国内国际更多交流合作，可以加强同周边特别是海洋地区的经贸往来和人文交流，可以弘扬漳州海商精神，使漳州站在新的历史起点上，有新的思路、新的作为、新的发展；将来漳州可以与"海丝城市"联合打造"新丝路"，通过与九城市的联合申遗，实现经济同

步、文化同融、市场同接，与东盟、南亚、西亚、北非、欧洲等各大经济板块串通衔接，从而掀起新一轮改革开放的宏大经济热潮，既是弘扬中华文明，也是实现"中国梦"的重要途径。

月港辉煌的历史不仅奠定了漳州在"海上丝绸之路"的重要地位，对中国乃至世界经济的发展都起到不可忽视的促进作用。过去，月港是大航海时代世界海洋贸易的重要枢纽，月港让中国的瓷器影响世界。月港输出了漳州窑瓷器等中国商品，换回了当时占世界50%以上的白银等外国商品，开启了中国白银货币时代，意义和影响非常深远。目前，月港文化遗存丰富、遗址众多、积淀深厚。有理由相信：龙海具备人缘、地缘和商缘优势的月港，再造"新月港"，有潜力、有能力、有信心。在建设21世纪海上丝绸之路的规划版图中，龙海将会是一个亮眼的"据点"。时势顺应，月港参与"海上丝绸之路"建设正逢其时。

目录/CONTENT

第 **03** 章

月港海丝申遗

第 **04** 章

重启海丝新路

第一章 月港遗产概况

见 证
时代缩影

WITNESS

A MICROCOSM
OF THE TIMES

风帆远航走近东方月港，海上贸易开启白银时代。月港贸易维持不到两个世纪，最辉煌的岁月也仅有半个世纪，在历史变革中，却适逢其会，开辟了自己的东西洋航路，加入全球贸易体系。从这个意义上来说，月港时代不仅是漳州的，还是全国的。

第一节 物质文化遗产

月港物质文化遗产主要包括建筑遗址、水下遗址和物证遗存三类，其中，建筑遗址由庙宇楼阁、街市商铺、货运码头、民居牌坊和窑址遗存共同构成；水下遗址包括九节礁清代水下文物遗址、白屿清代水下文物遗址和半洋礁宋代水下文化遗址；物证遗存主要由月港进行海外贸易输出品、输入品、遗迹、海商人物史迹，还由有关对华人华侨华商的历史典籍、信函和文物遗存构成。

一、建筑遗址

庙宇楼阁、街市商铺、货运码头、民居牌坊和窑址遗存共同构成月港独具特色的建筑群体，反映出月港作为海外交通枢纽繁荣发达的通商情况，代表明代"海上丝绸之路"的重要实物见证，为研究"海上丝绸之路"的海运和港口贸易发展演变提供了珍贵

的实物资料。月港建筑群体遗址在秉承闽南地区民间建筑特色的基础上，糅合了南洋和广州的建筑元素与风格，分散见于月港的街道、码头、店铺、寺庙，对东南亚文化艺术传承和民居建筑样式产生深远的影响。

（一）庙宇楼阁

庙宇楼阁是中华建筑艺术的载体和瑰宝，在中国乡土建筑中占有极其重要的地位。它浓缩了几千年中华文明进步的标志性建筑和文化记忆，在人们的生产生活中具有独特的作用和现实意义。庙宇的建筑风格和特色记载了社会文化发展和宗教信仰兴衰的痕迹，有着空间与时间的形象和物化造形。楼阁与庙宇相连，大都为木架结构的重层式建筑，是劳动人民勤劳智慧的结晶。

晏海楼

1. 晏海楼

晏海楼位于海澄镇大众北路东侧，建于明万历十年（1582年），为海防设施及演武场所。初建，原为二层砖木结构，八大柱，因其状似八卦，又名八卦楼。清康熙四十一年（1702年）进行重修，清乾隆三年（1738年）开始扩建，增高至四层，高六丈八尺，周围二十六丈，上部为砖木结构，底层砌石，下筑壕沟可通县衙。民国八年（1919年）改为水泥檐沿，正门嵌'晏海楼'石刻匾额，二楼东北门额镌"揽秀毓奇"。如今为县级文物保护单位。现存的晏海楼包括地基共有四层，高

约22米，对角宽约8米。登上顶楼，凭栏远眺，壮丽山河，尽收眼底。

月港的繁华招来灾祸。东洋倭寇觊觎财富，劫船越货，烧杀掠夺；后来的欧洲殖民者以浯屿为据点，勾结走私商人进行秘密交易、武装劫掠，东南海疆长期不得安宁。民族英雄戚继光肃清侵犯月港的倭寇之后，明朝政府于隆庆元年（1567年）在月港设置海澄县，寓意"海疆澄清"，后在古堡基础上建筑海澄石城，驻兵防守。为保卫东南海疆和月港洋市，作为瞭望海防及演武操练的需要，明万历八年至十一年（1580—1583年），知县瞿寅在县城东北角上建造了一座两层的瞭望台，为砖木结构，"以障海口东北之虚"，寄寓"波平海晏"愿望，即为晏海楼。楼的底层设有多处枪眼，辟一条暗道直通县衙（现今的党校食堂）。至此，晏海楼瞭望台与周围九都堡、溪尾铳城、大泥铳城、镇远楼等互为犄角，彼此呼应，构成较完整的防御系统。

晏海楼建成后，在明末清初的战乱中多次遭受严重破坏。如明天启、崇祯年间（1621—1644年）大股海盗在闽南沿海一带劫掠烧杀，波及月港；明末清初郑成功军队与清军在海澄连年交战，晏海楼在战火中遭受重创，只剩下残破楼基。此后历代统治者都对晏海楼进行过修缮。其中，清康熙四十一年（1702年），知县陈世仪在

其任内进行了一次修建；清乾隆三年（1738年），知县严暎"从新重建，厚筑基址，累石增高"至四层，高约22米，对角宽约8米。民国七年（1918年）改为水泥檐沿，正门嵌"晏海楼"石刻匾额，二楼东北门额镌"揽秀毓奇"，"秀"字少一撇，寓意美中不足。解放后，龙海市政府也曾二次对晏海楼进行过整修。

晏海楼是明代月港（海澄）兴衰演变的见证，吸引着文人墨客登临怀古，赋诗酬唱。现存乾隆版《海澄县志》就记载着明清两朝的名人诗赋，如张燮的七律诗《登海楼》，詹明章《晏海楼赋》等。如今，科学地保护晏海楼，可在适当开发和利用的基础上，充分挖掘其文化功能，如围绕晏海楼设计建造月港公园，以楼为中心，体现铭记历史和适应生态的主题。

2. 南太武延寿塔

南太武山延寿塔建于南宋淳熙年间（1174—1189年），古人称"文笔"。塔身构筑七层，高约20米，花岗岩石块砌成。现仅存一块石碑竖南太武山上。延寿塔是我市海上贸易的航标塔和海防军事建筑，1982年成为第一批县级文物保护单位。清乾隆版《海澄县志》记载："石塔甚工致，可坐十数人，海中归船，望以为标。"明清以来，闽南海外的侨胞都把此塔视为故乡的标志，自海外乘船归来时，

望见石塔即如回到故乡怀抱。1962年战备期间，因军事建设需要，延寿塔被大面积拆除，塔基和南宋绍定五年（1232年）重建的部分建筑体依稀可见，旁边竖有"普明延寿之塔"石匾。近年来，许多侨胞纷纷提出意见，盼望早日将塔修复。1985年1月，原全国人大副委员长彭冲前来龙海市视察时，提出要修复太武古塔，他在人大六届三次全会上再次提出复建问题。延寿塔寄托着海外侨胞深深的乡恋和浓浓的归思，是具有重要意义的文化及情感标识。

南太武延寿塔

儒山书院旧址

3. 儒山书院

儒山书院，在海澄县城北（现为龙海市海澄镇）晏海楼前，清乾隆二年（1737年），县令严曝改建晏海楼时，在楼下建造了一座书院讲堂。清乾隆六年（1741年），县令汪家琭在讲堂东偏建造了四间斋舍，外拨学田若干为诸生膏火，其斋舍屋基则由县丞陶名世捐赠俸禄帮助置办。清乾隆二十五年（1760年）冬，县令王作霖大兴书院，想增加扩大学舍。遂购买民房六间、民地三亩捐给书院。监生吴亨、生员吴邦基又在叶显所助屋地的西之，

立契购买一所厝地，屋两进六间；贡生郭祖启复于书院东偏购买地基一所，增加建造学舍。清乾隆二十七年（1762年），王作霖在原有的学舍规模上增设一座讲堂和藏书楼，面南爽朗，与晏海楼东西相应，这时儒山书院可算全部建造完成。

4. 海澄城隍庙

海澄城隍庙，位于龙海市海澄镇内楼村，1992年被公布为县级文物保护单位。"有县就有城隍庙，城隍信徒满都城"，这是旧时县治建城隍庙

的真实写照。据《海澄县志》记载：城隍庙建于明隆庆五年（1571年），曾先后两次进行较大规模的重修，即明崇祯六年（1633年），知县梁兆阳重修；清乾隆二十六年（1761年），知县王作霖再修。主庙面积1200平方米，为三进三殿，主体是硬山式建筑，庙群保存相当完好。庙坐北朝南，广场宽敞，规模颇大。庙中存留大量木雕艺术瑰宝，典雅别致，古朴壮观。大殿面阔三间进深五间，歇山顶，抬梁式木构架。庙堂供奉的汉代忠烈人物周苛，系从福州城隍庙分灵，故海澄城隍庙挂匾为"秩二品威灵公"。后壁上有"明镜高悬"大匾，左右有列班6尊大像，右陪祀城隍女麻姑，左陪祀吴本保生大帝、孔子先师、月老。前殿左右门后祀奉黑白无常，门

梁上悬挂两米长的大算盘，下方对联为"人生切莫空算计，苍天自有大乘除"。告诫世人善恶因果终有报应，无须过分强求。庙里现在还保存了清康熙三十六年（1697年）竖立的两块为清官颂德的石碑——"漳州分府兼摄澄篆赵太爷清政惠民颂德碑""署理丞海澄县事邑尉裘公惠爱纪绩碑"。

海澄城隍庙广场位于海澄镇区中心，面积4600平方米，建有216米长的园林式围墙、独具风格的戏台、集休闲娱乐于一体的老年宫以及逸苑园、放生池、石桌椅等配套设施。修建后的前殿，地面增高86公分，重建前拜亭，配套摆设石龙柱、石鼓、石狮、石马各一对。

每年农历九月二十六、十月初十举办城隍庙会，闽南各地城隍信众齐聚，

海澄城隍庙

参加各具特色的民俗祭祀活动。台湾城隍联谊会经常组织台湾各地城隍庙信众前来谒拜，规模盛大。2014年，国台办立项批准举办首届"海峡两岸城隍文化节"，共有200多名台湾城隍信徒前来参加。目前，海澄城隍庙已成为海峡两岸城隍信仰的重要场所和平台。

5. 镇海卫城隍庙

镇海卫城隍庙，位于镇海卫治东北（现为龙海市隆教乡镇海村）。史书记载其始建于明正统十三年（1448年），清顺治年间迁移边界遭到焚毁，康熙初年由卫众重建，1997年再次重修，现建筑基本保持明末清初的风格，其中不乏明代石构文物。建筑坐北朝南，为面阔三间、进深三间的单体硬山顶庙宇，但屋面处理成前后进形式，有两个燕尾式正脊，庙宇建筑面积为95平方米，占地面积约计800平方米。

梁架为穿斗抬梁混合式结构，明间置三架梁，梁架间有透雕花板雀替装饰，其制法样式呈清代特征。建筑开辟有前廊，外檐立面均为石构。墙裙置佳脚石和素面花岗岩条石，明间有透雕香草龙纹方形石窗；大门两侧置一对涡纹青石抱鼓，造型古拙大方；大门额枋上安一对圆雕天官赐福图石门簪，雕刻清美；次门各置青石门墩一对，质地细腻。前廊金柱为六角形石柱，下置雕刻如意云纹的六角形柱础；殿内金柱为石质圆柱，呈梭形，下置剔雕卷草纹鼓形柱础；

镇海卫城隍庙

保留明代立式石香炉一个，通高0.68米，台座剔雕葫芦杂宝纹，中部凹堵剔雕火云麒麟图，上部有团形云龙纹图。"有县城就有城隍庙"，明太祖朱元璋诏令在设置县治时同时建造城隍庙，祭祀土地神，以保佑一方平安。城隍庙里供奉的"土地爷"一般与"县老爷"同级别，为七品官衔。镇海卫城当时是全国四大沿海都卫和卫城指挥所，指挥同知设置为从二品，卫城土地爷自然也比其他县城级别高，传说为"正四品"官衔。所以，这里的城隍庙香火旺盛，抽签灵验，闻名乡里。

每年农历五月廿七俗传为"镇海城隍灵佑侯圣诞"，庙会最盛，四方善男信女纷纷前来许愿祈福，前后历时一个月，庙会期间，人山人海，进香摆供，买卖兴隆，热闹非凡。绵延飘荡的香火保佑一方黎民百姓子孙满堂，出入平安，家业兴旺，也塑造了镇海人民悲天悯人的情怀，知命达观的品性，成为信众内心的安慰和精神的皈依。

6. 镇海卫文庙

镇海卫文庙，位于镇海卫城[1]（现为龙海市隆教乡镇海村）内。背山面海，一望洋洋。卫城文庙始建于明嘉靖三年（1524年），每年春秋两季由指挥主祭先师、教授主祭启圣。"祭之仪兴郡邑。"[2]清康熙十六年（1677年）裁卫，学、庙也长时间废弃不用。卫文庙，例由指挥同知主祭。至明万历四十四年（1616年），改由教授主祭，镇海与曲阜远隔千里，但在宋徽宗、钦宗二帝被俘虏以后，摹写的曲阜孔子故里图却被人悄悄携带到镇海并于南宋初期镌刻在镇海孔庙的石碑上，镇海孔庙那块石碑，含有不忘故国圣贤的意思。这块地图碑高三尺六寸，宽二尺九寸，经历了时代的风风雨雨。

它绘有孔子故里众多遗址遗迹，例如孔子、颜渊、子思的墓址，孔子带学生边浴边舞的沂水等位置，孔子最得意的弟子颜渊所乐居的陋巷，还有古代鲁国都城的方位等。据说金国入侵时把曲阜毁坏得一塌糊涂，这份地图变得弥足珍贵。

7. 海澄天后宫

"驶船走马三分命"，说明航海人生命安全难以保证。所以，出海经商的月港商人在登船起航前，一般会前往土城内的天后宫（苗圃村）烧香祈福，保佑出海平安。乾隆年版《海澄县志》中也对此庙有所记载，曰"凡扬帆者皆祷于此"。可见天后宫在海商心中的神圣地位。庙里正中摆放着一张大

镇海卫文庙

---

① （清）陆潜鸿：《镇海卫志》，清乾隆十七年（1752年）辑成，第121页。
② （清）李维钰修：《漳州府志》，卷十七《兵纪》，清乾隆四十二年（1777年）刻本，第325页。

土城内天后宫

红桌，上绘一只麒麟。这张桌子是天后宫一宝，人们叫它"谢桌"。

至今庙中还保留着明清时期的两尊妈祖像。据清初《使琉球记》记载，宋代福建莆田市湄洲湾畔一个美丽的小渔村——贤良港，妈祖（原名林默娘）就出生在这里。她二十八岁时，有渔民驾船驶至闽江口海域，突遇巨风大浪，船毁人溺，默娘得知，飞身入海拯救渔民，因而罹难，遗体随海漂至闽江口附近的竿塘岛（即今日马祖列岛的南竿岛），渔民将其打捞上岸，就近将她葬在岸边。当地老百姓感念她舍身救人，行善济世，视为神仙，便在湄洲湾建起祠庙，供奉妈祖神像，福佑众生。随后妈祖庙在东南亚各地延绵续建，妈祖也成为人们心中的海神。她慈航济世、善良正直、见义勇为的传统美德和崇高品格代代相传。而月港商人也把妈祖作为心中的"保护神"，时常膜拜祭祀，祈求保佑。

8. 浯屿岛天妃宫

浯屿岛天妃宫，供奉妈祖天妃，原名"和安宫"，俗称"妈祖庙"，位于龙海市东南约 40 公里处的港尾镇浯屿岛西部，背山面海，与岛美村隔海相望。该宫建筑系石木结构，进深 38.9 米，面阔 9.2 米，总面积 357.88 平方米。共分为三进四殿，第一殿陈列着明清时期及近代修建的碑记共四座；第二殿为正殿，供奉妈祖天妃神像，

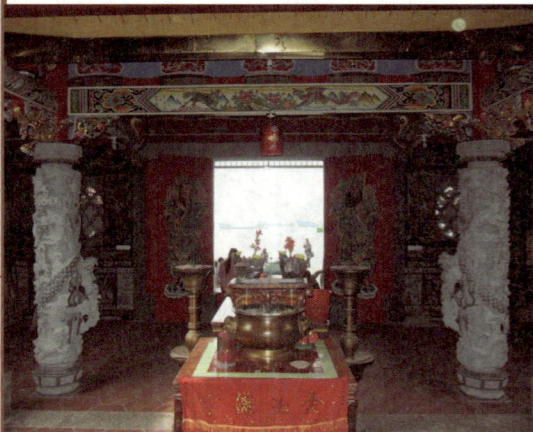

浯屿天妃宫

红夷（荷兰）入侵浯屿，天妃宫遭到毁坏，清康熙三十六年（1697年）再次重建。此后，清道光五年（1825年）、清道光十年（1830年）、上世纪30年代初和1943年、1981年、1985年又先后多次进行修建。

如今的浯屿天妃宫经过一番修葺，面貌焕然一新，成为游览胜地。它将为研究天妃史迹、历代经济史、航海史提供宝贵的历史资料。

天妃两边有"顺风耳""千里眼"塑像。在供奉天妃的神龛上，悬挂着清康熙皇帝所赐的御匾，记载着福建水师提督施琅在平讨台湾、澎湖时，妈祖天妃"涌泉济师"以及"助战温袍"的故事；第三殿供奉天妃手执玉笏的神像，当地人称之为"镇殿妈"；第四殿供奉三宝佛像。在天妃宫天井两侧的壁上，彩绘着左青龙、右白虎的壁画。其他各殿的壁上则画着飞禽走兽、梅兰竹菊以及"西游记""三国志""封神榜""二十四孝""二十八星宿""三十六天罡"等壁画。宫外面有两口井，系郑成功在清顺治十八年（1661年）驻岛时所建，名"龙虎井"。

浯屿天妃宫始建年代无从查考。据宫中所存的《重建天妃宫记》碑文记载，明万历二十九年（1601年）夏，浯屿水寨把总沈有容为感谢神恩，重建天妃宫；明天启元年（1621年），

9. 海澄文庙

海澄文庙，坐落于龙海市海澄镇龙海第二中学校园内，坐东北向西南。文庙始建于明代隆庆元年（1567年），据清乾隆二十七年（1762年）版《海澄县志》记载：自明嘉靖二十八年（1549年）后，倭患愈演愈烈。为了加强海防和贸易管理，明嘉靖四十五年（1566年）十二月，即明隆庆元年（1567年），朝廷批准割龙溪县、漳浦县部分县地设置海澄县，县治在月港（今海澄镇）。同年，郡守唐九德在西门桥外豆巷村建造海澄文庙（今龙海二中校园内），文庙正中为大成殿，殿内上悬康熙皇帝御书"万世师表"匾额，次悬雍正皇帝"生民未有"匾额，下悬乾隆皇帝御书"与天地参"匾额（三副御书匾额今俱废）。殿前为月台，东、西两厢各五间，前部为大成门，外部为棂星门。棂星门外为泮池。明万历三十一年（1603年），由于海

潮，宫墙坍塌，于明崇祯五年（1632年）进行重建。清顺治四年（1647年）贼寇又将文庙毁坏，清康熙十年（1671年），邑令、教谕率诸生共同商议重建之法。殿堂甫就而耿精忠变作，等到战乱平定，教谕、训导等继成之，两厢的棂星门依次建好。清雍正四年（1726年），县令集绅士重建。清乾隆二十二年（1757年），邑令又集绅士重修。文庙周边建筑群体有7所，即崇圣祠、名宦祠、乡贤祠、明伦堂、敬一亭、教谕署、训导署。至清乾隆时，敬一亭、教谕署废弃。现今尚存的仅是大成殿，面阔五间，进深三间。月台前的御道饰有蟠龙浮雕，雕刻精细，是文庙始建时就有的文物。《海澄县志》第三卷祀典、《文庙从祀考》记载："嘉靖后改为至圣先师，冠服仍王礼，中座南向，四配东向稍前，十哲稍后，从祀殿上。康熙五十一年，十哲之列升祀朱子熹，乾隆元年，升祀有子若，是为十二哲。乾隆六年八月，题定文庙配祀位次东厢六十二位，西厢六十一位。"文庙前，泮池左边，竖立的"文武官员到此下轿下马"石碑，也是文庙初建遗物，这块石碑留存至今。海澄文庙自明隆庆元年（1567年）建庙至清乾隆二十七年（1762年）《海澄县志》成书的195年间，除敬一亭、教谕署坍塌废弛外，文庙主体大成殿及五座建筑仍保持完好。此后，历代几经兴废，文庙于明崇祯、清康熙、

海澄文庙

雍正、乾隆年间，民国时期与建国后前后400多年庙史，虽然遗留文物寥寥无几，但通过庙史，也可以窥见月港（今海澄镇地区）史志之一斑。1987年3月23日，文庙由龙海县人民政府公布为第二批县级文物保护单位。

1990年4月，在龙海县委县府的重视支持下，重修文庙大成殿，包括大成殿内部图书馆、阅览厅、东西两厢、大成门，大成门外夫子路，有关门板、梁、栋、楹、柱、框架，全部彩雕油漆，屋脊装饰双龙夺珠，顶部用凤、鹤点缀其间，光彩夺目。庙前泮池四周圈上石栏杆，不但美观也确保安全。1996年9月，又雕塑一尊孔子石像，高达3.4米，巍然屹立于大成殿前月台上，拱手作揖，仪容祥和、肃穆，令人景仰。2001年岁末，拆除大成殿后面及左边低矮的旧建筑，在大成殿后面新建崇圣祠，至此，文庙主体建筑除原有文物外，又增加一座新殿堂，随后又在其东、西两面分别建造围墙，大成殿走廊两边各建筑一扇圆拱门，圆拱门内又架建铁门。文庙外墙，都涂上朱丹敷料。至此，建筑主体面积1659.66平方米，加上文庙东西两边人行道、泮池、西操场夫子亭，则总面积可达1808.8平方米。海澄文庙是传统土木石构筑，其上龙凤飞檐，金壁玉瓦，古色古香。每当高考来临之际，很多家长都会带着考生来海澄文庙祭拜，希望子女金榜题名，考上理想的大学。

10. 海澄威武庙

海澄威武庙，又称"威武尊王"庙，位于龙海市海澄镇豆巷村五社，主祀"威武尊王"，俗称"主公爷"。建筑坐北朝南，前方设有拜亭，名为"瞭望亭"。大殿面阔三间，进深三间，砖木结构，硬山顶，中有天井，左侧竖立一块石碑刻供后人祭祀。大殿背面绘有韦陀护法壁画，后殿名为"港头庵"，供奉观音大士，面阔三间，进深两间，砖木结构，硬山顶。据清乾隆版《海澄县志》卷十七名迹记载："威武庙，在学城南门外，旧名港头庵，祀善信王。嘉靖中司理黄桂橄毁淫祠，里人祀朱文公于前楹，移王于后，赖此获免，遂就其旁为义学古碑云，后毁于倭，又增坛改建。万历四十年，里人于旧址立庙，仍祀善信王。天启元年移文公祀于县之北门外。乾隆十四年，里人再建后楹，移古碑于内"。威武庙主祀为威武尊王，其原型为唐代英烈张巡。

张巡，唐蒲州河东（今山西永济）人，生于唐中宗景龙二年（708年），卒于唐肃宗至德二载（757年）。张巡从小博览群书，通晓战阵兵法，年轻时就志向远大，不拘小节，只结交有志之士或宽厚长者，讨厌和庸俗之辈来往。唐开元末年（741年），张巡高中进士，之后以太子通事舍人出任清河（今河北清河）县令，任满后调真源县（今河南鹿邑）再任县令。唐玄

海澄威武庙

宗天宝十四年（755年）冬，安史之乱爆发。数月后，安禄山就攻陷东都洛阳，称帝，国号为"大燕"。唐至德二年（757年），安禄山死后，其子安庆绪派部将尹子琦率同罗、突厥、奚等部族精锐之兵与杨朝宗会合，举十几万兵马，进攻淮阳。面对强敌，张巡、许远激励将士固守，从早至午，接战20余次，士气不衰。张巡临危受命，清除内叛田秀荣后，大破安庆绪叛军，被朝廷拜为御史中丞。当年七月在阻击江淮叛军时，终因寡不敌众壮烈就义。后人崇敬其忠勇仁义，纷纷建庙祭祀。

11. 白礁慈济宫

白礁慈济宫位于角美镇白礁村文圃山麓，是供奉保生大帝（俗称"大道公"）的祖宫。自南宋绍兴二十年（1150年）肇建以来，白礁慈济宫便以其宏大巍峨的皇宫式建筑规模、古色古香的艺术格调以及常年旺盛的香火供奉而闻名，因该宫以宋代为原本，兼蓄历代之精萃，层楼选展，金碧辉煌，雄伟壮观，被人们誉为"闽南故宫"。整座白礁慈济宫为一座五门三进皇宫式建筑。殿宇分为前、中、后三殿，前殿两边为文武朝房，共设有五扇门。正中大门上边，高悬一面"慈济祖宫"横匾，笔势雄浑有力，为我国著名书法家启功先生的神韵之作。殿前走廊立有数根方形石柱，石柱上镌刻两副亦文亦画的竹叶联，立意新颖且惟妙

013

白礁宫外景

惟肖，其联曰"慈心施妙法，济众益良方"和"保我德无量，生民泽利长"。前殿二楼的中间部分辟为会议室，两边各悬挂有巨钟巨鼓，钟鼓形制古朴，叩之铿然有声。中殿与前殿之间有天井相隔，一来出于采光的考虑，二来也可增加宫庙的景趣。天井中有一眼水井，这是当年慈济宫扩建时，保生大帝涌泉共病人饮用的遗迹。天井正中还立着一只掌握印鉴、颇显匠心的石狮，名为"国母狮"。据说当年保生大帝化做道士，入宫治愈文皇后的乳疾后，文皇后感念保圣大帝的神恩，特意命令能工巧匠雕塑一只握有保生大帝印章的石狮，派人由京城专程送到白礁慈济宫。在石狮与正殿之间，有一块四方形的宋代献台，献台边缘四周镂刻有形象生动的"飞天仙女""狮子戏球"浮雕。献台是各地的同祀宫庙到祖宫进香时，奉献各种祭品的场所。步入中殿，两边丹墀，俱用光石铺成，既显得端庄大方，又明亮可以照影。慈济宫的后殿与山石相连，右侧兀然耸立着一块巨大的石头，上面雕有一个笔力苍遒的"寿"字。后殿外面，现已辟为一个环境幽雅、景色宜人的花园，前来进香、观光的人们可以在上小憩。慈济宫的外围，据说在宋朝时曾筑有一条周长三里的石城，东、南、西、北向各开一城门。今天石城虽已不复存在，但细细寻觅之下，仍可隐约发现旧时的城基。在慈济宫门前，还竖立着一块文字剥蚀、漶漫不清的碑记，只有碑头的"礁城记"三字尚且约略可辨。

此外，白礁慈济宫的楹梁石柱上，还镂刻有相当数量的浮雕。浮雕内容既有纹饰精美的山水、花木、虫鱼、鸟兽等，也有取材自历史的经典故事，如长廊正面的"王祥守抱丹奈树""蔡襄营造洛阳桥"等故事。慈济宫屋顶上装饰的飞檐翘楚、丹凤琉璃等，也无一不是能工巧匠的用心之作。可以说，走进慈济宫，就等于进入一座极具历史价值的艺术宝库。

千百年来，信仰保生大帝的民众和地区不断扩大延伸，保生大帝甚而成为东南亚及台、港、澳的地方神。特别是

前殿走廊蟠龙石柱

自郑成功收复台湾时迎请保生大帝神像同渡台湾海峡，打败荷兰殖民者统治后，海峡两岸共同信奉保生大帝，日益凸显，在闽台民间文化交流扮演着极其重要的角色。每年两岸举办的保生大帝文化节，规模空前，参加人数达十多万人。如今分布在东南亚及台湾的慈济宫约有750多间，而白礁慈济宫，是两岸同胞文化交流和信仰的主祭宫庙，寄寓着两岸人民祈盼健康幸福的共同心愿，隔岸相望，心意如一。白礁慈济宫也成为大陆与东南亚、台湾等地民间文化交流的重要纽带和窗口。1996年11月，国务院将白礁慈济宫列为第四批"全国重点文物保护单位"，2008年6月，列入"第二批国家级非物质文化遗产名录"，成为"第一批闽南文化生态保护实验区示范点"。

12. 石码关帝庙

石码关帝庙，亦称武庙，俗称"上码帝君庙"。该庙位于石码镇解放北路，坐西南向东北，占地353平方米，其中主体建筑面积273平方米。大殿面阔三间，进深二间，重檐歇山顶，内有天井（左右两侧有钟鼓楼）。后殿有两层楼阁，面阔三间，进深一间，单檐歇山顶。庙中存有三通碑记。据庙中现存碑记记载，关帝庙始建于明嘉靖年间，清康熙、乾隆、道光、咸丰四朝及民国十五年（1926年）、1949年均有修缮。现存建筑除保留原墙基、石柱、柱础外，总体为清代建筑风格。该建筑有着极高的历史价值、科学价值和独特的艺术价值，蕴藏着深刻的历史文化内涵。1997年6月，在香

石码关帝庙

港、台湾侨胞和社会各界热心人士的鼎力支持下，募款 200 多万元，进行第六次重修。2013 年 1 月 10 日，石码关帝庙举行第 6 次重建落成典礼和开光法会，来自香港、台湾、厦门等地信众1200 多人参加了庆典仪式，盛况空前。每年农历六月廿四帝君公生日，台湾、香港及闽南各地信众都前来进香朝拜。

13. 宛南亭佛祖庙

宛南亭佛祖庙，坐落在石码镇九二零居委会打石街街道中，是市级文物保护单位。该庙祀奉观世音菩萨，始建于明弘治二年（1489 年），清辰熙十八年（1679 年）、民国十三年（1924年）、现代均重修。佛祖庙为钢筋混凝土结构，坐西北向东南，前殿攒尖顶。大殿平面顶，面宽一间 4.5 米，进深二间 10 米，中设排水地井，前殿造型为民国时期仿西式建筑风格。宛南亭处于街市繁荣地带，见证了石码古街的风华往事，阅尽了世间的冷暖衰荣，成为古商埠朝拜暮礼的驻足地。

14. 许氏家庙

许氏家庙又称"许氏家庙崇本堂"，位于漳州台商投资区角美镇鸿渐村，是鸿渐村许姓的祠堂，始建于宋咸淳元年（1265 年），现保留的是清代宣修的建筑式样。

许氏家庙坐东北向西南，悬山顶，前殿面阔三间，进深二间，后殿面阔

宛南亭佛祖庙

角美鸿渐村许氏家庙外景

三间，进深三间，中有天井，建筑面积 288 平方米。庙内存有清乾隆六年（1741 年）"进士"木匾一块，另有"崇本堂""存思维永""文魁""武魁""许氏家庙""朝议大夫"等木匾。据《福建史法》记载，鸿渐村肇基始祖名许均正，字荣桂，原籍河南高阳，于宋元祐元年（1086 年）南迁同安县东界村。南宋咸淳一年（1265 年），许氏又移居鸿渐，至今已繁衍二十四世，现有许氏后裔 1300 多人，有 900 多年历史。清乾隆年间，鸿渐许氏第十代后裔许永柯获清乾隆皇帝敕封"朝议大夫"（官

017

海澄田厝黄氏家庙

连氏家庙

白礁王氏家庙

阶四品），获赐"许氏家庙"匾额。

　　菲律宾历史上第一位女总统科拉松·阿基诺夫人、现任总统阿基诺三世亦系鸿渐许氏之后裔，阿基诺夫人的曾祖父许玉寰，又名许尚志，是鸿渐村人。清咸丰十一年（1861年），许玉寰从鸿渐村南渡去菲律宾谋生，后来在吕宋打拉省繁衍成很有名望的许寰哥家族。阿基诺夫人1988年4月14日来我国访问时，第一站就是来到角美镇鸿渐村许氏家庙寻根访亲，村民们以家乡的大鼓凉伞舞等民俗表演对她表示热烈的欢迎。阿基诺夫人携带女儿一行来到许氏家庙，参观了鸿渐村的文化遗存，她手持三炷香，在祖先神牌前虔诚顶礼并到村办幼儿园观看表演，亲自在村中种下一棵南洋杉。为了纪念她对中菲交流的贡献，鸿渐村建造一座菲律宾建筑风格的"鸿渐公园"和"中菲友谊馆"，馆里陈列阿基诺夫人的家族从鸿渐村到南洋的历史以及回乡谒祖时的照片。

15. 海澄田厝黄氏家庙

　　海澄镇黎明村田厝（贤舍）社黄氏家庙，始建时间不详，明嘉靖二十三年（1544年）选择今天的所在地重建，是霞苑黄氏派之下30多个社的大宗祠。黄氏家庙占地面积700多平方米，建筑面积500多平方米，坐东朝西，砖木结构，三进三开间。建筑依次为前殿、天井长廊、中殿、天井庑廊、后殿。庙内保留着清道光六年（1826年）所作的《重兴大宗祖祠序》和修祠捐资石碑两方。整座家庙高度宽敞，肃穆华丽。祖籍该村的新加坡前总统黄金辉于2000年5月曾携眷到霞苑寻根认祖，与宗亲欢聚一堂。

16. 连氏家庙

　　榜山镇长洲村马崎社的连氏家庙，号思成堂，祀霞漳连氏鼻祖南宋宝文阁学士连南夫、玉田祖连秀璇、崎山开基祖连佛保神牌。系台湾爱国历史学家、《台湾通史》作者连横、国民党荣誉主席连战家族迁台前的祖籍地。连氏家庙始建于明万历年间，建筑面积264平方米，用地面积830平方米。坐东南向西北，为二进式三开间，中天井庑廊建筑，砖木结构，抬梁式木构架，悬山顶。现存古石旗杆碣一座。2005年4月，台湾中国国民党荣誉主席连战偕夫人、子女回祖籍地马崎谒祖扫墓。连战说"人亲不如土亲"，"漳州是我们连家祖先居住、生活、奋斗之所在，也是我们宗亲在这里生活、工作、发展之所在"。他为思成堂题字"明心见性，垂教后嗣，积善福世，上继祖德"。2001年8月，连氏家庙被龙海市政府公布为第五批市级文物保护单位。

17. 白礁王氏家庙

　　角美镇白礁村王氏家庙，号世飨堂，始建于明永乐年间。占地面积1627平

方米，建筑面积612平方米，坐北朝南，面阔三间二进深，中间有天井。左右两侧各建一排6间护堂厢房，砖木结构，抬梁式木构架，悬山顶。台湾王氏开基祖王文医是白礁王氏第十三世传人，现台湾政要、"立法院"院长王金平为第二十二世传人。如今宗祠内有台湾王金平先生题写的"祖德千秋"匾额一块，庙前大埕仍保留有清代石旗杆4座。2009年12月被福建省政府公布为第七批省级文物保护单位。

（二）石碑牌坊

牌坊，又名牌楼，为门洞式纪念性建筑物，是汉族特色建筑文化的组成部分。在封建社会，牌坊的作用是表彰功勋、科第、德政以及忠孝节义，也有一些牌坊作为宫观寺庙的山门而存在，还有的是用来标明地名的。有些牌坊是祠堂的附属建筑物，昭示家族先人的高尚美德和丰功伟绩，兼有祭祖的功能。月港海丝遗址尚存有海澄萃贤坊、靖海侯施琅纪功碑、镇海父子承恩坊、理学名臣坊等众多牌坊。

1. 海澄萃贤坊

萃贤坊位于海澄镇中山路42-44号居住房门口，是明嘉靖二十八年（1549年）龙溪知县林松、县丞刘宗用为赞誉明弘治年间（1488—1505年）甲子科吴元、明正德年间（1506—1521年）丁卯科林浩、庚午科张贺、癸酉科陈英和明嘉靖年间（1522—1566年）丙子科陈令、戊子科高宽等相继考中进士的事迹而立。坊为石仿木结构，宽7.6米、高7米，四柱三开间式，单檐殿顶，正脊微弧，正吻为鱼尾状，正楼柱头用"丁"字拱出两挑檐承托坊顶，补斗拱为二斗三升式。萃贤坊保存较为完好，但北进次间为民房所圈砌。现为县级文物保护单位。

萃贤坊

2. 靖海侯施琅纪功碑

靖海侯施琅纪功碑，位于龙海市石码镇龙海桥畔，原本建有碑亭，如今已被废弃。据《石码镇志》卷一记载："碑亭跨龙海桥西，近水亭圮，然颂

施琅功德碑

于清康熙二十七年（1688年）四月立。该碑现存放在石码镇龙海桥旁解放东居民家中。

施琅（1621—1696），清福建晋江人，字尊侯，号琢公。起初是郑芝龙麾下部将，降清后隶属汉军镶黄旗，任水师提督。清康熙二十二年（1683年），施琅率军攻灭台湾郑氏政权，建议在台湾驻兵屯守，以备御西方殖民者的侵略，此建议为清政府所采纳，施琅也被加封靖海侯。

3. 镇海卫城牌坊

父子承恩坊： 在南门内侧街巷南端。始建年代无考，据调查系为表彰镇海卫人徐文、徐忠二人而立。石坊为三

其碑而流泽可思也。"碑长3.2米，宽1.2米，厚8厘米，周围刻有万字型"卍"花框，上方正中刻"皇清"篆书两字，旁边雕刻二龙戏珠和鹤鸟图案，中间铭刻靖海将军施琅平定台湾之功绩，

镇海南门牌坊、古街

间三楼四柱式石仿木结构建筑，通高 6.5 米、面阔 8 米。石坊残破较为严重，铭文构件与坊门花板已佚，仅遗残匾额，正面镌"父子承恩"，背面镌"祖孙闽闲"。重檐双坡顶石构屋面，脊吻为龙头鱼尾状，有挑檐斗拱支撑，从建造手法推断，该坊为明代遗构。

其他遗存：卫城中部有文庙遗址，史载始建于明嘉靖三年（1524 年），裁卫后渐废。遗址为二进建筑，面阔三间，现已改建为民宅，平面布局依旧。二进西侧保留有清雍正四年（1726 年）的《义学碑记》一方，为漳浦知县汪绅文撰文书丹。

理学名臣坊：在卫学官右，为陈真晟、周英立。

兴徒颂德坊：在卫城北门外，为黄日谨平修岭路立。

世阃坊：在卫城南门街，为都指挥徐兴、徐麟立。

进士坊：在卫学官左，为明万历科进士立。

崇祀名贤坊：在卫北门外姑垅社口，为鄱阳教谕陆幼廉立。

孝子坊：在卫南门外，为孝子举人姚养科立。

烈妇坊：在卫城水门内，为郭道膏妻蔡氏立。又立一旌节坊在北门外名山桥头。

节妇坊：在卫北门外，为黄日谨妻陈氏立。

节妇坊：在卫北门内，为林雨濮妻陈氏立。

（三）街市商铺

月港的兴起，极大地促进了社会经济发展的繁荣与兴盛。对外贸易使月港原来农业、渔业的自然经济转型，向"农贾参半"直至"货贝聚集"的商品经济迅速发展，出现越来越多的商业街和各种类型的集市。

为了适应日益兴盛的商品交换的需要，在交通发达的地方逐渐出现集市。在重要的交通枢纽地月港，依港兴市，形成港口大街、鱼仔市、观仔内、花亭前、中股、容川码、店仔尾、帆巷、土城内、北门土尾庵等集市，推动月港城市的形成和发展。此时最为著名的商市有八个，分别如下：

县口市，明代时海澄县南市在岐街，东市在新路口街，西市在亭下街，现存旧店肆 15 间。

霞尾街市，在海澄县城北门外，清乾隆时已被废弃。

南门外市，在海澄县城南门外，现存旧店肆 5 间。

港口市，在港口桥（现为水坝）至容川码头街段。明代贸易极为繁盛。现存店肆 5 间。兴盛时，港口桥也形成商市，此商市是供月港水手靠岸后休息放松的场所。

旧桥市，在西门桥西侧，清乾隆

帆巷古街

时已被废弃。现存旧店肆12间。

新桥头市，在月边社，清乾隆时已被废弃。

庐沈港市，隔港与石码相连，有桥相通，清乾隆时已被废弃。

容川商市，是七大港市中港口市的一段，位于豆巷村内。每当夏季风兴起，月港商人陆续归港，此时便是港口市尤其是容川商市段最为繁荣的时期，这里大多以经济实惠的小店为主。当时此地还经常能够看见西班牙商人的身影。

现在保留较为完整的仅有帆巷古街和临江古街两条明代建筑风格的旧街。

1. 帆巷古街

位于月港的旧桥市是古月港经商贸易的主要商市，是现存较珍贵的月港遗址。古街坐落于海澄古城旁边月溪西岸，住有30多户，整条街东西两排相向街道，首尾相连，都是木质结构，大门在中间，两边均开有"店窗"。特别值得一提的是，意大利的比萨斜塔因倾斜数百年不倒而享誉世界，而这条古月港货物贸易的主要街市"帆巷街"，与比萨斜塔有异曲同工之妙。房屋全部向南倾斜，一般斜10-20厘米，最大的达30厘米。时至今日，已历经400多年风风雨雨，但却屹立不倒，民国初一次大地震也没有倒塌。这条

豆巷古街

海澄豆巷溪尾古街

古街因倾斜如船帆，故称"帆巷"。

2. 临江古街

临江古街位于海澄镇豆巷村港口溪尾的港口市，与月港码头平行排列。古街总长近千米，现存街面古店铺约20间。这里的房子都是木结构，面向街市，户户都是店面，家家都做生意，中开大门，两边各开齐腰高的木横窗（我们叫它"店窗"，店窗实际上也是售货窗），白天朝下一拉，就像现在的橱窗一样，可以展示摆放在内的商品。晚上打烊了，往上一拉，就和四周的墙壁严丝合缝。店面之间挤挤挨挨，首尾相连，有豆饼行、米行、糖冬瓜行、冰糖行、药材行、铸鼎行等，其中又以米店最多。由于粮食业极其兴盛，故月港有"米城"之称。

各种商市中，以从港口至容川码头的港口商市和沿月溪西岸、港口至五社帆巷街的长达二公里的旧桥商市最为著名。明万历年间（1573—1619年），这两个商市"铺商、店贾、牙侩、摊贩"迅速增加，钱柜、交引、寄附铺、总房、柜坊应运而生。商市中店面亡立、商贸咸集，共有珠宝行、棉布行、杂货行、丝绸行、豆饼（豆箍）行、药材行、丝线行、铸鼎行、纸行、米行、鱼行、糖行、茶行等十三种行业，至今仍留有十三行地名。月港自古以

来粮食行业就很兴盛，曾被泉州等地米商称为"米城"。当时月港的米谷大都由港口经海运而去。米船大小不一，有大小舢舨、大帆船，其中有两条固定艚，每三天往返一趟，每艚可运30吨货物。当时的茶楼、酒馆以及服务性的行业，生意繁忙，经营也多样化，店与店之间挨挨挤挤，首尾相连。从南门外市至新桥头市的两三里路范围内都是这类店铺。这些行业大多集中在海澄城内的县口市，南市的岐街，东市的新路口街，西市的亭下街、双溪街、兴街。当时县城内"嬉游歌舞日以卜夜"，明朝廷每年从月港收入的税银，多达29000两。《海澄县志》描述当时月港盛况为："寸光尺土，垥比金钱，水犀火浣之珍，琥珀龙诞之异，香尘载道，玉屑盈衢，画鹢迷江，炙星不夜，风流鞍于晋室，俗尚轹乎吴门。"因此，月港也被誉为"天子南库"和"小苏杭"。

古月港的七个商市全被水网环绕，古街东边有月溪大船直通外海，西边有内河九十九湾，小船四通八达。明代张燮在《东西洋考》中记载："澄，水国也，农贾杂半，走洋如适市。"何乔远《闽书》卷三八风俗考也记载："海澄有番舶之饶……"因此外人称月港是"海国"，亦称"水国"。

（四）货运码头

月港海外贸易的兴盛打开漳州通往世界的大门，月港货运码头星罗棋布。当时月港的停泊点散布于北岸的嵩屿、海沧、石美、澳头、玉洲，南岸的屿仔尾、海门岛、浮宫、海澄、石码福河以及港口外的大经、卓岐、浯屿和中左等。月港附近的玉枕洲、海沧、福河、石码、浮宫、屿仔尾、大径、卓岐等，多为"北船"（航行于温、宁、沪、津）和"横洋船"（川走台湾、澎湖）的停泊发船点。据《漳州市志》记载，与月港贸易有关联的大小码头约有 100 个，其中从溪尾到饷馆码头不足一公里的港岸就设有七个码头。这七个码头遗址分别是：

1. 饷馆码头

位于海澄月溪与九龙江交汇处东侧。条石台阶结构，伸入月溪口，是外船申报进出港的临时停泊点月港开禁后的产物。现存台阶 5 级，宽 2 米，长 6 米。明张燮撰《东西洋考》卷七《饷税考》记载："万历三年，中丞刘尧海请税舶以充兵饷，岁额六千。"后来"征税之规有水饷、陆饷，有加增

饷馆码头

路头尾码头

饷"，规定"就船完饷而后听其转运焉"。饷馆码头就是出海商船停靠纳饷的码头。

2. 路头尾码头

位于月溪与九龙江交汇处西侧，地名花坛内，与饷馆码头隔月溪相对，条石台阶结构，成弧形，是外船在**港的停泊处。清初施琅水师曾在此**扎，因建有港边花园，故有花坛内之称。

3. 中股码头

位于海澄豆巷村港口社中股角落，在路头尾码头之西。主要是搬运豆箍（今称豆饼）上船的码头，又称"箍行码头"。码头由高码头和低码头构成，条石台阶结构，高码头砌石8层，高、低码头相距5米，现已经被淤泥淹没。

容川码头

4. 容川码头

位于豆巷村溪尾社，在中股码头之西，条石砌筑，埠头甚大。该码头原本是台阶结构，历经多次修筑，现长31米，宽3.4米。关于容川码头的记载有二：一说是由万历邑人蔡志发捐资建造。蔡志发本身就是一个大海商，《海澄县志》卷十二人物记载："万历十八年（1590年）岁饥米贵，适志发所驾广船二艘载米二千余石，平粜

存活甚众"。二说该码头建于明正统四年（1439 年），据传为月港海商蔡容川捐资所建，由此得名。容川码头建成后，至万历年间，从月港港口至溪尾，与陆续建成的其他六座码头构成古月港繁盛的码头群，人货萃聚。

5. 店仔尾码头

位于豆巷村溪尾社店仔尾角落，在容川码头之西。条石台阶结构，现长 3 米，宽 2 米。

6. 阿哥伯码头

位于豆巷村溪尾社，在店仔尾码头之西。码头岸顶原为溪尾铳城，是船舶接受驻军检验的停泊点。这座码头颇具传奇色彩，民间有两个传说。一是很久以前，附近江面上漂来一具尸体，村民觉得不吉利，将尸体往外海推去，可几天后，已漂到厦门的尸体又漂回来。村民觉得很神秘，将尸骨拾起供奉，通过卜卦得知此人姓周，因此取名"周阿哥爷"。二是很久以

店仔尾码头

阿哥伯码头

前有两个陶罐流到此处，不管台风天、发洪水，都不会流走，时不时还从中发出"救命"的声音，后来被人捡起奉祀。

7. 溪尾码头

位于豆巷村溪尾社，在阿哥伯码头之西。条石台阶结构，是当年内地船只的主要停泊点。长20米，宽2米，现保存较为完好。

月港周边地区那些"地无一垄，房没一间"的农民纷纷到万商云集的码头找活干。"人市"上聚集了许多想出卖体力的劳工，等待着被出洋贸易的海商船主看中，在码头上当搬运工或上船打杂。也有自食其力在码头周边摆摊设点的小贩，出售特色小吃，甚至推着小推车沿街市叫卖花生浆、糯米糖等，专供那些为了养家糊口而忙得顾不上回家吃饭的劳工充饥。

除以上所介绍的几处码头外，据明万历元年（1573年）刊刻版《漳州府志》三十二卷之三十三海澄县记载："龙堀渡、石浔渡，此二渡从海门直抵同安沈井铺一潮汐可到，商旅省路程二百里，往来络绎甚多，日可得税钱四五百文，但不时有风波之险；海沧渡、衙里渡、澳头渡、石美渡、丰田渡、浮宫渡、北溪渡、南门渡、浦头渡，以上渡俱在县西门外渡埠；鹿石渡、虎渡、檬浔渡，以上渡俱在八都倒港河新渡；珠浦渡、田尾渡，其

溪尾码头

在九都。"可见当时月港码头之多，人货萃聚。

（五）民居宗祠

在海澄月港的古街巷里转来转去，为那些明清时期的闽南红瓦灰墙的民居祠堂所吸引。它们平凡而典雅，每一座建筑都精雕细琢、设计巧妙、构思深远、构建科学。既有闽南建筑特色又掺杂东南亚建筑风格，中西文化交流的痕迹隐约可见。虽历经岁月沧桑，但依然栩栩如生。我们知道往事如烟，万物终将毁损，还是为月港如此辉煌的人与事而骄傲。

杨氏大夫第

杨氏大夫第正门

1. 石码杨氏大夫第

石码杨氏大夫第又称杨家大厝，位于龙海市石码霞庵路 92 号，是第七批省级文物保护单位。杨家大厝始建于清光绪三十年（1904 年），总面积约 1600 平方米。大厝主人杨世泰，又

名杨应辰，字星槎，是清朝的副贡生、员外郎，又是书画家。其父杨秉正，官奉直大夫，因此杨氏大厝横匾称"大夫第"。杨秉正早年渡洋，成为印尼巨商后，想要回到祖国石码创业，但创业未成身先死，杨世泰继承父亲遗愿，修建了这个大厝。

大厝坐北朝南，三进构造。大厝大门有三，中门上面有横石匾镌刻"大夫第"三大字。旁二门有东西两列护厝，二进大厅堂上挂一大木匾，镌刻"述志堂"三字，大厝计有六厅十四房。三进是座西洋式的二层楼房，题称"开心楼"（又名梳妆楼），有书房、暖阁、客房、仓库等。开心楼左侧是后花园，有大、鱼池两处，池边有假山拱桥猴洞，还有各式各样的石桌石椅，满园点缀着名花佳树。大厝前面是大石埕和围墙，围墙大门上面石刻"门庭光显"四字。大厝对面有片大照墙，画着一尊天官，手执红横轴写"天官赐福"。大厝气势雄伟，造型古色古香，非常美观，堪称龙海古建一大奇葩。大厝的建材佳、建艺高，其泥工、木工、石工皆是名匠，木雕、石雕的工艺超群。中门前的石雕，皆是绽青石板阴雕、阳雕，左边是我省已故著名画家马兆麟的翠竹画，右边是杨星槎兰花画，二石壁上布满名家墨宝，二进厅堂之"述志堂"三字亦出于著名书法家之手。古厝门庭前面墙壁从地面看，半壁由泉州乳白石板或乳白间绽青石板砌成，板上有阴雕、阳雕，

墙壁上面是各式各样之五颜六色图案的"洋花砖"（由印尼运回）按类排列，整齐有序。壁上有壁画，美妙绝伦。特别是大门前横楣木雕之历史人物千姿百态，楼台亭阁形象逼真，两端二龙栩栩如生。两侧护厝窗柱是碗口粗的泉州绽青石柱子，四边都是人物花鸟等浮雕，其精雕细刻，精湛技法皆出于能工巧匠之手。为确保大厝质量，建造时选用的都是优质砌墙砖、地板砖，体积都比当今大数倍，屋楹长达7米，尾径30多厘米，屋顶瓦片排列稠密，人可以站上去，瓦片却安然无恙，屋脊上用五颜六色的瓷片砌成花草和飞禽走兽图案，门窗之料也特佳。由于建筑质量好，大厝历近百年之久，仍保存完好。

杨家古大厝像个大花园，处处有名花争艳，佳树迎月；还有假山、拱桥、猴洞和楼阁作为点缀，自然风光与人造建筑得以巧妙融合。杨家古厝富有文化气息，楹联"半市半村物色，有松有竹风声""春来听鸟音，月到观石雕"等皆出于名家之手，可使文人骚客观赏、拓印和研究。屋顶的瓷雕泥塑之飞龙和吉祥禽、兽，以及画栋上的狮子、人物之雕画，门窗木制图案等都具有极高的艺术观赏价值，杨氏古厝是我国南方仿木石结构建筑之瑰宝。

2. 天一总局

天一总局，又称天一信局，注册

天一总局

前门横额

为"郭有品天一汇兑银信局"，清光绪六年（1880年）由龙海流传社旅菲侨胞郭有品创办，专为漳、泉、厦旅居东南亚的数以万计的华侨和侨眷进行银信投递服务，因其信誉卓著，名扬海内外。天一总局坐北朝南，建筑特征为在中式四合院的结构基础上辅以欧式风格的装饰。其楼墙外表、走廊门额均为西洋式装饰风格，楼内景为四合院式的建筑结构，设前后二进，中有天井，木梁架屋顶，板瓦屋面，歇山顶。

原天一总局所有办公、营业、居住的建筑面积有11600多平方米。现总局主楼二层的建筑面积为1400多平方米，其面阔九间（25米），进深十间（28米），占地面积1000多平方米，历经十年（1911—1921年）方建造完成。天一信局的创办人郭有品（1853—1901年），字鸿翔，龙溪县流传社（今龙海市角美镇流传村）人。

郭有品其人，不仅有商业头脑，更有回报故土之心。郭有品富庶之后，不忘为家乡作善事。他在流传村办起义塾，让村里学童免费入学；兴办唤醒堂，为贫苦乡人施药施棺，救济族亲。以后还创办流传高、初两座学校，还建有流传女子学校。

郭有品的作为为当时的清政府所赏识，清光绪末年，封郭有品为龙溪县丞。现在天一总局办公楼门额石匾

刻"北廈（楼）"，对联刻"北向三溪水，楼连万石桥"，由漳（州）、汀（长汀）、龙（岩）道君陈垃锟题书。另有清末台湾秀才郭安甫撰写"天涯任你传达竹，一纸冯君信问梅"，漳州学者徐飞仙题"天上雁字连云至，一尺渔书傍水来"等对联，侯官谢叔元题书前门横额"天一总局"，都表达了对郭有品事业和品行的赞颂。

为方便侨胞与家乡的银信往来，郭有品于清光绪六年（1880年）创办漳州首家"侨批局"，取名"天一信局"，寓"天下一家"之意，当时被称为"天一批郊"，主要经营吕宋与闽南侨乡之间的华侨银信汇寄业务。在吕宋收取的银信，分别通过汇丰银行和客邮兑寄回国，再雇工一一投送。清光绪十八年（1892年），厦门海关建立，郭有品扩大经营规模，将天一总局设在流传村，又在吕宋、厦门、晋江安海设立分局。不久又购置两艘小汽船，开通了厦门至总局、厦门至安海的邮路。天一信局收汇解汇及时安全，名声远播，菲岛以外华侨纷纷通过吕宋分局汇寄银信。尔后，郭有品又在菲律宾的宿务、怡朗、三宝颜三地增设分局。清光绪二十二年（1896年），大清邮政局正式营业，依例以"郭有品天一信局"登记注册，信局继续拓展外埠业务，增设香港、安南分局。清光绪二十七年（1901年），郭有品不幸在厦门染疫逝世，长子郭行钟继承父业，精心经营，业务锐增。次年，信局改名

"郭有品天一汇兑银信局"，分设信部和批馆，逐年在外埠增设分局，至1911年，共在东南亚七个国家设21个分局，在国内设7个分局。至1921年，又增设吉隆坡、金塔及上海、港尾4个分局。

坚持"信誉为首，便民为上"的经营之道，天一信局热情周到地为侨胞服务，规制严密，管理严格，赢得各埠华侨的信赖，业务迅猛扩展。据《厦门海关十年（1892—1901）报告》记载，仅1889—1901年，进入厦门的外轮共1686只，帆船181只，厦门海关共收邮件108570件，汇票93442美元，其中近一半的邮件是寄往天一信局投递的。天一信局的每个分局的侨汇总额达月均数万元大银之多，在鼎盛时期，天一信局的年侨汇额达千万元大银，将近闽南地区侨汇的三分之二（一说三分之一）。

自1915年兼营汇单业务开始，天一信局资金更为雄厚，至1920年达到最高峰。1921年后，东南亚一带因战后通货膨胀，侨商经济严重受挫，侨汇不如往昔，且同行竞争激烈，国内常遭到军政勒借；加上1923年后国内外邮政局均提高民信邮资，银信局利润锐减，香港、吕宋分局亏损严重，只得于1928年1月停止业务。

天一信局是中国历史上规模最大，分布最广，经营时间最长的早期民间侨批局。其创办之早，影响之深，在福建乃至全国邮政史、金融史上都占有一定的地位。

林氏义庄

3. 林氏义庄

永泽堂林氏义庄，又称林氏义庄，位于龙海市角美镇杨厝村过井社，是由清末民初台湾首富林本源家族创办的、闻名海峡两岸的民间慈善机构。

义庄坐西北朝东南，占地15亩多，是一座具有典型闽南建筑风格的庄园。庄园为三座并排两进大厝，前有一片砖埕，中座之后建一座二层楼房，右座之后建一列仓库，配合东西数列对向护厝等，总建筑面积3730平方米。前有鱼池，后有花园，庄门左右侧开，埕前以临池护栏和护庄矮墙包围拱卫整个庄园，结构整齐宽敞，古雅大方。

"永泽堂"金字木匾悬挂于中座大厝门上，前后进中间的西过水亭墙

上，镶嵌着12块由精细打磨的黛黑石组成的、清道光元年（1821年）正月所立的"永泽堂林氏义庄"碑文。碑文镌刻着清代书法家吕世虞书写的小楷，工整精美。内容为办庄宗旨和赠赈条规："将在台湾淡水自置海山保水田四十三甲八分四厘二毫（合500亩），充为原籍本族义田，年收佃租除完供耗谷外，实收谷一千六百石，按年寄回内地龙溪县白石保吉上村（后村废，族人迁居过井社）、潭头村（今埔尾村西隅），赠给同宗族人贫乏之用。"赠赈事宜"延请族中诚实心正两人经理其事"。林氏族亲，只要是贫困的家庭，每家按人口发给大米，成年人每日给糙米一升，每月

初一那天在永泽堂内发给；每年冬至日，给男子棉布三丈，每年春分日，给女子棉花三斤，令其亲自纺织（辰

给米、布、棉花11~16岁减半，5~10岁给十分之三，4岁以下不给）；有服之亲者，娶妇给银二十两，嫁女给银十两；年长尊者有丧事，支银七两，次长有丧支银五两，未婚娶者支银四两等等。赠给有定额，男女不遗漏。从清道光元年（1821年）开始赈济，至1937年抗日战争爆发，两岸隔绝终止，共延续四代人116年。其赈期之长，赈面之宽，赈事之恒，为世所罕见。清道光年间，翰林院编修、同安人林荐秋题字赞颂道："文正传遗法，千秋说义庄，恤贫先及族，永泽自明堂；觿挞儿童课，粉榆父老觞，泛舟原有役，岁岁渡重洋。"

林氏义庄赈济善举能坚持一个多世纪，都仰赖林本源家族人丁兴旺，英才辈出。

林氏义庄清乌石碑记

林氏义庄的房屋于 20 世纪 50 年代初，分配给佃农居住；80 年代中，退还原业主；90 年代初，由台湾林本源家族的后人出资维修，除后楼、仓库外，都保存完好，整体外观仍具备当年的恢宏气势。1987 年，龙海县人民政府公布为第二批县级文物保护单位，2001 年，福建省人民政府公布为省级文物保护单位。

如今，距林氏义庄一公里处的过井山麓，还有 1992 年冬重修的林时甫墓园。墓园坐北朝南，占地 2000 平方米，墓碑镌刻"皇清诰授光禄大夫督办全台抚垦大臣侍郎衔太仆寺正卿林府时甫公之佳城"。墓园肃穆恢宏，石雕造型精致、逼真，若要参观林氏义庄，这里也是不可不去的一处纪念地。

4. 郑氏古宅院

郑氏古宅院，又称南川郑氏大宅，位于龙海市浮宫镇美山村，第六批市级文物保护单位。清代光绪十七年（1891 年），郑永昌筹建"兰村"，建造包括谦光祠、墩任祠在内的，工程庞大的郑氏古宅群。整个工程历经 40 年，花费白银 200 多万两。

郑氏古宅创办人郑永昌，从小在美山村长大，年少时家庭极为贫困，少年时期"偕友人出走南洋"。经过数十年的艰苦创业，终于"履险如夷，

临危复安"，有所成就。回到家乡后，郑永昌把大量的精力和心血投注到建设家乡、繁荣地方、兴办慈善事业当中。他热心公益事业，曾为清政府的"北洋水师"捐款，清政府为此赐"中宪大夫"。他虽集万千荣耀于一身，却从不借此炫耀，而是一生谦虚守则，对后代寄予厚望。在其自叙《谦光家庙记》写道："我年近半百，血历勤劳，经营有此，仍日求进境，也许上可对先人，下可垂后裔。若继吾后者，能念创业之维艰，共勉守成之不易，则可垂裕之无究矣。"

郑氏古宅主体建筑坐南朝北，石砖木结构，歇山顶。整座建筑群落成矩形布局，其建筑风格与传统建筑迥异，但又有许多建筑构思与传统建筑特色一脉相承。从总体布局来看，主要由大小相同、尺度相等的三幢四合院式的建筑群一字排开组成。其单座结构为面阔三开间，二进深，中有天井，左右两侧有护厝。主院落两端及后面均建有护厝。属于四合院式的建筑群。建筑房屋左右两侧和背面建筑都是长廊式厢房。郑氏古宅占地面积 28 亩，建筑房屋共 118 间。大厝由前向后依次为池塘，前大埕，三座并排二进大厝，后埕，后座大厝，后花园。主要建筑左前方有一座二层小梳妆楼，又名"小姐楼"。整座建筑群结构极

浮宫美山郑永昌建筑群全景

为整齐宽敞，古雅大方，大厝红瓦为顶，青石为基，燕尾脊高跷翘，显得十分气派，抬头所见的梁上，枋上，窗上，门上无不遍布精美的砖雕，木雕，石雕。所雕刻的图案有花鸟虫鱼，狮龙虎豹，每个细节都栩栩如生。对于如此精美的的雕塑，见者莫不夸羡"有永昌厝，没永昌富"。

郑氏古宅院是三普复查中发现的整体面貌保存比较完好、规模较大的闽南古建筑，是闽南古民居建筑艺术文化的缩影，具有很高的文化研究价值。

5. 紫泥林氏民居群

林氏民居群，坐落在龙海市紫泥镇溪州村大厝内社，占地面积约4500平方米，建筑面积1575平方米。南北长45米，东西宽100米，是清代中西

结合的民居建筑群的典型代表。

林氏民居群坐北向南，南偏西10度。建筑形式是闽南地区传统的民居住宅形式：单檐硬山顶、石砖木结构、梁架式斗拱。整座建筑群落成矩形布局，其建筑风格与传统建筑迥异，但又有许多建筑构思与传统建筑特色一脉相承。从总体布局来看，主要由大小相同，尺度相等的5幢四合院式的建筑群一字排开组成。其单座结构为面阔三开间，二进深，中有天井，左右两侧有护厝。主院落两端及后面均建护厝。组成左右前后完全对称的建筑群。屋前埕院和后院均铺红砖，后有围墙拱护全庄。中轴线自南而北依次为池塘、围墙、埕院、五幢并列大厝、后埕院、后护厝、围墙、后花园。建筑群环境幽雅、整洁大方。房屋现整

紫泥溪洲林釬故居

体保存较好，尚基本保持清代建筑原貌，但因历时长久，今已出现墙面裂纹、屋面漏雨等问题。

如今，在城内村中心小学教学楼上，高悬着一块赞颂林氏善举的木质浮雕横匾，供后人瞻仰追念。匾长 2.4 米，宽 0.8 米，四周雕镂精巧，花团锦簇，中间朱底金字，色泽鲜润。匾上"急公好义"四个行楷大字金光灿灿，为民国四年（1915 年）大总统题赠。经历 100 个春秋仍然如此完好，令人称奇。

6. 曾氏番仔楼

龙海市角美镇东美村墩上曾氏"番仔楼"，是座历经百年，风貌犹存的清末华侨豪宅。

东美曾氏"番仔楼"的创建人华侨曾振源，因家境贫寒，青少年时前往南洋新加坡、印尼谋生，最终成为一代华侨巨富。曾振源先生致富后，先在东美墩上社建三进古式大厝一座，共 39 间房。1903 年，开始筹建曾氏"番仔楼"，历时 14 年方全部竣工，耗资白银 17 万两。

曾氏"番仔楼"实际上是以曾家祖厅为中心的楼群。在祖厅上方，有石雕"曾氏家庙"四个大字，两旁一对石柱联"祖泽绵长距鲁国已七十五世，庙貌壮丽冠芗江之廿八九都"。

因曾氏乃孔子弟子曾子（曾参）的嫡系传人，故有"距鲁国已七十五世"之说，亦可谓名门之后，光宗耀祖。据现存的规模来看，以其"庙貌壮丽"在当时称"冠"，是当之无愧的。

曾氏"番仔楼"总面积5120.8平方米，建筑面积2627平方米，共有99间房屋（其中4间已毁去），整座建筑群落成"凹"字形布局，坐南朝北，其建筑风格与传统建筑迥异，但又有许多建筑构思与传统建筑特色一脉相承。从总体布局来看，有着古式三进厝的特点，中有前埕、中埕、后埕隔离，从楼群的个体来看，各幢楼皆依照西式风格修建。中楼的二楼主厅设有取暖壁炉，壁炉的烟囱像两只耳朵竖立在中楼的屋顶上，远远即可望见，中楼的设计尽显西洋特色，成为"番仔楼"标志性建筑。后花园东边建有风力抽水机楼，自来水管道由此通向"番仔楼"各个建筑群，100年前就安设了自来水设施，这在当时乡村应属罕见。建筑还配备有先进的地下排水系统，下雨天小球落入沟中，不论在哪个角落掉落，最终都可以在前面的"月池"中找到。走廊构筑均为半圆拱柱，墙面线条错落有致，浮雕、花卉点缀工整，给人清新、悦目之感。据说，当工程进入最后阶段时，祖厅的石雕工人可以用雕凿出来的石粉称重去领取等量的白银，工钱之高实属罕见，其精雕细刻的程度之高可见一斑，人人为之赞叹。"番仔楼"建筑群的规模之大、层次之高，与周边其他建筑形成鲜明的对比，强烈地冲击着人们的视觉神经，激发了人们的观赏兴趣和探索之

角美东美番仔楼全景

潘厝民居

心，这就是曾氏"番仔楼"的价值所在。

曾氏"番仔楼"前凿大型"月池"，后有花园；东临港道，南面和西侧是大路，自成周全的小世界。作为曾家族人共同居住的处所，出行方便，水陆两利，周边安全设施坚固。从建筑群的内部格局来看，全楼以祖厅为中轴线的中心点，各个建筑对称而有序地延伸开来。祖厅的左右两侧各有两条通巷，这四条笔直的通巷连接着三排大院落，纵向形成五列主体建筑队形，横向形成三排建筑矩阵，其间皆有大石埕作为缓冲带。这样的建筑楼群，构思巧妙，布局严谨，气势宏大，工艺精致，中西结合的同时偏向西式，是百年前漳州华侨吸收西洋文明并为

我所用的有力物证，对华侨研究事业有着重要的意义。曾氏"番仔楼"有着不可多得的研究教育意义和艺术欣赏价值，应该得到合理的保护。

7. 潘厝古民居建筑群

角美镇白礁村潘厝社，是18世纪世界首富、著名广州十三行洋商首领潘振承的诞生地。

潘厝古民居建筑群是漳州潘氏开基祖潘节的后裔在清朝道光至光绪年间所建的。潘厝古民居建筑群创始人潘启（又名潘振承），从小航海经商，精通夷语，并于清乾隆九年（1744年）在广州创办同文行，与英国、瑞典等国东印度公司进行贸易，自此逐渐成

040

为广州十三行的行商首富。之后，他在广州河南（今海珠区）购地约 20 公顷，修筑宅第、建立祠堂，将该建筑群落一带地区命名为"龙溪乡"。潘氏家族共有 24 人被录入《广东历史人物辞典》词条，被史学界誉为"广东省自清朝以来最显赫的家族"和"岭南文化的代表人物"。

潘氏所建造的古民居建筑群坐北朝南，石砖木结构，共 11 座，二排，155 间。其单座结构为面阔五间，二进深，中间有天井，左右两侧有护厝，是一座四合院式的建筑群。祖厝两厢墙上嵌清嘉庆年间"河阳家规十二则"、"春冬祭祀规则"石碑各一方，门前保留有明、清抱鼓石各一对。屋内石柱、木柱，梁架上均有精美的木雕刻，也有浮雕而漆金粉者。院内无数精美的石雕、瓷雕、木雕、彩绘均栩栩如生。该建筑群具有清代闽南典型的民间建筑风格，糅合了南洋和广州的建筑元素与特色。如今，潘厝村的祖祠和古宅依然保存完好，金碧辉煌，昭示着这一家族的光辉岁月。难怪在当地流传着这样一句话："有潘厝富，没潘厝；有潘厝厝，没潘厝富。"

8. 华瑶李氏民居

华瑶李氏民居位于海澄镇内楼村华瑶 88 号，由印尼华侨李松辉所建。李氏民居占地面积约 2000 平方米，主体建筑 1200 平方米。其布局为传统的对称形式，中间为两落建筑，两侧为护厝，周边有三个小花园。民居设计与施工十分精致，内外装饰丰富，外墙所贴瓷砖及里侧的玻璃都是从南洋运来。

华瑶李氏民居

主柱、砖雕、泥雕、门窗造型均流露出十足的西洋风味。这种建筑风格是月港海商民居的又一种形式，即在外墙及装饰上吸收南洋风格，而建筑主体依然保存闽南地区传统特色。

9. 浦西红砖楼

清光绪二十九年（1903年），由印尼华侨黄开盛回乡兴建的一幢"浦西红砖楼"，是"四百年不褪当年色"的典型中西合璧建筑，被称为"红砖楼"。该楼位于"浦西城堡"北侧城内，坐北向南，总面积210平方米，占地面积达1056平方米。共有三厅、十六房、二厨房、二砖埕、一凉亭、三面红砖围墙。整座楼造型效仿西方"八卦楼型"砖木结构，楼内置有三杜屏、四横楣、三盏荷花吊灯、百朵荷花泥塑。其中杜屏、横楣都是浮雕、浅雕、漏雕、透雕。楼下中杜屏木浮雕刻有"双龙戏珠"图案，横楣雕刻篆字"福如东海""寿比南山"，皆为镶金彩绘，楼上厅、开口厅横楣为镶金彩绘"福禄寿""春满堂"。三厅中配有"荷花吊灯"，楼的四周、厨房南杜壁的"百朵荷花泥塑"盛开。这些泥塑具有"四不褪色"特点：一是新绘镶金粉，艳丽不褪金色；二是红砖红润，不褪红色；三是泥塑雕光洁完美，不变色；四是墙壁粉抹洁白，不裂痕脱落。红砖楼选材用料十分讲究，建筑结构牢固，砖瓦质量光洁，色泽艳丽精致。其中，石材两副大门、两副边

浦西红砖楼

埭美水上民居群全景

门是从泉州运回后，经白磨加工而成，房门、杜屏、窗扇、双扇、杜格都是以华安北油杉木为原料，两副大门、两副边门是选榉木为原料，并专门从印尼运回。钢材窗栏杆、地板红砖、水泥石灰、桩根等也都是从印尼运回。综上所述，"黄开盛红砖楼"是独具特色、气派豪华的中西建筑民居，它既是明清时期建筑行业、陶瓷行业发展情况的典型缩影，也是一件具有较高历史价值、文化价值的艺术精品。

10. 埭美水上古民居

有着亚热带绮丽风光的闽南漳州母亲河九龙江，是仅次于闽江的福建第二大江。在九龙江南溪河畔，镶嵌着一颗璀璨的明珠——它就是久负盛名的龙海市东园镇埭美水上古民居。埭美距沈海高速公路漳州港出口仅2

公里，与厦门、龙海石码、海澄镇遥遥相望，居于鸡笼山、大帽山、峨山的环抱之中。那一排排保留完整且具有明清时期建筑特色的古厝群聚落村，犹如一个神秘的老人，似乎在静静等候来访的宾客，好向他们讲述自己的故事。

寻根溯源，据史书记载，唐总章二年（669年），尚属边陲之地的闽南、粤东一带发生少数民居骚乱，开漳圣王陈元光奉旨跟随父亲父陈政入闽平乱。唐景云二年（711年），陈氏不幸战死沙场。从此，陈元光的后裔子孙便在闽台一带繁衍生息。直到陈元光二十世孙陈淳的世孙陈俊惠于宋祥兴二年（1278年）肇居峨山之阳。明景泰五年（1450年），陈俊惠七世孙陈仕进在埭尾开基立业。在这期间，据有关志书记载，到了明清时期，陈

043

元光各地裔孙陆续移居台湾。埭美与台湾宗亲一脉相承，血浓于水，至今还时有台胞前来寻根谒祖。埭美四周环水，30多米宽的水道，蜿蜒绕村而过，似一条长龙盘绕着古民居，形成"港环社，社枕港"的独特景观。埭美社村落不大，200余户，960多人，居住的古厝群共276间，保存尚好者有36座，布局合理，整齐划一，堪称一绝。虽经历560载风雨剥蚀，至今仍保存完整。古厝群朴实无华而自然成趣，外观仿宋造，硬山顶砖木结构，前后左右有机衔接。屋顶以曲线燕尾式为脊，似有无数燕子栖息一般。石砌墙体，红瓦屋面，厚重庄丽。室内木雕、砖雕、泥塑、梁拱窗花，独具匠心。特别是梁上的漆面，或人物，或山水，或鸟兽，镂刻工艺精湛，贴金今虽磨损，当年主人家的富足生活

仍可见一斑。近年来，龙海市委市政府牵头组织20多个部门，筹资3000万元对埭美古民居又称"陈家大院"进行保护性的开发，打造"闽南第一古楼"，实现经济价值与文化价值双丰收。埭美水上古民居建筑群整齐划一，规模宏大，被中外游客和媒体所青睐。2014年2月19日，经中国住房城乡建筑部、国家文物局公布为第六批"中国历史文化名村"。夕阳泛舟，古厝影映，碧水潋滟，恍若人间仙境。科学地开发埭美水上古民居的资源，充分利用其价值，有利于使古老的民居村落焕发新的活力。

11. 海澄苏氏民居

苏氏民居位于海澄镇合浦村合浦社，占地面积1300平方米，硬山顶，属于中西结合的清代建筑风格。其布

海澄苏氏民居

局为传统的对称形式，中间为两落建筑，由前厅、天井、两廊和主堂组成。民居的设计与施工十分精致巧妙，装饰丰富，有砖雕、木雕、石雕、泥塑，墙壁和门墙有清代绘画。该座民居系印尼华侨苏满瑞回乡兴建，历时三年。

镇海卫民居

潘氏祖厝

12. 镇海卫城民居

镇海卫古城系明初江夏侯周德兴奉朱元璋之命建造的明代四大古卫城之一，这座古城风风雨雨已有600年的历史了。镇海卫城内有三条保存较好的古街巷，分别在南门、北门与水门一带附近。街巷依山势而建，由乱石铺成，两侧保留着较多明清时期的民居，基本上为硬山顶式建筑。民居山墙以白色花岗岩石和深灰色的火山岩石块浆砌而成，黑白相间，独具特色。房屋结构大部分为叠顶"燕尾"双翘脊，中间为"厅"，左右两侧为厢房。墙面为混砌结构（即"出砖入石"）。顶梁为悬山式曲线燕尾脊。屋面红瓦，间以瓦筒压轴，檐口挂滴水、瓦当。下房、厢房、护厝的屋顶略低，为硬山式屋顶或马头式山墙。大厝主体构架为抬梁式和穿斗式，或两者混用，柱、梁、枋、檩、椽等木质构件皆用榫卯铰接，以承载屋顶。城堡内民居大部分保留着明清建筑风格，屋脊以"燕尾"双翘脊或"马鞍形"屋脊为主，突出闽南农村古民居建筑特征。

13. 白礁潘氏祖厝

潘氏祖厝位于角美镇白礁村潘厝社文圃山麓，系漳州潘氏开基祖潘节的后裔在清道光至光绪年间所建。整个建筑坐北朝南，由两座单体建筑带左右护厝组成。单体建筑由前厅、天井、两廊和主堂组成。里侧共大小12间，系石木结构，抬梁式木构架，硬山顶建筑风格。屋内有石柱、木柱，梁架上有精美的木雕刻浮雕并漆上金粉。院内石雕、瓷雕、木雕的彩绘栩栩如生。该建筑具有清代闽南典型的民居风格，糅合南洋、广州的建筑元素，祖祠古宅金碧辉煌，虽有残破都风光依存。

（六）窑址遗存

漳州窑是中国古代外销瓷的重要

045

组成部分，明末清初漳州月港发展成为国际性的贸易港口，漳州窑瓷器的对外贸易也随之发展繁荣起来。通过考古调查、发掘以及与大量流传到海外的传世品的比较分析，可以证明，蜚声海外的"克拉克瓷""沙足器""吴须赤绘""汕头器""交趾瓷""华南三彩"等外销瓷器的产地就在漳州。

20世纪50年代中期，为寻找名为"漳州器"的米黄色釉瓷器及其窑址，故宫博物院曾派出一个考察小组赴漳州调查，却阴差阳错地发现平和山区有生产青花瓷的古窑址。通过采集大量瓷器标本与国外的瓷器进行对比研究的方法，初步得出"克拉克瓷"原产地在漳州的结论。

1994年11月下旬至1995年1月上旬，福建省博物馆对平和县三个地点的古窑址进行了抢救性的考古发掘。同时，一个令国内外陶瓷界欣喜万分的消息不胫而走：在对福建平和南胜、五寨明清古窑址的调查与发掘过程中，研究者找到了烧造国外所谓"克拉克瓷"和销往日本等国的"交趾香盒"实物标本。顿时，众多关注的目光投向平和这个平素不为人知的闽南山区县。

在20世纪60年代以来的历次文物普查中，平和县在漳州地区西部发现多处古窑址，窑址附近还存有大量陶瓷残碎片。古窑址大多集中在县东南部的南胜、五寨境内，主要有南胜

的花仔楼、田坑、五寨的碗窑山、垅仔山、大垅、二垅、通坑、洞口、巷口、田中央以及九峰赤草埔等。据明嘉靖二十四年（1545年）版《平和县志》记载：平和产瓷器，"精者出南胜、官寮，粗者出赤草埔山隔"。据明万历元年（1573年）、明崇祯、清康熙、清光绪等诸版《漳州府志》记载："瓷器出南胜者，殊胜它邑，不胜工巧，然犹可玩。"在这些古窑址中，田坑窑属于专门烧造精致的素三彩瓷器的窑址。明万历十一年至三十年间（1583—1602年），景德镇民窑面临原料危机，不能提供大量的优质瓷器以满足国外需求。明万历三十年（1602年），窑工反对陶监的斗争发展为火烧御窑厂的暴力斗争，加上明末清初时的政治动乱，约80余年，景德镇窑业始终无法安定发展，这一系列问题造成景德镇减产甚至停歇。

然而此时，东印度公司在东方开业不久，事业处于上升时期。经营者们一方面寄希望于具有一定实力的地方民窑，当然更希望在口岸附近开辟窑场就地生产，以减少运输之苦和搬运过程中的大量损坏。

此时日本处于室町幕府与德川幕府更替的变革时期，这一时期，由于中日两国政局动荡，致使海禁松弛，私人海外贸易藉此兴起。

在这种形势下，平和窑创烧伊始，便十分明确自己的生产定位——以生

华安东溪窑

产外销瓷为主。其产品胎釉较粗，工艺简练朴实，以其产量能满足海外市场的需求这一特点，平和窑系陶瓷业迅速崛起。迄今在此处已发现的窑址有：洞口窑、内窑仔窑、二垅窑、狗头窑、大垅窑、窑仔山窑、泥鳅空窑、田中央窑、扫帚金窑、螺仔山窑、华仔楼窑、仔山窑、田坑内窑等。

明万历年间的平和南胜镇港仔村，当年仅是一个小码头，瓷器从平和花山溪顺流而下，一天即可进入九龙江前往月港，直通海外。然而，随着时局的发展，港口的变迁，贸易政策的改变，漳州窑系陶瓷的生产又快速衰落。正如张磊在文章中所说："月港的兴衰对漳州窑业的影响十分显著。从某种意义上去说，漳州窑业因月港之盛而兴，因月港之衰而败。"

广东"南澳一号"出水的10000多件瓷器中有8000多件来自平和的南胜五寨一带。这批出水的平和窑青花瓷，成为古代漳州"海上丝路"贸易繁荣极重要的佐证。

华安的窑址分布面积广，数量多，规模约10平方公里，以东溪中部最集中，向南靖县毗邻处延伸。以马饭坑、牛寮、后坑辽、水尾、上虾形、吊拱、崩片湖、扫帚石、洪门坑、橄榄坑、白叶坂等窑炉遗迹和文化层为中心，半径100米范围内已发现的窑口有近20处，其中存在大量堆积层，已获得标本4000余件。

东溪窑址在昔日漳州府所属龙溪县东乡的东溪村（又名丹溪村，现归辖华安县），其产品称"漳瓷"。

据《福建通志·物产志》卷一记载，华安东溪窑在"明中叶始制白釉米色器，其纹如冰裂。旧漳琢器虽不及德化，然犹可玩，惟退火处略黝。越数年，黝处又复洁净。近制者釉水胎地俱松"。

东溪窑烧制的"漳瓷"多属供摆设观赏的古玩，并非日用瓷器。主要有观音、弥勒佛等造像，花瓶、香炉、水盂、笔筒等器皿。在闽南民间习俗中，炉、瓶、盂三件器物常组成一副，这三者东溪窑均有生产。"漳瓷"的特征是胎厚，质硬，纹细。色彩有纯白、纯黄、纯红、米色、绿色、白地三彩等多种，而以纯白与三彩为上等珍品。彩瓷色泽鲜艳，经久不褪。"漳瓷"为细瓷类，瓷面有细纹隐现，其质地与广东潮州枫溪所产瓷器相似，尽管东溪窑并非官窑，但因其产品质优，而不乏被列为贡品，选送朝廷者。

南山瓷窑址是漳浦县南山县文物保护单位。该窑址发现于1982年，面积约3万平方米。主要产品为青釉瓷，器型有碗、盆、杯、盏等。其胎灰白，半釉，釉色青灰或带绿，釉层厚，常流釉、聚釉，呈玻璃质。胎体多以卷草纹、云纹、篦点纹装饰。

澎水瓷窑址是漳浦县石榴镇文物保护单位。该窑址发现于1980年，面积约10000平方米，现部分淹于水库中。产品主要为碗、盘、罐等生活用具。其胎色白，器形小，施白釉，绘青花，图案内容多为折枝花、虎、龙、魁星点斗、春江垂钓，或写"元""寿"等字款。漳州"海上丝绸之路"以陶瓷为主要贸易输出品。

榜山的园仔头窑址位于园仔头村

平和瓷烧制技术

西北约一公里的港仔尾、下许等地，沿九龙江岸边建造。现存的窑炉遗迹仅有3座，皆为红砖砌筑，平面呈长方形。该窑以生产砖、瓦等建筑材料为主，产品大都运往厦门等地，早期厦门大学的学校楼房砖瓦材料就是由这几个窑厂提供的。

以平和南胜窑、华安东溪窑、榜山窑为代表的漳州窑所制作的"漳州瓷器"（在外称"克拉克瓷"），以青花瓷为主，此外有米黄釉、五彩瓷，做工精细，绘画生动，极具特色，明清时期大量销往海外，在东亚、东南亚、西亚、东部和南部非洲、欧洲等地都有为数众多的产品留存。"漳州瓷"是漳州先民聪明才智的结晶，其形制图案在后世文化艺术传承、民居建筑样式等方面产生深远的影响。

龙海镇海卫城东门

东城门内侧

（七）关隘城寨

1. 镇海卫城址

镇海卫古城遗址位于龙海市鎏教畲族乡东北部，北倚南太武山，南有鸿江汇入大海，东南隅的旗尾山与台湾省浊溪口的连接线即为东海、南海的分界线，其地理位置得天独厚，是闻名遐迩的明代兵戎海防故垒，与威海卫、永宁卫、天津卫并称"明代四大卫城"。《明史》载："洪武二十六年，定天下都司卫所。都司十有七，留守司一，内外卫三百二十九，守御千户所六十五。"镇海卫城址于 1982 年公布为龙海市第一批市级文物保护单位；2005 年公布为福建省第六批省级文物保护单位；2013 年 5 月 4 日公布为第七批国家级

文物保护单位。

镇海卫于明洪武二十年（1387年）由江夏侯周德兴所筑，史载"周围八百七十三丈，高二十二丈，垣面广一点三丈，女墙壹仟六百六十垛，窝铺二十间，垛口七百二十个，辟东、西、南、北四门，另开一水门，各有城楼"。明洪武二十一年（1388年）建卫，城设有前、后、左、中、右5个千户所，辖六鳌、铜山、悬钟（今为漳浦、东山、诏安）三个守御千户所，并分防金门镇右营，兴盛时期有官兵5307人，可见，它是历代重兵把守的海防要塞。历史上的镇海卫建制齐全、武备精良、文教发达、市厘富庶。

清顺治十八年（1661年）迁界，镇海卫城渐废，清康熙二十年（1681年）再修为汛防城。现保存卫城城墙约2700米及东、南、西门和水门四个城门，保存较完好的是东门、水门和南门。水门保留着较完整的防汛排水设施；南门设有瓮城，占地面积约1200平方米，城门用花岗岩条石筑成，城墙以花岗岩和火山岩乱石砌成，残高4~7米不等。

卫城内保留着较多的古建筑、遗址、石构文物。现存三条布局较为完整的古街巷，南门街尚存"父子承恩"坊一座，三间三楼四柱式石坊，结构呈明代风格；北门一带保存较好的有

城隍庙，始建于明正统十三年（1448年），康熙初年重建，现为硬山顶单体建筑，面阔三间，进深三间，建筑风格保留明末清初法式；卫城中部有文庙遗址，现保存清雍正四年（1726年）义学碑记一通；南门一带的城墙上保留明天启二年（1622年）所建的石构福德祠一座，仅一米见方，乃属乖巧之作。卫城内尚有明代的罗汉残像石雕八尊，另有石辟邪、石旗杆、古井等，现存古城的历史文化内涵仍十分丰富，是我省目前仅存的明代海防卫城遗址。

由于历史上的迁界以及近代自然灾害和人为破坏等原因，卫城曾受到严重损毁，但城池布局和一些遗迹遗物仍可循辨，例如：

城门：原有东西南北四门和水门，各门均有城楼，现北门已毁，西门残破较严重，东门、南门和水门保存相对完好。各城门均用花岗岩条石密缝干砌，为一顺一丁作法，门设拱券顶，形制较规整。西门残高3.65米，城垣宽2.5米；东门残高4.2米，城垣宽3米；水门残高6.25米，城垣宽2.5米，门洞以花岗岩条石铺砌地面，下设汛防排水通道，宽1米，高0.53米；南门有着保存较完整的平面布局，设有瓮城，外城城墙呈半圆形，东西径约35米，南北径约30米，城门占地面积约1200平方米；外城门洞呈平顶，

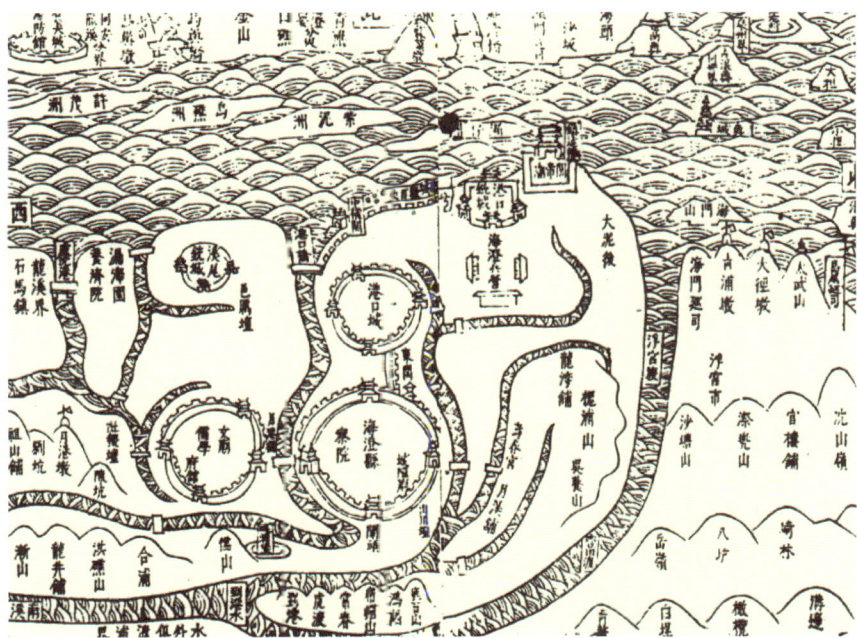

溪尾、大泥统城图

资料来源：（明）梁兆阳修：《海澄县志》，明崇祯六年（1633 年）刊本。

城垣以块石、条石混砌而成，上下略有收分，残高 4.75 米，垣面最宽处有 5 米，余为 3 米左右，内城残高 4.65 米，进深尚保留 11 米的巷道；瓮城内建有土地庙一座，为面阔一间。进深一间的硬山式单体建筑。

城墙：城墙依山势而筑，均用花岗岩质和镇海卫当地特有的火山岩乱石夹杂摆砌而成，上下有收分。20 世纪 80 年代尚保存城墙长约 2900 米，1996 年驻防官兵擅自拆除东门一带的城墙约 200 米；现存城墙长仍有 2700 米，时断时续，保存较好的是东门一

带和南门至水门一带的城墙，最高处有 7.2 米，余 4~7 米不等，城墙厚 1~3 米，原城垛均已佚，局部仍保留有女儿墙和走马廊的遗迹，宽 1~3 米不等。南门至水门之间的城墙上保存明天启二年（1622 年）所建的福德祠，为石仿木结构，小巧玲珑，仅 1 米见方，面阔 1.16 米，进深 1.2 米，高 1.1 米，形制独特。

城内保存三条较好的古街巷，分别在南门、北门与水门一带附近。街巷依山势而建，乱石铺路，两侧保留较多明清时期的民居，基本上为硬山顶式建筑。民居山墙以白色花岗岩块

051

石和深灰色的火山岩石块浆砌而成，黑白相间，颇具特色。街巷民居内尚保留古井数口，泉仍清澈可饮。

镇海村部内保存散落的石雕构件，其中有八尊断头罗汉造像和一对石辟邪，均为花岗岩石质，因年代久远，风化严重。罗汉残高0.4~1.1米不等，应为十八罗汉中的造像，这些石构遗物造型古拙，推断应为明代文物。

据《镇海卫志》载，卫城内原有坊表10余座，建有卫指挥署和各千户署，配以东岳庙、关帝庙、天后庙、神祖庙、文公祠等祀，建制十分完备。现上述古建筑遗迹均已毁，但城内仍随处可见明清时期的石柱和柱础等构件，其历史文化内涵仍十分丰富。镇海卫城纳长流之巨浸，会潮汐以奔趋。置身其中，祠、庙、亭、碑颇为壮观，思古幽情，潜然而生。登城远眺，舟帆点点，水天一色，实是游览避暑之胜地。

2. 浦西城堡

"浦西城堡"位于龙海市东部、港尾镇北部、南太武西部，南临浦西溪。市级文物保护单位。

城堡建筑结构雄伟壮观，坚实牢固，布局合理，安排有序，是一座依山傍海，易守难攻的好城堡。城墙周长450米，占地面积15740平方米，4个半圆弯弓形石门，4个谯楼、跑马道、女墙、垛口、炮眼，城墙内外6个七级登城石梯，1个水门等。同时配套族民居住房屋126座375间古民居群体，2口水井等，横竖主副巷各5条，主巷横竖交叉，居住、祠堂、朝拜安排有序。

"浦西城堡"追溯浦西黄氏开基祖黄天从（1205—1297），杭州人。先世原籍河北人与赵宋皇族联姻，传至黄天从配赵温淑，一品夫人。生子黄材（1229—1301），字国栋，谥文忠，配赵贞静，讳光懿，郡王公主，诰一品夫人。黄材登咸淳戊辰科进士，历官大理寺寺丞，转内阁侍从。宋祥兴二年（1279年）护赵若和郡王逃亡，从龙海市港尾镇南太武北面港湾浦东银坑（今港尾镇城外村与漳州开发区店地村交界处）登岸就地开基，至今已有730多年，历传三十世，繁衍子孙，分播闽厦漳粤数

浦西城堡全景

南炮台

十万人，又有迁居南洋、台湾等地。传至第十一代孙黄深魏拓展到城内社聚族居住发展。在明嘉靖四十年（1561年），为防倭寇入侵、保族民生命、财产安全为目的，率族民筑堡防倭寇抢劫，曾经创造四次在族内长辈和族民共同奋力击退进攻无损一员的辉煌史实。城堡因历史种种缘由沉睡450多年。

3. 南炮台

龙海市港尾镇的军事古迹南炮台址在石坑村屿仔尾东南临海突出部的镜台山上，炮台濒临东海，紧靠大陆，居高临下，雄视万里海疆，拱卫着祖国东南大门，素有"八闽门户，天南钥匙"之称。

屿仔尾南炮台系闽浙总督邓延桢于清道光二十年（1840年）春，配合民族英雄林则徐在广东开展禁烟运动时，为御侮备战而建造的。迨清光绪十七年（1891年）进行扩建并改装德国制造的克虏伯大炮，计有主炮一门，副炮三门，同厦门胡里山大炮为"姐妹炮"。炮台建有城堡、兵舍、战壕、弹药库、练兵场等设施，炮城用三合土建成，有女墙、垛口、枪眼，虽经100多年风雨剥蚀，城垣至今仍坚实完好，三门副炮早已拆毁，一门主炮也于1953年修建厦门高（崎）集（美）海堤时拆走。

南炮台于1987年3月23日公布为第二批市级文物保护单位，占地面积4582平方米，周长240米，墙高6

米，临海处高 20 米，墙厚 1.5 米，平面呈椭圆形。整座城系采用江东沙浆、壳灰、糯米浆及红糖搅拌而成，围墙以三合土和条石混合夯筑。1994 年，在炮台城内东北侧发现花岗石结构圆形炮座 2 处，直径 1.2 米，座距 8 米。在炮台城墙外出土"播荡烟尘"石匾 1 方，长 1.5 米，宽 0.8 米。

南炮台建成后，在反对外来侵略中发挥重要作用。清道光二十年（1840 年）6 月，鸦片战争爆发时，侵华英军总司令义律率领兵舰 40 余艘进犯广东。因遭到我军民的有力抗击，无隙可乘，乃率舰向厦门侵扰。7 月 2 日和 8 月 22 日，英舰先后窜入青屿口和厦门内港，遭到厦门军民的英勇反击。8 月 24 日下午，英国舰队以三只舢舨追逐一艘中国商船，屿仔尾南炮台的爱国官兵目睹此景，义愤填膺，摩拳擦掌，他们把炮口瞄准英舰，猛烈轰击，打出中国人民的威风，英舰被迫退走。

1937 年 7 月卢沟桥事变后，日本侵略者企图占领我国东南海防前线厦门岛，于 8 月 24 日从厦门撤走最后一批日本侨民，接着宣布封锁包括厦门在内的中国南部海域。9 月 3 日凌晨四时许，日军贸然出动"羽风号""箬竹号"等多艘舰艇，驶近大担岛灯塔前的海面上进行挑衅，屿仔尾南炮台的爱国官兵，早就有抗日御侮的思想

准备。此刻在炮长何荣官的指挥下，一发发愤怒的炮弹射向日舰，厦门岛上的白石炮台也开炮响应。日舰凭借其武器精良，也开炮反击。阵地上硝烟弥漫，弹片纷飞，抗日勇士愈战愈勇，炮战持续了半个多小时。日舰"箬竹号"腰部冒起黑烟，渐呈下沉之势，侧边的两艘日舰慌忙向它靠拢，夹持着该舰向台湾方向溃逃。

光阴荏苒，岁月飞驰。鸦片战争与抗日战争的硝烟早已消散，但南炮台这座在百年来反帝斗争中立有战功的古建筑，仍然屹立在祖国东南海疆，成为人民游览与缅怀之地。

4. 郑成功枪城

在龙海市港尾镇石坑村西侧 500 米处临海的山岗上，有一座 300 多年前由民族英雄郑成功建造的古老枪城，1982 年 7 月 7 日被公布为龙海市第一批县级文物保护单位。城堡南靠山岗，东、西、北三面环海，同东北的鼓浪屿，西北的圭屿鼎足而立。城垣依山而筑，由东南向西北倾斜，有居高临下之势。枪城东西宽 42 米，南北长 58 米，城墙高度 1.95 米，厚度 1.2 米，总面积 2520 平方米。整个枪城均用三合土夹以海螺壳、瓦片、瓷片夯筑而成，十分坚实。半墙有枪眼，作为瞭望、射击之用。枪城经长年累月风雨剥蚀尚

郑成功枪城遗址

保存完好。只有北面临海的一道城墙，因 1959 年 8 月 23 日特大台风海啸的冲击而倒塌陷入海中。

1650 年，郑成功完全控制金门、厦门两岛作为抗清的根据地时，石矶枪城是金、厦的重要外围据点，它在扼守金、厦，进取漳、泉的诸战中曾起到重要的作用。据《台湾海国志》载：清顺治九年（1652 年），郑成功率兵攻打海澄，海澄清军守将郝文兴献城投降，郑成功引兵后发动军民，扩延海澄城。增延石坑枪城，召亲军镇将郑享、郑梅春兄弟率精兵守该城，以巩固金、厦防务。

清康熙十六年（1677 年），清援漳大军提督段应举自泉州率兵来犯。从江东顺流东下赴月港进攻海澄城时，另派其女儿段茉莉分兵攻取石坑枪城，抢夺防地，遭到驻守该城的郑军的猛烈阻击，双方展开拉锯战，炮火猛烈，红光接天。隔海鼓浪屿的郑军基地，立即调遣水兵战艇百余艘支援枪城的防卫战。段应举闻讯自海澄续发水陆队伍，沿江而下，双方于圭屿海面上展开激烈的水师会战，战斗持续数天，互有伤亡。后郑军侦察形势，以退为进，暂时放弃枪城。段茉莉挥师进城，她在清理缴获品时，细读郑军文告，深深赞赏郑军坚持民族正义，毅然修函呈报郑经，表示愿献枪城，郑经闻讯大喜，立下褒奖令，授尽忠侯。于是枪城复树郑旗。

郑成功枪城是当年国防建设中的产物，保留至今，既是历史的见证，又是创造历史的源地，郑成功的英雄事迹可歌可泣，历历在目。

月港侨批

二、物证遗存

月港的海外贸易输入、输出品遗迹、海商人物史迹及大量的历史典籍、遗物，在漳州民间发现的许多明清时期30多个国家的银元和侨批、番银、瓷器、茶叶以及漳丝、漳绸、漳缎、漳绣等物品，为促进"海上丝绸之路"的商贸文化交流作出了重大贡献，成为中华文明与世界文明交融发展的历史见证和依托力量。

（一）月港侨批

侨批又称"番批"，其产生与海上贸易、海外移民密不可分，是海外侨胞通过民间渠道及后来的金融机构寄回国内，连带家书或简单附言的汇款凭证，包含汇款信息、家书及附言要素，为"银信合封"的传递物。作为国际金融市场的先行者，批信局大多把总部设在海外，少部分设在国内侨乡。根据史料记载，最早的批局首推广东澄海籍侨胞于清道光十五年（1835年）创办的，但影响最大的当属漳州人郭有品于清光绪六年（1880年）创办的"天一批郊"，后改为"天一总局"。其主要经营吕宋与福建闽南侨乡之间的侨批银信汇兑，在菲律宾、印尼、马来西亚、缅甸等国设24

个分局，在漳州、泉州、同安、上海及香港等设9家分局，鼎盛时期办理的批款（侨汇）额上千万大银，占闽南一带侨汇总额的1/3。

（二）漳缎漳绒

绸缎是古代一种丝织品，也是衣物加工原材料。其质量柔软光泽，轻盈薄密，色彩亮丽，是衣料，也是艺术品。中国盛产蚕丝，取丝织绸，绸缎加工历史悠久，技艺高超。从汉代开始，大量丝织品从长安销往东亚、中亚各国，对当时社会经济产生深远的影响。因此后人把中国与其他国家经贸往来、文化交流的通道称为"丝绸之路"。

漳缎是古代汉民族绒类织物的代表作。据史载，唐朝时期漳州人就织缎布和绒布。后进贡朝廷，得到皇帝喜爱，漳州绸缎开始兴盛。到了明代，月港贸易迅速发展，成为中国经马尼拉至美洲的"海上丝绸之路"的主要启航港口，绸缎大大促进了漳州手工业的壮大，漳缎漳绒在国际市场十分畅销。清光绪三年（1877年）《漳州府志》第三十九卷《物产·帛》记载，"天鹅绒本出倭国，今漳人以绒织之，昌工巧，然易沾飞尘""缎，花素俱有，然易裂，不甚耐穿"。这足以证明当时漳人在当时已会织造素绒和提花绒等丝织品。漳缎漳绒由两组经线和四组纬线交织而成，在织物结构上有所创新，成为极富艺术特色的以缎纹为地、绒经起花结构的全真丝提花绒织物。其工艺技术极为精湛，制作漳缎使用提花绒织机，是中国古代花楼机中机械功能最完善、结构最合理、技术工艺最成熟的一种，一直传承至今。有花素两类。素漳绒表面全部为绒圈，花漳绒则将部分绒圈按花纹割断成绒毛，使之与未割的绒圈相间构成花纹。使用桑蚕丝作原料，以桑蚕丝或人造丝起绒圈。织造时每织四根绒线后织入一根起绒杆（细铁丝），织到一定长度时（约20厘米），即在机上用割刀沿铁丝剖割，铁丝脱离织物，则成毛绒。此毛绒根据纹样的设计，就能使纹样清晰地显示在缎面上，有光泽。

漳缎上衣

漳州原来盛产丝绸，称为漳绸；明末转向绒类生产，称为漳绒。以漳绒为基础，于明末出现"刻花"的天鹅绒和织花的漳缎，这三者互为仿造，后人把漳缎与漳绒混为一谈。有单色和双色之分，富丽华贵，可做秋冬衣料或高级沙发套、窗帘等。漳缎漳绒生产非常讲究，造材必真丝细麻，制造严谨，漂洗不混杂质，磨光必适度，染晒温度必适中，边幅修整必到位。正是由于独特技艺和典雅的面料质地，漳缎在古代主要供贵族用作服饰面料和室内装饰。

据史料记载，漳缎是在元代著名的"怯绵里"的基础上发展起来的，至明代已大量生产，在清朝尤为盛行，宫廷贵族多用漳缎作为服装、鞋帽及装饰的面料。漳缎高雅端庄，极富立体感，所以得到很大发展，在杭州、南京、苏州等地都有一定规模的生产。

如今苏州的绸就在漳州漳绒和南京云锦的基础上，改进织造工艺，按漳绒的织造方法，按云锦的花纹图案，创造出一种既是贡缎地子，又是云锦花纹，成为缎地绒花，具有独特风格的丝绒新产品——漳缎。清道光年间（1821—1850年），苏州的机户大都生产漳缎，是漳缎生产的全盛时期。故宫博物院收藏较多，如万字百蝠漳缎、敷彩团花漳缎、绿地织五彩缠枝牡丹漳缎、宝相花漳缎方袄。明晚期南京生产的金地莲花牡丹云龙漳缎炕褥，纬二重经起绒组织，起毛杆起绒圈，割断毛圈成绒。以双股拈金线浮纬为背景，朱红色绒毛显花。绒毛挺立而整齐密集，高度约两毫米。纹样由五爪龙、四合如意云、缠枝莲花牡丹组成，具有明显的明代特征。传世文物还有藕荷色漳缎织五蝠捧寿团纹夹袍、清漳缎团凤纹刺绣女衣、清末民初漳缎女袄。

长期以来，漳缎产品一直由手工制织，织造时必须由挽花工和织工两人上下配合才行，尤其是用不绣钢丝作"假纬"投梭织造并"划绒"，至今都必需用手工，无法用机械代替，具备很高的技术内涵，是宝贵的、不可多得的传统手工技艺遗产。漳缎、漳绒，都是单层制织，边织边割，分为花绒木机和市绒木机两种。漳缎手工织造的台时产量亦仅为0.15公尺。这种古老的织造劳动强度大，生产效率极低，价格也就很高，使喜爱这种面料的顾客望而却步。

（三）漳 瓷

月港商船扬帆海上时，数以千万计的中国特有的工艺制品、纺织品等通过这里运往各地，其中就包括大量的陶瓷器皿。那时，漳州瓷器曾风靡

海内外。明代嘉靖、万历年间海禁，漳州瓷器横空出世，漂洋过海，到达东南亚、拉美、欧洲国家，成为"瓷器之路"的主产品。因海澄月港开禁，促进海上贸易繁荣，明代漳州制瓷业非常发达。400多年前荷兰东印度公司截获葡萄牙商船"克拉克"号上发现的中国青花瓷器和"南海一号"等古沉船中发现的中国瓷器，原产地大多数在漳州，这些瓷器被称为"克拉克瓷"。

明万历三十一年（1603年），荷兰武装船队在马六甲海峡截获一艘葡萄牙大帆船，该船装载中国瓷器约10万件，近60吨。次年，这批瓷器被运往阿姆斯特丹拍卖，此事轰动整个欧洲。荷兰人将葡萄牙远航东方的大帆船称作"克拉克"，由于产地不明，这批中国瓷器就被命名为"克拉克瓷"。

明万历二十八年（1600年）沉没于菲律宾海域的圣迭戈号战舰、明万历四十一年（1613年）葬身于非洲西

漳瓷

部圣赫勒拿岛海域的"白狮号"上相继发现大量"克拉克瓷"。20世纪80年代中期，阿姆斯特丹举行"晚到了400年的中国瓷器来了"的大型拍卖会，拍卖品均是从16世纪至17世纪沉船中打捞出来的中国瓷器，其中即包含被称为"克拉克瓷"的青花瓷。

目前的考古调查和发掘发现这一时期存在众多窑址，有平和县南胜五寨窑、官峰窑、九峰窑，南靖县的金山窑、仙师公窑，漳浦县的彭水窑，云霄的高田窑，华安县的东溪窑、磁头窑、下垅窑、官畲窑。这些窑址生产的瓷器以外销为目的，为明清时期外销瓷的主要产地。其产品以青花瓷器为主，兼烧青瓷、白瓷、青白瓷、白釉米色瓷、酱釉瓷、黑釉瓷、五彩瓷、素三彩瓷，品种丰富多样。器型有盘、碗、碟、盅、罐、炉、瓶、觚、绣墩、塑像及象生瓷。这些窑大体可分为以平和窑为中心的窑群，包括云霄、漳浦、诏安等县的窑址，生产年代约在明朝万历至清朝康熙；以东溪窑为中心的窑群，其生产年代在明朝中期至民国初期。

漳州制瓷业发展兴旺与对外贸易有直接联系。一是平和、华安、漳浦等地境内蕴藏丰富的优质高岭土，因地制宜生产瓷器，资源条件得天独厚；二是以平和南胜、五寨、华安东溪等地窑址为代表的数以百计的民窑，地处九龙江支流上游，因溪依山而建，从平和花山溪顺流而下，可直达海澄月港，水路运输十分便捷；三是月港的兴起，大大促进漳州经济发展，海商认为漳州瓷器价钱便宜，可以替代已被停产的江西景德镇瓷器，又可以当作"压舱石"，源源不断地通过月港销往世界各地；四是漳州窑的兴起与景德镇窑的兴衰起伏也有关联。明政府禁止生产景德镇瓷器，使得大量江西制瓷技术人员纷纷来到漳州，促进窑业的兴盛。

漳窑器造型古朴庄重、刚柔兼备，在器物相关部分运用堆塑、贴塑、镂空、刻花等装饰手法以及漳窑特殊的釉面装饰效果，即釉面有呈密集的碎状冰裂，偶尔也有呈大开片，釉色有的柔和纯净，有的开片处呈现出略黝或褐或橙的颜色，釉面的变化使漳窑器有含蓄、朦胧的美感。漳窑以其独树一帜的风格为人们所青睐。

20世纪90年代初，在中外学术界的共同努力下，漳州地区对明清古窑址进行了发掘与研究，尤其是通过平和南胜、五寨窑址的考古发掘，与海外沉船、古遗址出土的器物以及大量外销流传到海外的传世品的比较分

析，证明蜚声海内外的"沙足器""吴须彩绘""饼花手""汕头器""交趾瓷""华南三彩"等的产地就在漳州。1994年2月，福建省博物馆、福建考古博物馆协会及日本关西近世考古学研究会共同举办"明末清初福建沿海贸易陶瓷的研究"，在学术界引起重视，会议期间中外学者普遍认为可确定"漳州窑"名称。这一概念的含义较为广泛，从范围来讲，它包括漳州地区甚至邻近相关窑口；从年代来讲，主要是明清时期；产品涵盖青花、五彩、单色釉、素三彩等各种品类。综观漳州各青花窑址在瓷器的制作工艺、装烧工艺与窑炉技术等方面，可以发现彼此具有很多的共性和延续性。漳州窑瓷器，以平和的南胜、五寨生产的开光大盘，深受欧洲各国王公贵族的青睐，成为向欧洲、东南亚等国传播中国人文精神的媒介和载体。漳州瓷的产生，在对外贸易和文化技术传播等方面，有利于推动漳州外向型经济的发展，扩大我国瓷器在国际上的影响和竞争，开辟了一个崭新的国际市场，为中国陶瓷史的发展做出巨大的贡献。

三、水下文物遗存

水下文物是遗存于内海、内水区域的具有历史、艺术和考古价值的人类文化遗产，部分或全部淹没于江河湖海下面，是文物遗产的重要组成部分，也是文物考察、探索、挖掘的重要内容。如水下遗址、建筑、工艺品、人的遗骸、船只、飞行器及其他有考古价值的环境等。

我国有3.2万多公里的海岸线，位居世界第四。其中，从鸭绿江口至北仑河口的海岸线长达1.8万多公里，岛屿海岸线长1.4万多公里；海岸线曲折蜿蜒，较大的海湾有150个，有近520个天然港口。我国内海、领海有37万平方米，管辖海域面积约为300万平方米，主要处于渤海、黄海、东海、南海范围。

这些内水、领海蕴藏十分丰富的水下文物资源。我国是海洋大国，航海历史悠久，海上贸易发达，海上丝绸之路是古代中国与世界各地进行经济文化交流的海上通道。海上丝绸之路举世闻名，留下大量的水下历史遗迹和水下文物，它们具有重要的政治、经济、文化、历史和科学价值。据不完全统计，在我国南海海域就大约有2000只以上的古代沉船，对其开展水下打捞和保护是复杂而艰巨的工作。国家文物局已经配合公安、边防、海监、海军等部门联合成立联席会议机制和

水下绘图

代船坞、古海岸活动遗址等作为重点开发和保护对象，组织力量探讨水下文化遗产保护策略，建立健全海洋文化御灾环境，对水下遗址定位、扰层清理、信息留存、文物提取、出水文物保护等方面都朝着规模化、系统化、科学化方向发展。

漳州月港地处九龙江下游出海口，与厦门湾共处一个海湾，南、北、中三溪的汇合之处，这里腹地广阔，水陆交通便捷，区位得天独厚，民间贸易繁荣，四面八方的客商云聚此地。唐宋以来，随着海外贸易逐渐发展，带动了港口的建设、贸易的兴起和经济的繁荣。特别是明代，月港因"僻处海隅，俗如化外"，而一度成为闻名中外的走私贸易港。其港道起自海澄港口，沿海港顺流往东，至海门岛。

一般海外贸易船从月港出航，需沿南港顺流往东，经过海门岛，航至九龙江口的圭屿，然后再经厦门岛出外海。当时从月港出洋的商船，"大者，广可三丈五六尺，长十余丈；小者，广二丈，长约七八丈"，"多以百计，少亦不下六七十只，列艘云集，且高且深。"明万历十七年（1589年）始由福建巡抚周寀定为每年限船88艘，东西洋各限44艘，东洋吕宋一国因水路较近，定为16艘，其余各国限船

合作保护机制，共同应对各种盗捞、走私水下文物的犯罪活动，切实保护国家文物安全。

由于水下遗产保护工作的特殊性和认识的滞后性，受专业人员、专用经费、技术装备等诸多因素影响，我国水下考古工作区域大多集中于沿海地区，至于远离海岸的"深水区"亦存有大量跨越古今的水下文化遗产。目前，我国正在与周边国家建立一套比较科学有效的水下文化遗产保护工作的条例、国际公约以及整体保护体系，共同开发保护和共享考古工作成果，共同研讨水下文物保护的技术、体制和水下文物安全保护措施。特别是党中央提出"一带一路"建设以来，国家文物有关部门已将海上丝绸之路涉及的沿海、古代对外贸易港口、古

2~3艘。后来因申请给引的引数有限，而愿贩者多，故又增至110艘，加上鸡笼、淡水、占城、交趾州等处共117艘。明万历二十五年（1597年），再增加20艘，共达137艘。"四方异客，皆集月港"，往返商旅，相望于道，"岂漳商民，贩东西二洋，代农贾之利，比比皆然"。月港对外贸易航线18条。到达东洋方向贸易的，主要有琉球、日本、菲律宾、台湾；往西洋方向贸易的主要有越南、柬埔寨、泰国、爪哇、苏门答腊等地。由月港到海外贸易的商人，数以万计，仅吕宋一地就近3万人。月港与欧亚各地发生贸易关系的，就有40多个国家和地区。

从月港输出的货物主要有丝织品、布匹、茶叶、砂糖、瓷器、果品、纸张、竹器、药材等等。《闽部疏》载："凡福之抽丝，漳之纱绢、泉之蓝、福廷之铁、福漳之橘、福兴之荔枝、顺昌之纸……其航大海而去者尤不可计，皆衣被天下。"输入的外国货物，据《东西洋考》载，除传统的香料、珍宝外，大部分是农产品、手工业品和手工业原料。如番米、椰子、绿豆、番被、番藤席、草席、番纸、番镜、番泥瓶、西洋布、粗丝布、漆等，还有各种支货（鲨鱼皮、獐皮、獭皮、犀牛皮、马皮、蛇皮、猿皮等）以及各种矿物（金、锡、铅、铜矾土等）等100多种。

这些外贸商品，大都以手工业品和农副产品为主。尤其是农副产品如蔗糖、柑橘、荔枝，与其他农产品相比，种植、加工这些经济作物，可赚取数倍的利润。《漳州府志》记载，当时人们认为"种蔗煮糖，利较田倍"，于是"多夺五谷之地以植之"。在各种水果中，荔枝的价值最高，红柑次之，所以人们大量种植，可谓"处处园栽橘，家家蔗煮糖"，利润极为可观，"家比万户侯"。烟草经月港从吕宋传到漳州后，农家普遍种植，不久，漳州的烟草"反多于吕宋"，并且返销到吕宋。乾隆版《海澄县志》载："富人以财，贫人以躯，输中华之产，驰异域之邦，易其方物，利可百倍。"

这条通往东南亚及非洲、欧美的"海上丝绸之路"，蕴藏着丰富的水下文物资源，随着水下考古全面展开，

半洋礁一号船舷板

已经发现 4 处水下文物遗址，初步挖掘出一大批瓷器和金属器，为研究沿海地区的历史、经济、文化、民俗提供了十分可靠的资料，对申报"海上丝绸之路"世界文化遗产有着重要的考证作用。

（一）古沉船遗址

从 1990 年起，国家水下考古队开始在沿海地区的黄海、南海、东海、渤海等四大海域开展水下考古的各项工作。2000 年起，国家考古队着重对西沙群岛水下文物、福建沿海水下遗产进行勘探和发掘工作。随着"南海一号"（海南海域）、平潭"碗礁一号"、"碗礁二号"、广东云澳"南澳一号"的相继发现，国家考古队打捞出大量的宋元明清时期的瓷器、铁器、工艺品及残骸文物。这些水下文物的新发现与历史上作为对外通商口岸的宁波、泉州、海澄月港的海上贸易史料记载基本相符，从水下打捞出的器皿、瓷器（如元代的官窑瓷片、明代民窑青花瓷、清代的岁寒三友、竹林七贤等碗盘、碟盏器皿）与同时期欧洲上流社会的贵族拥有而现为大英博物馆、巴黎博物馆等藏存的文物年代式样大约相符。

一连串的珍贵水下文化遗产的发现引起国家文物局、福建省文物局的高度重视，福建沿海水下遗址调查工作迅速全面展开，考古队采用声呐扫描、浅地层扫描等先进技术，对水下文物进行"大海捞针"式的探摸，逐步解密"蓝色福建"之谜。经过大规模水下考古，初步探明在漳州沿海有多处沉船遗址：东山片区的宫口沉船遗址、古雷头明末清初漳州窑产品沉船遗址、东门屿宋元至明沉船遗址、大帽山宋元时期沉船遗址、关帝庙前沉船遗址、"八二"海战时军舰遗骸、漳浦古雷半岛宋元沉船遗址以及海澄月港沉船遗址等。随着平潭"碗礁一、二号""南澳一号"的水下文化遗产的发现，国家水下考古中心与福建水下考古研究所联系，把平潭海域和漳州龙海一带海域作为第三次全国文物普查工作水下考古的重要组成部分。2008 年 5 月，龙海边防大队线报截获不法分子从镇海片区海域盗捞 3000 多件宋碗、元盘、明炉、清瓷等。考古队根据水下保存的情况及当年缴获的出水文物分析，隆教镇海角水下有宋代沉船还未遭到毁灭性的破坏。这条南宋时期的古沉船，船体由于身陷淤泥之中受到了较好的保护，沉没的海域水深高潮时为 22 米左右，低潮时 19 米左右，海底能见度好，是水下考古

的一处理想位置，具有很高的水下考古价值。

这件事再次引起国家水下考古中心的重视，并于 2009 年 8 月第二次深入龙海市港尾、隆教、漳浦县的前亭等海域进行勘探。2009 年 9 月 10 日，国家水下考古队一行 14 人由省文物考古所栗建安所长带队对龙海市半洋礁及南碇岛附近海域的可疑点进行实地水下调查，并对位于浯屿岛东北、西北方向的二处暗礁进行实地水下探摸，找到了两处水下遗址，即九节礁清代水下文物遗址、白屿清代水下文物遗址。

2010 年 5 月上旬，国家水下考古队组织福建、北京、辽宁、江西、浙江等省的水下考古专业人员 20 名，在天气、海浪、海流、水质、暗礁等错综复杂水下环境，采用水下摄像机、水下扫描仪、高压水枪、声呐仪等现代科技设备，对龙海海域进行第三次普查。第一阶段就在龙海海域发现四处水下文物遗址：

1. 九节礁清代水下文物遗址

该遗址位于龙海市港尾镇浯屿岛东北方向海域。遗址所处的海床为岩石底，高潮时水深约 10 米。遗物散落在岩石缝里，有瓷器、红砖，据当地捞海胆的潜水员描述还发现 5 件标本，可分为青花瓷及青白瓷两大类，器形主要是盘、汤匙。

2. 半洋礁宋代水下文化遗址

该遗址位于龙海市隆教乡半洋暗礁的北面，高潮时水深约 22 米，泥底，遗物散落面积较大，约有 1000 平方米。经过水下考古队员认真细致的搜索，目前已经找到船体的准确位置，从揭开的船板现状分析，船体由于陷

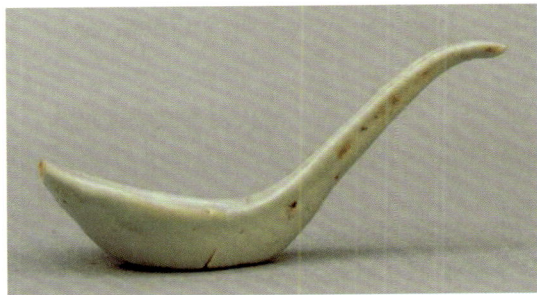

九节礁出水文物

半洋礁打捞文物

白屿出水文物

半洋礁龙泉窑水下文物

在海底淤泥之中，保存较为完好。整只沉船船体残骸长约9.2米、宽约2.5米，仅存部分龙骨以及北侧部分船体。船体方向330度，西北—东南走向，西北埋藏较浅，距海床表面约0.05~0.1米，东南部埋藏较深，约0.3~0.7米。龙骨露出西北端和东南端，长约9米、直径约0.25米。确认西北部的船底板七八块，宽约2米。桅座一个，长1米多，

高0.4、厚0.3米左右，上面有两个长方形桅夹板孔，长约0.12米、宽约0.08米；从位置看，应为主桅座。

3. 白屿清代水下文物遗址

该遗址位于龙海市港尾镇浯屿岛西北方向海域。遗址所处的海床为岩石底，起伏不大，水下小礁石众多，高潮时水深约8米。遗物散落在海床

表面，均为瓷器。此次共采集到 16 件标本，都为青花盘碎片。遗址的文化内涵与九节礁遗址相近。

4. 半洋暗礁龙泉窑水下文物遗址

该遗址位于龙海市隆教乡半洋暗礁的西南面，高平潮时水深约 24 米，泥沙底。根据当地渔民提供的线索，利用多波束声呐扫描，找到沉船的准确方位，沉船所处的位置在半洋礁西南侧，海底有明显的隆起，水下队员采集到一件龙泉窑大海碗，还发现一件大陶罐，水下沉船的保存情况有待于下一阶段的重点调查工作。

上述各地迹象表明自宋至清历朝在福建东南海开展海上贸易活动十分发达，沟通东西贸易不计其数商船湮没大海，为再现"海上丝绸之路"提供较为真实可靠的历史证物，对申报"海上丝绸之路"世界文化遗产有着极其宝贵的史料依据。

（二）打捞出水文物

龙海水下海域发现的 4 处沉船遗址主要分属两大年代——宋代与清代。从出土的水下遗物看，以瓷器为主，还有部分陶器、漆器、铜器及钱币。

1. 黑釉瓷器

从半洋礁宋代水下文化遗址、龙泉窑水下文化遗址出土的水下文物主要有碗、盏、罐、盘、碟。这些文物没留下任何文字记载和纪年，很难断定其年代和背景。其中出水的大量瓷器，以黑釉瓷为主，约计 2586 件。它们的主要特征是以含铁量很高的紫金土配制釉料，在高温下烧出的漆黑光亮的氧化铁色剂，胎质多呈灰褐色、灰黄色等，黑釉、釉面较光亮，内满釉。口径约为 10~11.8 厘米，足径 3.8~4 厘米，通高 5.5~6.6 厘米，均为圆唇，微束口，斜弧深腹，矮圈足，挖足浅。可以推测这些黑釉瓷大都是福建本地窑址烧制，最早生产年代在五代建窑，到了宋代，黑釉碗盏作茶壶驰名全国，其兴起与宋代社会饮茶、斗茶风尚有直接关系。宋代斗茶用半发酵的糕饼碾成细米放在茶盏内，再沏以初沸的开水，水面浮起一层白沫，用黑碗或盏盛茶便于观察茶沫白色。据说宋徽宗赵佶斗茶时常使用建窑兔毫盏，他曾在《大观茶论》一书中说："盏色贵青黑，玉毫条达者为上。"由于帝王的喜好，上行下效，不仅促使建窑黑碗盏的大量生产，许多瓷窑也都烧黑釉瓷器。福建省辖区比较出名的黑釉瓷窑址有：晋江磁灶窑、宁德飞鸾窑、福清东张窑、南平茶洋窑、闽侯南屿窑、连江浦口窑、福州长柄窑、建瓯渔山窑、建阳建窑、武夷山遇林

1	
2	3
4	5

1. 黑釉瓷
2. 水下打捞器物
3. 青白釉
4. 宋漆盒
5. 褐彩陶器

亭窑。但从镇海角半洋礁一号沉船遗址所出水的黑釉瓷器来看，与福清东张窑生产的基本相似。

2. 青白釉瓷器

青白釉色是介于青、白两色之间，青中有白，白中泛青，故名青花瓷。宋时创烧于景德镇，以湖田窑产品为最佳。半洋礁出水的文物中，一部分就是青白釉碗、盘。其底与足部最厚，足小，足壁整齐，均为方唇，敞口或口微撇，斜弧腹，圈足较小，制作规整。白胎。青白釉，内满釉，口沿内侧乱釉，外施至外墙腹较浅。釉瓷质量良莠不齐，有粗细之分。纹饰主要三种：内部中部模印一圈圆珠纹，下部模印婴戏莲花，内底模印莲花，呈冰裂纹状；另一种内壁中部模印一圈回纹，下部六开光或八开光内模印莲花，内底亦模印二枝莲花或双鱼纹。口径一般15.2~17.5厘米，足径3.2~4.5厘米，高4~5.5厘米。从上述推测，半洋礁沉船出水的青白瓷器与福建省辖区内闽江流域和晋江流域的窑厂生产的产品极其相似，大部分为建阳华家山窑、光泽茅店窑、南平茶洋窑、浦城大口窑等地生产的瓷器。

3. 褐彩陶器

沉船出水的器物中也有部分陶盆，泥质彩陶，翻沿圆唇，腹部较浅，敛口外卷，内外底微上凸，胎粗，青灰釉，内满釉，胎在口沿、腹部、底部用灰褐色彩料，未施化妆土，内壁绘有草叶纹状图案，口沿略有八枚支钉痕迹。口径约为20.6厘米，底径15.2厘米，高6.2厘米。从材料、制作工艺来判断，与福清东张窑产品类同。

4. 漆 盒

用漆料涂在木、竹等胎体的表面而制成的各种日常用具通常称为漆器。漆器具有色泽光亮、防腐、耐酸、耐碱等特性。其制作工艺十分复杂，先要制作胎体，胎为木制，用漆酚、漆酶、树胶和水合成，运用多种技法对胎木表面进行装饰，主要的漆法分为平漆、雕漆、雕填、剔红、戗金、填漆、堆红、细嵌等技艺。半洋礁埋在淤泥中的小部分漆器为漆盒，器身略高于器盖，盖部略大于底部，底盖皆饰有圆唇圈足，平顶平底，腹上部直，下腹斜收；下部竖直，上部斜弧；盒内夹层壁，通体漆黑。盒盖口径15.1厘米，顶径11.2厘米，高4.5厘米；盒身口径14厘米，足径10.8厘米，高6.4厘米。半洋礁沉船发现的漆盒埋藏于泥中，才能保存完整。这批漆盒未见使用痕迹，大约是作为出口商品。

5. 其他金属器

从水中遗物发现的还有铜刀格、铜碗及数量不多的铜钱。铜刀格为椭圆形，中间有一个小孔，整体长方形，刀背较宽，刀部略窄，表面呈灰褐色，长13.8厘米，宽9.4厘米，厚0.5厘米。铜碗已变形，直口圆唇，弧腹平底，呈灰黑色，口径8.5厘米，底径4.2厘米，高3.5厘米。一部分的铜钱是实物货币。金属货币在春秋时期已广泛流通，秦代流通的是圆钱，战国中期是外圆内方的"半两"钱，秦统一中国后确立方孔圆的钱币，秦汉至隋的800年间，金属钱币的主体是"铢两制"的方孔圆钱。唐宋以后，铜、铁方孔钱就作为中国货币的形状固定下来。至此的钱币已形成中国独特的体系：一是形制的外圆内方；二是材质以青铜为主；三是成型的液体金属浇铸；四是装饰的文字对称。直至清末，"通宝钱制"才与方孔圆钱一起退出历史舞台，被西方式的机制钱币所代替。这次的出水铜钱大部分是北宋钱，少量有五代和南宋铜钱。如熙宁元宝（宋神宗1068—1077年）、淳化元宝（宋太宗990—994年）、皇宋通宝（宋神宗1038—1040年）、宣和通宝（宋徽宗1119—1125年）、庆元通宝（宋宁宗1195—1200年）等。

（三）水下遗物来源

漳州地理区位优越，东南濒临大海，西北向闽西山区延伸，东北与泉州、厦门毗邻，西南和广东接壤。清

月港遗址打捞铜钱

海底打捞铜钱

顾炎武的《天下郡国利病书》指出："漳南负山枕海，介于闽粤间一都会也。"漳州海岸线长700多公里，天然港湾众多，对外交通十分发达。早在唐嗣圣间（684年）就有一名外国人康没遮来漳浦经商的记载，后唐闽王王审知"开辟海港，招来外国商贾，奖励通商"，漳州民间也开始赴洋夷贸易。宋代漳州的海外交通贸易有了新的发展。据《宋会要辑稿》记载，朝廷曾在九龙江口的海口镇设立"海道商税"机构。南宋时期，漳州与泉州、福州、兴化并列为福建四大造船地点。元代屡有天主教传人搭船到东南沿海各地传教。明代的漳州海外贸易空前繁荣。16世纪和17世纪初期，"外通海潮，内接山涧"的海澄月港，成为我国东南地区海外贸易中心，是开辟经马尼拉至美洲的"海上丝绸之路"的主要起航港口。

从镇海角半洋礁沉船出水的黑釉瓷、青白瓷、陶盆、漆盒等水下文物来分析，未见使用痕迹，都是对外贸易的商品。在当时航海技术还不发达的状况下，一遇大风大浪或阴雾天气，盛载物资的商船经常在这片号称"鬼门关"的海域——浯屿、镇海角触礁而沉，沉船的船舱物品遗存下来成为重要的水下文物。

沉船遗址出水的黑釉瓷可能产于福清的东张窑，青白瓷可能产于闽江上游的华家山窑，而漆器产于福州。这些产品通过闽江往南行至福清海口港，再装运东张窑产品在泉州港停靠，再从泉州港出发经厦门、浯屿、镇海角，一直到东南亚印度尼西亚的苏拉威西、马来西亚的沙捞越等国家和地区远销。其中发现的陶器即从福建、江西内河出发，经龙岩、漳州，直至华安、平和沿九龙江至石码、月港、海门、屿仔尾、卓岐等地港口，经台湾海峡向东南澎湖进发，绕经巴士海峡到达吕宋岛、加里曼丹岛等地。

第二节 非物质文化遗产

一、民间信仰

民间信仰活动是中华民族几千年文明成果的缩影，更是中华民族文化之根、文化之魂。民间信仰"是在不断地吸收、改造其他观念形态过程中愈加宏富的中国传统文化体系'普化'于下层民间的活动"。儒家的道德信条、道教的修炼方技、佛教的因果报应思想，糅合在一起，由天人合一思想衍生出自然崇拜等。

月港繁荣发展，不仅打开了中国与东南亚、欧非拉最重要的海上通道，也是沟通中国与贸易国家文化对话与思想交流的心灵通道。在月港商品贸易中，侨民把闽南文化传播出去，对各国的物质文化、语言文字、音乐戏剧、民间信仰和民俗习惯等方面产生广泛而深刻的影响。在这一重要文化载体上衍生出东西艺术、宗教、人文等多元交融并蓄、合作共荣的丝路利益共同体。

（一）保生大帝信仰

保生大帝，俗称大道公、吴真人。原名吴本，字华基，号云冲，白礁村人。生于宋太平兴国四年（979年）三月二十五日，为北宋民间名医。吴本有才又有德，生而颖异，年十七，从师学道，苦学岐黄，精通医术，"虽沉疴奇症，亦就痊愈"，而且医德高尚，以活人为心，"是以厉者、疡者、痔疮者，不分贵贱，无日不踊挤其门，人人皆获愈以去"。宋明道二年（1033年），漳州、泉州瘟疫流行，吴本带领徒弟，四处奔走救治，因吴本义诊施药而得以存活者难于计数，时人誉为"华佗再世，救治万民"。宋景祐元年（1034年）五月初二，吴本因上文圃山龙池岩险峰采药，跌崖致伤，不治，卒于家，时五十六岁。殁后，闻者追悼感泣，争雕像而敬事之。人们由于对他的崇敬、缅怀，私谥"医灵真人"并塑其像于"龙湫庵"，藉以纪念，是为白礁宫的庙宇前身。宋高宗即位，感激吴本为祖母（宋仁宗的母亲）治病，同时彰示吴本德行，于宋绍兴二十年（1150年）颁诏动用银库，遣使监工，把白礁村的龙湫庵改建为宫殿式的庙宇（至今白礁慈济宫钟鼓楼的楼墙外侧还保留着，当时龙湫庵的屋顶脊梁堆带和石墙痕迹）。

宋孝宗乾道二年（1166年）赐庙号曰"慈济"。宋理宗淳祐元年（1241年），"颁诏改庙为宫"，至今已历900多个春秋了。年湮代远，屡有修葺；清嘉庆二十一年（1759年），清光绪四年（1878年）都有重大维修。民国七年（1919年）又进行一次全面的修建，历时五年竣工。建国后又于1990年和2014年对部分建筑按慈济祖宫的建筑风格、建筑特征进行维修。与白礁慈济宫相邻的同样供奉保生大帝的还有现属厦门海沧区的青礁慈济宫，俗称东宫（原漳州府海澄县海沧青礁），据《白礁志略》载："绍兴二十年诏立庙白礁，即今之祖庙也，二十一年尚书颜定肃公师鲁请于朝，复立庙祀青礁，即修炼处，今之东宫也。"自宋代以来，闽西南、粤东广大地域的信众纷纷从慈济宫分炉到其所居住地另建新的保生大帝庙，立庙塑像供奉保生大帝成为民间主要信仰之一。明末清初，移民到台湾的漳、泉百姓，他们携带保生大帝的神像同往，既保佑他们平安渡过波涛汹涌的台湾海峡，又保佑他们在披荆斩棘的创业道路上战胜疾病瘟疫水旱虫蛇等自然灾害。据初步统计，福建省厦、漳、泉三市祀奉保生大帝的庙宇有上千座。

吴夲一生以医为业、悬壶济世、救死扶伤、医德高尚、医无贵贱、救人垂危、无私奉献的精神，一代传一代，

从未间断。自宋代以来历代皇帝先后予以追封之殊，其中尤以北宋仁宗追封的"妙道真人"和明成祖追封的"保生大帝"最为著名。吴夲因此被民间称为"吴真人""大道公"和"保生大帝"，成为备受后人敬仰的神医和乡土保护神。吴夲逝世后被民间升华为神，在长期嬗变中的保生大帝信仰逐渐形成闽南民间四大信仰习俗之一。保生大帝信仰习俗主要有祈求药签、问事签，保生大帝的请神、乞火、忌日、巡游请神（分炉）、乞火（谒祖进香）、大帝巡境、庙前跳火盆、米龙升天祭拜（忌日）、请戏谢神。保生大帝忌日祭祀，仪式十分隆重，过程繁杂，场面壮观，整个活动时间多达三天。其祭拜仪式过程大概如下：

祖庙理事购3000斤大米在庙前广场制作米龙。制作米龙前，用木板在地上钉制12米长的龙形图案，将所有大米净铺置于木模龙形图中，制成长12米，高20~30厘米的盘旋状米龙。米龙一端安上事先做好的彩扎龙头，再在米龙周围铺红绸布。

忌日那天，米龙前置香案，上放信众的敬物。

道士手持白鸡作煞施符念咒后，用笔点鸡血指引理事们分别在米龙的龙头、龙身、龙尾处点一下，象征米龙逐渐神化。

慈济文化节

请祖庙主神的神灵到米龙处，道士作煞改用白鸭血在龙的身上点化。

到另一间保生大帝神像前，道士念祷文咒符的同时，理事们跪拜（三跪九叩首）再在神明头上画龙点睛。

信众一起烧金银纸（冥纸），鸣鞭炮，象征保生大帝游云升天去了。

三天拜祭完毕后，附近村庄的广大众信赴米龙现场分龙米（称平安米）。

整个活动期间，广场上表演各种民间文娱节目，白天耍龙弄狮，夜晚演戏，热闹非凡，观者人山人海。

供奉保生大帝的庙宇，据不完全统计，明清时代，漳州府有宫6、庙2、庵4，泉州府有宫29、庙1、庵1。如今信奉保生大帝者遍及厦门市、泉州市、漳州市、龙岩市、台湾地区、广东东部及东南亚各国华人地区。在台湾有500余座保生大帝庙。祀奉信仰保生大帝，被海峡两岸信徒称为"慈济精神"，据称台湾信仰保生大帝者数以千万计，影响深远，被视为两岸宗教文化交流，联系乡亲情意的桥梁和纽带。据说，清顺治十八年（1661年）民族英雄郑成功挥师攻台湾，白礁忠贞军随征，特地迎请白礁保生大帝祖

经 300 余年从未间断。即使在日本占领时期的严酷压迫下，"上白礁"活动仍不间断。1960 年农历三月初九至十一日，台湾各地进香团组织 126 队民间艺阵及 66 顶神舆参加"上白礁"活动，排成长龙 10 多公里，绕境游行三天。1982 年 4 月 4 日，参加"上白礁"活动的保生大帝信徒有 10 多万人之多。

台湾奉祀保生大帝庙宇以台南县学甲慈济宫、台北市大同区大龙峒保安宫最为著名。台湾奉祀保生大帝各庙宇于 1989 年组成"保生大帝庙宇联谊会"，由当年学甲慈济宫董事长周大围出任首任会长。

学甲慈济宫所奉祀开基主神称为开基二大帝，相传吴本于北宋逝世后，乡人立庙祭祀时，雕刻有三尊保生大帝神像，大大帝奉祀于龙海白礁慈济宫，三大帝奉祀于青礁慈济宫，二大帝则由同安县百姓李胜迎祀随郑成功军队前来台湾，原由台南学甲下社角李姓后代私人奉祀，后成为学甲地区信仰核心。

台北大龙峒保安宫肇源于清代乾隆初年，同安籍移民入垦台北大龙峒地区，由于水土不适，瘴疠四起，所以返回故里白礁慈济宫分灵保生大帝神像来台湾，清乾隆二十年（1755 年）建庙，清嘉庆十年（1805 年）迁于现址建庙，清代台北地区艋舺顶下郊拼、漳泉械斗时，保安宫为同安籍移民避难之所及据点。1995—2002 年自

庙分灵金身随战船同渡海峡，率先在学甲登陆。次年遂在学甲镇兴建一垄登台开基祖庙——保生大帝"学甲慈济宫"，后引发台湾各地兴建保生大帝庙宇热潮，据不完全统计，目前台湾建有保生大帝分灵庙宇达 500 多间，信众近 500 万人，保生大帝信仰是台湾仅次于妈祖的第二大民间信仰。

如今在台湾信仰保生大帝的人数急剧增加。在白礁忠贞军登陆台湾的纪念日召集台湾各地信徒聚于学甲镇头前寮溪畔举行"上白礁"谒祖的祭典活动，遥拜大陆白礁慈济祖宫，历

费重修，获得"行政院文化建设委员会"文馨奖及联合国教科文组织亚太总部"二○○三年亚太文化资产奖"。1998年，台北哈密街台胞陈添福参观了吴夲的炼丹遗址"丹灶石"，捐献人民币35000元，在"丹灶石"西侧建筑"炼丹亭"，人们一到龙池岩就可以看到炼丹亭。而后，每年保生大帝的诞辰日，各地保生大帝庙宇都组团到白礁慈济祖宫进香。海峡两岸的几百座慈济宫，其建筑形式上基本一致，这是彼此对共同的祖先和中华文化的强烈的认同意识，是海峡两岸地缘、血缘、文缘、物缘、情缘的历史见证，不仅具有历史、艺术和科学价值，而且是维系中华民族团结的纽带。

历史证明，"自古闽台一家人"，不论是台湾人，还是台湾神，他们的根都在大陆。在台南学甲慈济宫门前，有一副对联这么说"气壮平天，万众同参学甲地；血浓于水，千秋不忘白礁乡"。近年来，台湾慈济宫相继组团到白礁慈济宫祖宫谒祖进香，台湾250多座的慈济宫庙宇，分期分批前来白礁慈济宫祖宫进行谒祖，广泛进行民间民俗文化艺术交流。白礁慈济宫，是保生大帝庙宇的祖宫，也是台湾保生大帝宫庙的开基祖宫，从某种意义上讲是"台湾人的根"，是台湾与大陆血脉相连的见证，是连系海峡两岸人民感情的纽带，也是台湾同胞寻根谒祖的朝觐圣地。

妈祖信仰

2008年，白礁慈济祖宫保生大帝信俗被国务院列入第二批国家非物质文化遗产名录。

（二）妈祖信仰

妈祖，是我国民间特别是闽台地区民间非常崇敬信仰的女神。妈祖，姓林名默，生于宋太祖建隆元年（960年）三月二十三日，卒于宋雍熙四年（987年），是福建莆田湄洲岛人。传说妈祖升天后，经常显灵拯救海难，护佑船只，因此被人们尊为"海神"。自南宋起，按照惯例规定，出海的人船内要载海神航行，早晚拜祷祈福。明郑和七下西洋，明清大量汉人向南洋群岛进军，均舟载妈祖神像以行，这说明了"妈祖"这位女海神是中国传统的航海事业的保护神。元政府统治时期，为了发展海上贸易，元世祖于至元十五年（1278年）下诏制封妈祖为泉州神女护国明著灵惠协正善庆显济大妃。妈祖历受元、明、清历代皇帝二十八次册封，从"天妃"直敕封至"天后""天后圣母"等封号。各朝并规定航船上必恭设妈祖神位，封舟过航到达目的地国，正、副使必恭请妈祖神像香火上岸，安放在目的地国的天妃庙，早晚膜拜。这样一来，全国各地乃至全世界都有了妈祖庙，或有如"妈祖会"的崇拜组织。由于宋元以后航海技术和对贸易的发展以及华侨的外移，妈祖信仰也被带到海外，妈祖成为世界性的海神。妈祖为中国大陆、中国台湾、东南亚甚至欧美等很多地方的人们（特别是渔民、船民、舟商、华侨、华人）所奉仰，信徒逾两亿。

2011年，妈祖信俗被福建省人民政府列入第四批省级非物质文化遗产名录。

（三）关帝君信仰

关圣帝君的历史原型为三国时期蜀国五虎将之一的关羽，历来被视为集忠、勇、仁、义、智、信于一体的英雄人物，被视为中华民族社会正义与传统道德的化身，这是他由人而神，升格为"关圣帝君"的根本原因。

明代中后期民间海上贸易兴盛，航海风险系数高，在当时的历史条件下，滨海民众往往把各种海难归结为海上的妖魔鬼怪作祟所致，而关羽位尊"三界伏魔关圣帝君""协天大帝"，在信众心中是具有至大无比的伏魔神力的神灵；因此，出海前朝拜或分灵

关帝信仰

于船上敬奉，以求在航行中镇邪消灾，获得平安。

其中，东山关帝圣灵显赫，闻名遐迩，农历五月十三日和六月二十四是关公逝世和诞辰纪念日。东山关帝庙在两岸关系中有巨大的影响，香火远播海内外，是台湾900多座关帝庙的香缘祖庙。1955年，台湾请关帝巡游全台引起极大的轰动。每年的农历五月初四都要举办关帝文化节，台湾各大庙宇与大陆几大关帝庙开展多项活动。平时，台湾民众至东山关帝庙举行谒祖朝拜活动更是络绎不绝。2005年，东山关公信仰习俗被福建福人民政府列入第一批省级非物质文化遗产名录。

（四）开漳圣王信仰

开漳圣王巡安信俗起源于闽南开漳圣地云霄威惠庙，流传于福建、台湾及东南亚地区，是祭祀开漳圣王陈元光的传统节日风俗。每年元宵节期间，云霄民众都以开漳圣王巡安民俗的方式，缅怀开漳先贤建漳立郡、惠及民众的丰功伟绩，表达对陈元光及其将士的敬仰之情。

"开漳圣王"原型为唐朝征闽名将陈元光，唐显庆二年（657年）农历二月十六日生，河南光州固始人（今河南省固始县）。唐总章二年（669年）随父亲归德将军、岭南行军总管陈政率府兵平定闽粤边陲骚乱。陈元光治

开漳圣王信仰

理漳州二十五载，开创"北距泉州，南逾潮惠，西抵汀赣，东接者屿，方数千里无烽火之惊，号称乐土"的安定局面，唐先天元年（712年）武则天赐谥号"忠毅文惠"，以智勇双全、知人善任享誉闽粤，使泉州与潮州之间"几疑非人所居"之域告别炎荒，走向文明。

1. 巡　城

新春正月十三起至元宵节止，云霄民众到威惠庙焚香礼拜，举行隆重的"娱神"仪式。民众抬着神像出庙宇，开始巡游城镇各村庄福社，沿途民众摆设香案恭迎圣王。抬神队伍由鼓乐队簇拥，伴以锣鼓笙笛，形象地再现开漳圣王巡边戍境、关爱民众、备受民众爱戴的生动场景。

2. 鉴　王

巡城结束后，神像被集中排列于彩旗吉幡、笙歌鼓乐环绕的"王棚"内。棚前香案高置，供桌成排，供品如山。献供礼拜者接踵摩肩，表达民众祈请开漳先贤庇护万民安康幸福的朴素愿望。

3. 走　王

祭拜献供盛典进行至高潮时，村社老人带领数十名青壮男子，将人数分为八人、六人，或者四人一组，共同抬起一尊木雕神像，在礼炮声中依次列队出发。各组健儿齐心协力共举神像，这成为民间体育运动的特殊形式。

早在明清时期，该习俗就伴随开漳中原府兵后裔流传至台湾及东南亚的新加坡、马来西亚等地。"开漳圣王巡安"民俗，也随之向海外传播。成为闽南族群的精神纽带和文化载体。

（五）城隍文化信仰

乌丙安教授指出：中国民间信仰的多功利性，是民间信仰动机与行为目的之显著特点，民间信仰始终以最实际的功利要求作为崇敬鬼神的一把尺度，来调节人与人、人与鬼神之间的关系。民间信仰中的所有迷信事象，都与每个人或生活共同体的局部利益密切相关。

庙会的基本构成要素可以概括为"祭神""民间艺能表演""商品交流"三大方面，由此而组合为庙会之有机整体：如果说"祭神"乃庙会的骨骼，那么"民间艺能表演"即是庙会的肌肉与外表，而"商品交流"则是庙会的血液。骨骼是基础，肌肉与外表则是其丰富的内容，血液就成了增强活力的添加剂；三者相辅相成，缺一不可。而正是因为这三大构成要素，遂衍生出庙会的三大功能——信仰功能，从中获得精神安慰，从而达到心理平衡；娱乐功能，丰富多彩的

城隍庙信仰

民间艺能表演，使人们得到一次艺术享受和感情宣泄；经济功能，作为大规模的集市贸易活动，当吸引众多商客，商品交流随之活跃，交易额必然大增。由此更可促进城乡物资交流，繁荣城镇经济，从而为城镇经济的发展推波助澜。

至于城隍庙会的类型，主要可归纳为下列两种：

1. "出巡"型

由清明、七月半、十月朔城隍爷三次出巡祭孤发展而来的"三巡会"，围观人数多，参与人数多，信徒参与多，民间艺人加入多，商人赶会出售商品多。尤其是信徒，不仅热情参与，都主动扮演"囚犯"等角色，成为出巡队伍中亮丽的风景线！

府、县城隍神因级别不同，出巡时除衣冠有别外，最明显的是府城隍坐十六人抬的大轿，而县城隍只有八人抬，仪仗、旗牌也减半。府城隍、县城隍出巡的声势、气氛都十分森严。出巡都在清早，道士击云牌三下，庙外燃放万头鞭炮。接着将城隍及夫人木像抬入轿内。府城隍轿为蓝色，县城隍轿为青色；城隍夫人轿为彩色。队伍最前列为"肃静""回避"各八面虎头木牌，鸣锣开道。隔十余步，为白底镶红边的二十八面大旗，上面分别绘有青龙、白虎、云鹰、熊罴、太极八卦、日月星辰等。再后为

六十四执事仪仗，所执兵器有刀、枪、矛、戟、金瓜、月斧、朝天镫等。接着是四郊组成的大鼓队四五十面，鼓声齐鸣，惊天动地。再后为该府所辖各县百姓送的"香山""香塔""香伞"和万民伞、万民旗等。之后为民间走会杂耍，如中幡、杠箱、五虎棍、高跷、秧歌、耍狮子、跑旱船等。

2. "庙会"型

庙会期间，城镇居民踊跃参与；四乡农民云集。竹木、铁业、果蔬摊贩罗列。庙会中的"城乡物资交流"，盛大贸易集市不就自然而然的应运而生吗！

清光绪《海澄县志·卷二十》载："道光二十八年，知府刘浔合府县城隍重修。光绪二年，绅民重修县城隍庙。每岁清明、七月望、十月朔致祭。"祭祀之城隍神是"威灵公"。

祭祀活动是对超自然物施加影响，取悦于它，祈求帮助的手段。正因为如此，古今中外的一切祭祀活动都是认真严肃、毕恭毕敬的。诚如孔子所言："祭如在，祭神如神在。"（《论语·八佾》）城隍信仰过程中当然也不例外。清光绪《海澄县志·卷二十》载：祭城隍神时，须行一跪三叩礼。逢祭日，祭台摆设祭品：全羊三只，全猪三头，米饭三石。香烛酒纸随用。同时设置燎炉于坛南。黎明

时分，司礼生奉城隍神牌或神像入坛，设于正中主其祭。接着，由司礼生导引，主祭官至神位前跪赞上香（俗称"上香说话"），接着宣读《祝辞》，毕。叩头起身，反复三遍后退下。再由执事者焚烧楮帛（俗称"钱纸"）。最后由主祭官到火炉前祭酒三杯，礼成，退下。司礼生奉城隍神像或神牌还庙。祭祀典礼结束。

首先，城隍信仰的理论基础"生为正直之人，死为冥官"属儒教思想。如关羽，忠勇神武，为国捐躯，符合儒家理想。所以自北宋以后，历代屡加封号，明万历时封为"三界伏魔大帝神威远镇天尊关圣帝君"。生为名将，死为武神。各地城隍由当地有政绩的地方官或对当地有贡献的功臣当任，正是这种思想的反映。

其次，宋代以后，道教把城隍信仰划归其管辖范围，以城隍为"剪恶除凶，护国保邦"之神和管理亡魂之神，部分城隍庙也由道士主持。这样，城隍信仰又具有颇浓厚的道教色彩。

最后，明清时期，城隍神的主要身份是冥界地方官，佛教的阎王成为城隍的上司。无疑地，佛教对城隍信仰也有一定的影响。

（六）海神信仰

大海茫茫，风云莫测，且多险滩暗

礁恶流，行舟潜伏种种危机，因此虽然有着"打拼"的性格和高超的航海技术，舟人贾客也必然要把命运托付于神灵，祈求保佑平安与发财。因此，海神信仰成为闽南沿海民众显著的社会风俗。

《东西洋考》载：海舟所祭祀的主要神灵有协天大帝（关帝）、天妃、舟神。"以上三神，凡船中来往，俱昼夜香火不绝，特命一人为司香，不他事事，舶主每晓起，率众顶礼。"所拜祭的对象，有发明、掌管罗盘针的，有擅长阴阳学（易经八卦）的，精通天文地理、海道山形水势的，有造船修船的祖师爷，有神格至高的航海保护神，有各种天兵天将，与航海相关的各路神仙的大团聚，道、佛、民间信仰同在。

海舟每到一个港口或停泊处，船上人员也要到该处的庙宇祭拜。《安船酹献科》在所记的国内航路上各港口、岛屿都注明应当供奉的神灵，如下南航路："娘妈宫（妈祖）、海门（妈祖、大道）、圭屿（土地）、古浪屿（天妃）、水仙宫（水仙王）、曾厝安（舍人公）、大担（妈祖）、浯屿（妈祖）、旗尾（土地公）、连江（妈祖）、井尾（王公）、大境（土地公）、六鳌（妈祖）、州门（天妃）、高螺（土地公）、铜山（关帝）、宫前（妈祖）、悬钟（天后）、鸡母澳（土地公）、南澳（天后）……"

1. 水仙尊王

从闽南海神信仰看，"水仙"信仰十分重要。

水仙是闽南沿海民众普遍信奉的水神，一般尊称为"水仙尊王"。其庙宇多数单祀或合祀大禹、伍大夫、屈大夫、西楚霸王、鲁公输子。大禹治水造福华夏、伍子胥惨死后被沉尸河底，屈原投汨罗江殉国，项羽乌江自刎、鲁班是木匠鼻祖而造船主要是木匠技术。漳州九龙江下游沿岸有多座"水仙尊王庙"，这些宫庙所奉祀的"水仙尊王"不尽相同。笔者在今漳州市芗城区调查五座敬祀"水仙"的庙宇：位于九龙江边的洋老州本有座水仙尊王庙，但于清乾隆三十七年（1772 年）被洪水冲毁，后移入新建的主祀观音的"瀛洲亭"内供奉，此尊"水仙尊王"系屈原。顶田霞有座广霞宫，主祀大禹，也称禹王庙，配祀伍子胥和屈原，前几年因房地产开发，该庙址拆除，移至附近的正顺庙（主祀谢王公）供奉。东门教子桥（今九龙公园边）的镇安宫也是一座水仙尊王庙，从神庙两侧所挂的对联"大夫怀沙见高节，诗人问天有离忧"，可知主祀是屈原。浦头港崇福宫（浦头大庙）始建于宋代，清康熙年间（1662—1722 年）监理重修，主祀关帝，但正殿左侧配祀水仙尊王，从神座两边所挂的对联"治水居功载德承帝业，兴

邦有道拯民秉天钩"可知此尊水仙王为大禹。浦头有座"定潮楼",楼上前殿主祀义勇将军张仓,其左侧配祀水仙尊王,神像旁挂有绣上"水仙尊王"的旗帜,此水仙王为屈原,每年端午节浦头港竞龙舟,都要把"水仙尊王"旗移插于港道边。古塘村的"水仙尊王"则是中国古代伟大的水利专家李冰。

众水仙中,有尊曰"晏公"(即平浪侯),其本系流传于江西鄱阳湖、赣江流域的水神,后传播至福建。传说他是天妃的部属,职司平风定浪、保佑航运。明代诏安悬钟千户所就建有晏公庙。

九龙江下游的船户多崇拜水仙王。农历十月初十为水仙尊王生日,江上的船民会聚在较宽阔的渡口处举行庆典。是日各船帮的长老选几条新船,以绳索串成一排,用舱板搭成一座神台,神台上摆满各家献祭的供品,所有渔船上的神像都抬到神台上会聚,胸前抱大红鲤鱼的水仙王居于首位。众长老请来的和尚、道士和乐师到船上打醮、奏乐、诵经,庆祝两天。各渔船在水仙尊王神像前抽签,分配来年各个渔汛期该船应占的网位。抽完神签后,雇来的戏班在江岸上通宵演出。茅竹水仙与闽南的水仙宫、水仙尊王庙所敬祀的神灵显然不同,是水仙信仰的另一系列。此水仙是何方神灵?宋代梁克家《三山志》在记述白

水郎(游艇子)时写道:"乾符中,有陈蓬者,从海来,家于后崎,号曰白水仙。有诗曰'竹篱疏见浦,茅屋漏通星。'又曰:'石阶索确高低踏,竹户彭亨左右开。'尝留签曰:'东去无边海,西来万顷田。松山沙径合,朱紫出其间。'"从梁克家所记,可断定茅竹仙子(茅竹仙师)乃陈蓬也。而陈蓬是白水郎(游艇子),因此,又可断定:茅竹仙子本系疍户的保护神,由此发展为闽海的保护神。与疍户的生产生活习性相适应,茅竹仙子只供奉于船上,未见陆地上有其庙宇。

水仙信仰还衍生出"划水仙法"。即海舟遭遇危险时,"船上诸人,各披发蹲于舷间,执食箸,作拔棹之势,口假者若鼓之声,如午日竞渡之状",这带有巫术的性质。

2. 玄天上帝

玄天上帝,亦称真武大帝,是道教所尊奉的北方之神。照五行之说,北方属水,所以玄武上帝有消除水患火灾的职司,也是水运保护神。闽南敬祀玄武上帝的宫宇众多。就漳州而言,著名者有城区凤霞宫、铜山铜陵北极殿、漳浦旧镇甘林庙。凤霞宫始建于宋代,宫初建成即由湖北武当山紫霄宫分灵祀立诸神,其址临近浦头港,与附近的崇福宫(关帝庙)、定潮楼等构成庙宇群,利于商贾、舟人

祈拜。铜陵北极殿建于明成化年间，明清两代驻屯铜山的舟师必前去奉祀，来往于台湾海峡的渔民商贾更是常分灵于船上，也因此分香入台。甘林庙始建于宋代，面临鹿溪，邻近宋代漳州重要港口——旧镇港。

3. 风 神

风神，远古先民就敬畏的自然界神灵。秦汉时期，风神的奉祀已列入国家祀典。在民间，赋予风神人格化，既有男性塑像（老伯），又有女性塑像（老媪），前者曰"风伯"，后者曰"飓母"或"孟婆""土婆"等。航海之安危与风之状态密切相关，航海者更是要祭拜风神，或祈求"风伯"保佑航行一帆风顺，或祈求"飓母"勿要发威。"闽中濒海诸处，皆有风神庙塑像"，"多作老媪"之状。

4. 王爷与瘟神

闽南民间信仰神明中，各类"王爷"（或称"王爷公"）众多。"王爷"具有主管瘟疫的神职，既能施瘟行疫，也能代天巡狩、驱瘟祛疫，广大信众惧而敬之。信众也往往把他们作为消灾赐福的正神敬祀。各地王爷宫庙，每三年或遇瘟疫流行之际，都会举行隆重的祀典。其中一项主要内容是"送王船"，即把瘟神从水路或海道用船送走，以驱邪禳灾。对常年川航于海上的人员来说，除担心海上突发自然灾害外，也恐惧在船上突发瘟疫。他们对各类瘟神疫鬼更是惧而敬之。海澄的《送彩科仪》（送船科仪）是漳州航海者所举行的禳祭各类瘟神的道教科仪书。该书的"禳祭圣位"列出100多位神仙、瘟神和鬼类，总之，凡"今年行瘟司部属一切威灵"，皆列入禳祭圣位，恭恭敬敬祭享。祭祀中，由道士或主祭者读疏（酌献文）、献茶、念经、依仪行道，祈求"庇佑合家身躯康泰，命运亨通，老少安怀，境土清平"。功德完成，吟唱《送彩歌》。在锣鼓声中和歌声中，送瘟神船只飘流而去，"圣母收毒并摄瘟，合家（社）老少尽逍遥"。简而言之，禳祭之目的在于"上祈高真赐福消灾"。列入"禳祭圣位"者，少见有民间信仰中常见的诸位"王爷"，但禳祭仪式（含"送王船"）基本相同。从祭拜者的身分和祭拜目的来看，祭拜者是把"圣位"所列诸神仙鬼魂视为航海保护神的。虽然《送彩科仪》为清乾隆年间的抄本，但鉴于民间信仰的延续性，它所记的内容可追溯到明代。《顺风相送》记船舶过越南灵山大佛时，"往返放彩船"；《东西洋考》也记船舶经过灵山大佛所在海面时必"燃放水灯彩船"和吟"送彩歌"，"以禳人船之灾"；从外洋返航的商舶途经乌猪山都公庙时，得"用彩船送神"。从它们所记，可断定最迟在明代就有放彩船、吟彩歌的禳祭仪式。

二、民间习俗

（一）赛龙舟

位于九龙江畔的龙海市颜厝镇马州村，信仰供奉"水仙尊王"神像和举办划龙舟的习俗至今已有640多年的历史，是漳州龙舟赛（扒龙船）的代表项目。该村不仅选定每年农历五月初七为划龙舟的固定日子，而且每四年还要邀请有龙舟的宗亲社和友好村组队前来参赛。

在马州村的12艘龙舟上，都插有明代英宗皇帝赏赐的"黑地白日"旗，格外令人注目。据史册记载：明代（龙溪县十二、三都任勤保潘田社即今龙海市颜厝镇官田社）进士潘荣，于明天顺六年（1462年）奉命充任英宗皇帝的特使，往琉球国册封，完成使命回朝后，英宗皇帝设国宴以庆之。时值初秋的京城，天气仍然炎热，赴宴官员们燥热难熬，纷纷脱弃官服豪饮。此时，英宗皇帝无意中看见潘荣右手臂的大伤疤，惊问其故，潘荣将小时观赏龙舟赛时不慎落水被"水仙尊王"保佑获救之事禀知英宗皇帝，帝闻奏后，顿时感激"水仙尊王"之灵验，遂赏赐十二面"黑地白日"旗作为马州村的龙舟旗帜，一直相传至今。

赛龙舟

马州村四年一届的龙舟赛会具体过程如下：

一、卜问。 龙舟赛会前一年向"水仙尊王""掷筊杯"，求问同意，后由全村十二艘龙船敲锣打鼓并挥舞"水仙尊王"等旗帜，周游全村，告知村民；

二、设坛。 龙舟赛会之年的农历四月初一，在本村戏台的对面场地上搭建一座大棚，将庵庙中的"水仙尊王"等神像搬请到此大棚中安位供奉，历时一个多月；

三、请江。 农历五月初一午时，十二艘龙船驶向距马州约三公里的东墩洲，上岸燃香祭告；

四、游江。 农历五月初四，十二艘龙船上摆着"八仙桌"，供奉"水仙尊王"的香火，左右舷各搭一座竹架子，晚上挂吊着每家每户的"保家灯"，然后按顺序游江；

五、赛会。 农历五月初七日，将"水仙尊王"等神像搬请到赛区供信男信女祭拜，来自宗亲社和友好村的龙舟队到赛区集合参赛，至下午五时左右结束。

马州龙舟赛活动激发了人们积极向上、勇于进取的团队精神，增进了民众的友好往来，促进了社会和谐发展。

漳州龙舟赛"扒龙船"已列入第四批漳州市级非物质文化遗产名录。

七甲社龙舟赛已有600多年的历史。600多年前，一艘驶往南洋的洋船途遇狂风，随时有沉没之危，船上七位榜山乡亲即结拜为异姓兄弟，共同祈求水仙尊王保佑。后七人安抵南洋并发迹，则同归龙溪十一都故里（今龙海市榜山镇）共谋龙舟赛之事，以按其兄弟年龄为序，立下每年固定日期举办龙舟赛会。

龙舟赛会分七天在各村社进行，共有十四支龙舟队参赛。每天由一个村社轮流做东道主，五月初一沧州桥社（上苑村）、初二云梯桥社（芦州村）、初三庄厝社（普边村）、初四沧州社（上苑村官州）、初五翠林社（翠林村）、初六来厝社（崇福村）、初七罗锦社（高坑村，现划归石码镇），称为"七甲社"，世代传承延续。后因历史原因，初六来厝社退出，而增补初八洪厝下庙社（文苑村）。

当年要举办七甲社龙舟赛，事先得由老大沧州桥社（上苑村）向各村社发出请柬，召集七个村社家长理事，商议龙舟赛事宜。重申七甲社龙舟赛宗旨（团结友爱、增进情谊、友谊第一、比赛第二），规范赛程，注意事项等，确保龙舟赛既热闹有序又顺利平安。

龙舟赛活动过程主要有：请柬议事、擂鼓祈福、请江致祭、进港参赛、祭神福安、龙舟竞渡、散河同归、谢江落幕。场面热烈隆重。

七甲社均在榜山九十九湾流域，龙舟曰"小龙"，船身十六档，划船

的桨手 32 人，号手击锣 1 人，撑舵人，共 34 人。比赛前先用浮旗分出左右两个水道，赛道一般 500~800 米。岸上布置指挥台，负责安排竞赛程序，公布比赛成绩。比赛的龙舟一次两艘，号令一响就奋力往前划，哪一方先抢得锦标，就获得胜利。

七甲社龙舟赛历史悠久，影响深远。其祭祀仪式之古朴、竞赛夺标之壮观、参与人数之多、比赛时间之长，为闽南地区最具地方特色的传统民俗活动。

（二）拾福份

每年农历六月二十五日，是龙海市榜山镇洋西村山北社村民在村内广平宣王庙（始建于宋，历代均有重修）举行极具特色的民俗仪式"拾福份"活动的日子。这一传统民俗已传承 700 多年。

广平宣王庙是宋代中期始建于观音山下山北社，为村中郑氏、徐氏共奉神庙。广平宣王确有其人，姓姬名静，生于西周末年，是能文善武的清官，曾为闽中地震受害黎民赈灾。后奉旨赴岭南平叛，在战斗中阵亡，黎民塑像祭祀。郑氏源出姬姓，入漳始祖开拓龙溪山北，其后裔出了朝官，因此迎姬静庙香火分祀。

宋高宗年间，莆田著名文士"南湖三先生"之大房郑露之后郑伯可，因逃难携妻儿至漳州龙溪县（今龙海市）九龙江西溪畔观音山麓，拓地建居，设塾教习。不久人丁兴旺，渐成村落。山北村郑氏沿习祖地河南奉祀姬静为四境保护神的习俗，加之姬静是郑氏的直系族亲（郑氏先祖为姬姓），即建庙祭祀。后来由于山北郑氏繁衍迁徙至龙溪、南靖、漳浦、泉州以及广东、贵州、浙江、江苏、台湾、港澳以至东南亚一些国家，山北遂成为数十万郑氏的祖地，逐渐形成鼓励繁衍后代而告知周族的独特的民俗活动——拾福份。

山北民俗仪式"拾福份"形式古朴典雅，民间信仰氛围浓厚，参与人数众多，举办时间固定，方式雅致。此民俗印证了中原地区向闽粤沿海大规模移民的史实。

山北民俗仪式"拾福份"，是以崇拜血缘祖先姬静（广平宣王）为载体，以广平宣王庙为平台，以"拾福份"（分猪肉、寿桃）为核心内容而开展的系列民俗仪式，在闽南地区有一定影响，对研究闽南移民史、开发史有重要的口传史学功能，对建设和谐社会、倡导民主平等也有现实意义。该民俗风格独特、内容丰富，保护它对中华民族优良传统的传承当有裨益。

"拾福份"已列入第二批漳州市级非物质文化遗产名录。

尪公生

（三）尪公生

闽南安溪有一尊名字叫尪公的神。这是一尊地方保护神，当地叫里主。尪公庙就在龙门镇路边。尪公是宋杨继业的儿子杨延昭，这说法也许与清代小说《平闽全传》有关，《平闽全传》写杨文广征讨福建十八洞，而杨文广是杨延昭的孙子。

在龙门，农历十月初一是"尪公生"，以前有吃大劝的习俗。在开阔的大埕或草埔上（当地叫大劝埔），家家户户张篷筑灶，宰杀鸡鸭猪羊，露天办筵，过路的客人可以随便入席吃喝。龙门吃大劝的风俗起源于隋朝，当时的迁押官张纯率移民到龙门垦植。因为移民思乡，情绪低落，不愿劳作，张纯就在十月初一杀牲备宴，劝说移民安心开垦耕种。张纯死后，移民在溪坂乌荇山建"灵护庙"奉祀。

（四）闽南抢孤

隆教乡红星大社自然村的抢孤习俗始于明代，由朱氏一世祖朱明武所创建，至今已有600多年的历史，是闽南抢孤习俗的代表项目。抢孤每四年（实三年）举办一次，一般在农历十一月举行，意为祈祷国泰民安、风调雨顺、各界安宁、合社平安，也是继承理学家朱文公家训，慎终追远，和宗睦族，以攀会友。

抢孤习俗是"建醮"活动中的重要项目。建醮从筹备到结束时间持续四个月之久，从农历七月初一日道士到庙里点数头开始，至农历十一月王

爷入坛、扎制王船、送烧王船、抢孤等。建醮活动从起鼓至辞王共有四天，第一天起搭建孤棚、王爷棚、戏棚，全村的善男信女连吃素斋戒三天，道士们续做三天三夜的道场（即三朝五朝做），芗剧、木偶戏接演三天。第三天夜幕降临时，全村每家每户都到祠堂前两侧摆上八仙桌，每桌都摆满祭品，近300桌同时普渡，至午夜十二时左右结束，抢孤才正式开始。建醮活动最高峰是第三天的王爷出港和竞攀抢孤，其间包括王爷游街、舞龙舞狮、文艺踩街等，场面壮观，热闹非凡，轰动周边县市，到场参观民众数以万计。第四天道士及会首会副还要到每家每户谢灯杆，并沿村社的四周钉符，祈求平安。

抢孤的具体内容是：在村里祠堂前大埕，用6根12米长的大杉木做根基，下端埋入土里1米左右深竖起，排列成2-2-2造型，相当于4层楼高，顶端用厚木板连接铺成6×4米的平台，约24平方米，简称孤棚顶。棚顶堆满祭品及数千元奖金，让外村的勇士报名参赛，排名顺序到神明前抽签决定，如果哪个勇士不借助外力攀爬上孤棚顶，上面祭品及奖金则全部归他，而饭菜则丢给棚下的民众以喂养六畜。

红星大社抢孤与台湾宜兰的头城抢孤有密切的关系，台湾宜兰学者多次到此地调研，共同探讨抢孤历史渊源。加强两岸抢孤习俗活动的交流，有助于增进两岸的文化传承认同感。

闽南抢孤习俗已列入第四批漳州市级非物质文化遗产名录。

（五）王醮巡安

天后宫（俗称妈祖宫），位于龙海市港尾镇梅市村，是明代万历年间被誉为"代天巡狩""一日天子"的江灏[1]所创建。梅市天后宫王醮巡安习俗在"天后宫"建宫后开始举行，传续至今已有400余年。

梅市天后宫王醮巡安习俗每四年（实三年）举行一次，从农历八月开始"请王"至农历十二月"王船出港"，历时近5个月。期间，以各色花纸扎

抢孤棚

---

[1] 江灏，字禹文，港尾镇古城村人，明万历三十二年（1604年）进士。

普 渡

结大、二、三王，中军等四尊和数十尊吹、鼓、弹、唱的小纸人，在宫前布置花屏"王殿""中军府"，供五乡八保（即现在的梅市村、上午村、汤头村、石埠村、省山村、古城村、格林村及漳州开发区的白沙社区、店地社区）的"善男信女"前来祭拜。以杉木、竹、白布为主要原料制作"王爷船"，王爷船长12米，宽4米，船内设有王爷、中军神像和纸扎24名水手，装满柴米、"寿金"（纸品，用于烧祭）水果及日常生活用品。

"王船出港"前，五乡八保各社里的街道、村道家门上张挂锦祯，门前设立祭坛，点烛燃香，摆放各色祭品，并请道士行香礼拜。各社组织颇具民间特色的"花辇""马队""落地扫""棚仔艺""大鼓凉伞""弄狮队""舞龙队""鼓乐队""车鼓弄""南管""北调"等各种文艺队伍，参与"王醮巡安"活动，途经各社，鼓乐齐奏，鞭炮震天，热闹非凡。活动持续两天，参加队伍长达数里，人数超过万人。

"王船出港"之日，人们为"王爷船"添载"米包""柴箍"，一色由妇女组成的队伍在前面扫路。夜色降临，恭送王船出港（即在临海地方将王船焚烧），祈求年年平安顺利、风调雨顺、

古代文献资料中，记载有鬼魂感恩报答和怀怨复仇的故事，鬼魂崇拜至今在汉族民间仍有很大的影响。

"普渡"是沿海地区（包括金门）的汉族民俗文化现象，它是糅合农历七月十五日道教中元节和佛教盂兰盆会而形成的汉族传统民俗节日。宋代泉州于中元节举行斋醮活动时，已把佛教的词语"普渡"转化为地方民俗的名词，在南宋泉州知州真德秀的《真西山文集》中，即有称为《普渡青词》的祝文。宋代以来，普渡是在七月十五日这天举行的，祈求的内容甚多：或祈死者无厄幽沉滞之悲；或求生者获五福康宁之祉；或薪雨泽以抗旱；或冀赦过以除愆等等。到清道光（1821—1850年）间，普渡祭祀仪式有所变化。

古代普渡的祭祀活动，都有地方官员出面主持，他们往往利用普渡日同时祭"无主鬼"和城隍神，让合境无主鬼魂享受祭品而不为祟作乱人间，并利用城隍神威，倡善惩恶，令百姓安分守己，使官吏不敢欺上罔下。利用普渡活动来为封建政权统治服务，这在当时的历史条件下，对官员的沟通民意，对稳定封建秩序，对封建官员的自律，和对老百姓心理的自我净化等，还是起了一定约束作用的。

五谷丰登、生意兴隆、财源广进。至此，王醮巡安习俗活动圆满结束。

梅市天后宫王醮巡安习俗历史悠久，根基深厚，信众甚多。在台湾、港澳地区均有一定影响，是迄今保留较为完整的区域性民俗活动。

（六）普渡节

普渡节是古老的汉族民俗及民间宗教文化活动。在原始社会，人们认为外氏族成员及本氏族成员非正常死亡者的亡魂，会成为祟祸，危及人间。故崇拜鬼魂。到了奴隶社会，鬼魂迷信相当流行，在《左传》《国语》等

三、民间艺术

（一）芗 剧

芗剧（歌仔戏）是在台湾歌仔戏和闽南改良戏的基础上发展而成的，源于漳州，成型于台湾宜兰，流行于闽南地区、台湾和东南亚各国华侨、华人聚居地。芗剧的道白、唱词以闽南语、闽南方言为主，语言形象生动、风趣幽默、通俗易懂，是福建五大地方剧种之一。

1928年，台南县学甲乡民到白礁慈济宫进香，随来的台湾歌仔戏三乐轩班，首次演出深受观众喜爱；随后又有新女班、霓生社、双珠凤、金声冈相继到龙溪、海澄一带演出，歌仔戏即时风靡两县；民间近百个"南馆""北馆"受其影响，均改为歌仔馆，逐步变成歌仔戏子弟班。1938年，海澄县浮宫丹宅村的名艺人邵江海，经过不断地探索研究，以歌仔戏为基础，从流行于闽南的锦歌、民歌中汲取精华，糅合京剧、高甲、白字等剧种中的部分曲牌，创造出"改良戏"，风靡于闽南一带。至40年代，龙海相继出现一大批表演改良戏的业余子弟戏班，他们的演出深受群众喜爱。

新中国成立后，龙海的改良戏获得新机，合作化时期，业余剧团发展至上百个。1956—1958年，政府文化

芗 剧

木偶戏

部门组建专业剧团，改称为芗剧团，原海澄、龙溪两县先后组建"海澄艺联"（后与"厦声"合并为海澄芗剧团）、"龙溪实验"两个专业剧团，对龙海芗剧的发展起了积极的推动作用。"文革"期间，芗剧遭受禁锢，专业和业余剧团全被解散。1976年10月后，芗剧的专业和民间职业剧团相继恢复活动，从事芗剧的艺人们重新焕发青春活力，对芗剧的剧目、音乐以及表演艺术进行新的探索和革新，再次整理一些传统剧目，使之在思想性、艺术性方面更臻完美。

芗剧（歌仔戏）自诞生后，两岸戏班及艺人演出交流不断。作为海峡两岸人民共同创造共同拥有的宝贵艺术形式，芗剧（歌仔戏）已成为维系两岸人民精神文化的重要纽带。保护和发展芗剧（歌仔戏）对于弘扬中华民族的戏曲文化具有重要意义。

漳州芗剧"歌仔戏"已列入第一批国家级非物质文化遗产名录。

（二）木偶戏

漳州布袋木偶戏俗称掌中戏、布袋戏，盛行于芗城区、龙文区、龙海市、漳浦县、南靖县、长泰县及其周边地区，流传于台湾、香港、澳门和新加坡、泰国、马来西亚、菲律宾等地。

漳州布袋木偶戏被称为北派，原

唱昆腔、汉调、京剧，芗剧兴起后主唱芗剧，杂以京调。其特点是擅长武打场面和善于刻划人物性格，指法细腻，表演夸张，被誉为"掌中一绝"。其人物造型栩栩如生，雕刻技艺鬼斧神工，素有"东方艺术珍品"之美誉。

明清时期，漳州布袋木偶戏已在各地发展铺开，形成支派繁多的局面。据《龙海县志》记载：清光绪末年，海澄陈莲组建恒福春班。民国初，海澄纸影戏艺人洪恒和提线傀儡戏艺人洪鸭师改演布袋戏。尔后，白水、石码、龙溪等地木偶戏班相继崛起，形成"春""兴"两大流派。民国十九年（1930年），金童兴应侨胞之邀，远渡东南亚一带演出三年。民国二十年（1931年）前后，闽南各剧种皆受歌仔戏冲击，唯布袋木偶戏尚能坚守阵地。

新中国成立后，在人民政府扶植下，龙溪县郑福来、陈南田和漳浦县杨胜联合组建龙溪地区木偶剧团，多次出国演出，名扬海外。1955年，海澄县名艺人庄饭组建海鸣木偶剧团，龙溪县吴山人等联合成立龙溪县木偶剧团。1960年，两团合并，改名龙海县木偶剧团。"文革"中，剧团被解散。1977年以后，流散在民间的布袋木偶戏艺人陆续重组班子，恢复上演。2009年5月，龙海华艺木偶剧团应邀赴上海参加"唱响世博"两岸文化交流活动，载誉而归。

台湾北管布袋戏的道白是用漳州腔，故两岸学者都认为是从漳州传入，漳州布袋木偶戏具有闽台文化价值。台湾的布袋戏是漳州文化在台湾的移植和延伸，通过闽台文化交流，不仅可以促进两岸木偶艺术的发展，更可加深两岸同为中华民族一家亲的认同感。

漳州布袋木偶戏已列入第一批国家级非物质文化遗产名录。

（三）潮　剧

潮剧经常在庙会上演出，表示于对"老爷"（指神明）的尊敬，老百姓也喜爱在非常热闹的氛围下观看，使节日气氛更加浓厚，因此，潮剧要比其他剧种更具浓郁的民俗色彩。

潮剧是宋元南戏的一个分支，由宋元时期的南戏逐渐演化，是一个已有440多年历史的古老剧种，主要吸收了弋阳腔、昆曲、梆子、皮黄等特长，结合本地汉族民间艺术，如潮语、潮州音乐、潮州歌册、潮绣等，最终形成自己独特的艺术形式和风格。

潮剧为漳州地方戏曲主要剧种之一，也称泉潮雅调，潮音戏、白字戏等。现在流布于漳州市的诏安、云霄、东山、漳浦、平和、南靖等县和广东潮汕地区以及香港、台湾和东南亚的华人聚居地区。漳浦和南靖应该是芗剧占主流，平和也是芗剧和潮剧共存，漳北五县区则是芗剧的天下。广东省

潮 剧

内的闽南语区也并非全部流行潮剧，汕尾海陆丰地区以闽南语为主流，且地理靠近潮汕，但只有陆丰部分村镇流行潮剧，海陆丰本地另有白字、正字和西秦三种戏剧。

潮剧现有的这批传统剧目，大致可以分成两类。第一类是经过加工提炼具有很高艺术水准的剧目。这当中最有代表性的，长戏当属《荔镜记》《苏六娘》，折子戏则有《扫窗会》《芦林会》《辩本》《闹钗》《刺梁骥》《闹开封》等。

2006 年入选国家第一批非物质文化遗产保护名录，有"南国奇葩"的美誉，是中国十大剧种之一，以优美动听的唱腔音乐及独特的表演形式，融合成极富地方特色的戏曲而享誉海内外。

（四）剪 纸

漳州剪纸俗称"剪花""铰花"。最早流传于漳浦县的村镇，又叫"漳浦剪纸"。农村妇女在婚嫁节庆之日，常用大红纸张剪以"凤凰牡丹""红桃""鱼草"等图案，寓意"荣华富贵""长寿""钱财有余"等，已成俗，后逐渐在民间发展成为剪纸工艺。

095

剪 纸

　　漳州剪纸所用纸料主要是染色的毛边纸、有光纸。剪前先把三四张纸重叠固定，在背面用指甲或铅笔划绘出图案轮廓线，用小绣花剪轻巧娴熟地施剪，先小后大，由里到外，剔去多余，剪好后衬以白纸，以显效果。

　　漳州剪纸纤细柔软，内容丰富，题材有花卉、瓜果、虫鱼、飞禽、走兽，有戏剧故事人物以及有象征吉祥如意的礼花；作品远销美国、加拿大、德国、日本等国和港澳地区。

　　漳州剪纸著名艺人黄素，1957年被评为民间艺人，1964年，调到漳州市工艺美术公司专业从事剪纸。黄素剪纸具有民间歌谣的稚拙风味，作品形象朴实自然，剪法精巧纤细而不失

于平庸。她剪路较宽，善于表现各种题材，还善于应用不同剪法表现各种对象。她剪的花卉娇柔秀气，仕女窈窕多姿，家禽飞鸟神形兼备。其代表作有《老鼠婆亲》《双凤牡丹》。

（五）龙舟制作

漳州龙船竞技活动已经有600多年的历史，龙船众多，龙船钉造业应运而生。现已申报漳州市非物质文化遗产名录的"龙船钉造技艺"，申报项目的是龙海市紫泥耀福龙舡加工厂，就在九龙江岸边，是漳州龙船钉造业的代表厂家。

漳州龙船钉造的龙船主要有两种，其一是大龙船，龙船体长25米，船哥0.66米，35对船桨，两头翘起，气宇轩昂。其二是小龙船，船体长12米，

24对船桨，龙船的结构部分有龙头、龙尾、龙骨、龙肠等。活动部分有木桨、船舵、船鼓、双铜锣及龙旗饰物。

漳州龙船钉造最为主要的是要选垂直25米以上的大杉木，将其切分成5片拼装船底，这样钉出来的船才结实。民国时期主要用的是格木，此木从缅甸、泰国、越南等地进口，材质坚固耐用，但船身重，阻力大。民国后主要是松木，船身减轻，速度提高，近年来主要是杉木，重量轻，船速快。

龙船的制作流程是：第一，开斧起底，钉蝴蝶底；第二，打水平，中线定位，平衡蝴蝶底；第三，安装挡水板；第四，做龙两旁侧板；第五，做横档，也就是龙排骨；第六，安装龙骨与底板吻合，固定；第七，安装龙肠；第八，上桐油灰；第九，刨光；

钉龙舟

戏钹

第一，涂清漆；第十一，安装龙头，制作龙舵和船桨。

（六）戏钹

常春岩戏钹（演金）这种佛门杂技存在于民间已是非常罕见。常春岩开基者是香花僧的传人，又是漳州五云派之潜云派系。

佛门杂技戏钹（又名演金、弄铙钹）相传是十八罗汉之一的手持铜钹尊者所创，在民间辗转流传，由香花僧人在龙海常春岩口传身教流传下来。每年农历十二月初八日（腊八节），所有常春岩佛门弟子聚集在一起，有文僧人在佛祖前诵经，武僧人进行演金、杂技表演。各方香客、游客来来往往，络绎不绝。有诵经声、锣鼓声、喝彩声、鞭炮声，热闹非凡。

常春岩戏钹（演金）表演分为三组：第一组：吐珠、弄花、单抽、虎翻墙、单背、双背、披翔。第二组：赶单竹带钵、单竹过五指山、单竹过五官、接竹、刀枪技、锣技、软竹。第三组：吐珠背、迴轮、下地照镜、翻转钵、摇珠、叫鸡入巢、上大人、抛番薯片、食指击破甘蔗块、收式。

戏钹（演金）主要用具有：钜铙钹一副，竹子（1.65米）一副，小竹皮（0.65米）一根，小木棍（0.65米）一根，竹筷（0.15米）一副，竹板仔（1.65米）一支，小刀枪（铜或不锈钢制）一副，钢钉（0.21米）一支，小锣一个，碗、

盘若干。主要伴奏器具有：鼓、钹、铜锣、中音号、唢呐。

戏钹的主要价值有三：这是一种技巧很高的演艺，有体育锻炼功能，可以强身健体；每逢重大庆典、传统节日上街献艺，增添节庆氛围，活跃群众文化生活；有适应佛界活动的内容，各种场合均可参与。

常春岩戏钹（演金）有着较高的技术含量，技巧多，看似易懂，实为奥妙，学而艰辛，一整套功夫非三至五载难成。如今传承乏人，日渐濒危，亟待保护。

龙海常春岩戏钹（演金）已列为第三批漳州市级非物质文化遗产名录。

（七）大鼓凉伞

大鼓凉伞舞是龙海最具地方特色的优秀民间舞蹈。据《中国民间舞蹈大全》记载："大鼓凉伞亦称'花鼓阵'，主要流传于漳州市和龙海县九湖、颜厝、程溪一带。每逢喜庆佳节、迎神庙会，该地区乡村村村都表演这个舞蹈，扎根之深、影响之广，可谓家喻户晓。"

相传明末戚继光率部入闽抗击日本倭寇，凯旋归来时，将士们欢快地擂起战鼓，乡民们犒劳戚家军，军民共庆胜利。时值六月暑天，骄阳当头，赤日炎炎，将士们擂鼓跳跃，汗流浃背；姑娘们撑起凉伞（古代帝王出巡专用）为将士遮阳，以最高规格的礼仪表达

大鼓凉伞

对劳苦功高的将士敬慕爱戴之情；老大伯肩挑水果、鲜花、大茶壶为将士送茶献果；老阿婆拿着大蒲扇为将士扇风驱热；一群男女青年也敲起锣来加入这一欢庆的行列，众人随着锣鼓节奏欢呼雀跃。于是，民间艺人汲取生活源泉，进行艺术构思，创作出民间舞蹈"大鼓凉伞"，一直流传下来。随着闽南先人移居台湾，大鼓凉伞舞也传至台湾，成为台湾的民间阵头技艺。

大鼓凉伞以鼓伞对舞为特点，打鼓的将士击鼓动作刚强有力，神态健壮威武；撑伞的姑娘舞步轻盈优美，与将士形成鲜明的对比；老大伯与老阿婆以诙谐风趣的动作穿插其中，插科打诨，谐趣横生，使舞蹈刚柔结合，活泼风趣。大鼓凉伞舞表演形式非常丰富，其中有"斗鼓""翻鼓""擂鼓""咬鼓""翻车轮""桥鼓""迭鼓""踏鼓"等，又有"三进三退""观山静止""莲花转""龙吐须"等构图和队形。

20世纪90年代，龙海市芗剧团、龙海五中先后创办"大鼓凉伞队"，邀请漳州著名舞蹈教师执导教授。大鼓凉伞舞经过专业文艺工作者的不断整理加工，对表演的形式内容进行改革创新，继承传统精华，注入时代气息，激发艺术活力，已发展成舞台表演形式，内容更加丰富，艺术更臻完美，在各种庆典、盛会活动中出阵。

（八）南 音

南音是一种古老的曲艺形式，特征显明。其由"大谱""散曲"和"指套"三大部分构成完整的音乐体系。

南宋宝庆元年（1226年），宋太

祖赵匡胤裔孙赵希庠率族人卜居龙溪县华峤银塘，繁衍后代，传承"唐宋遗响"南音。宋景炎年间（1276—1278年），漳州都统张达之妻陈璧娘曾赋《平元曲》一首，该诗入载光绪版《漳州府志》，诗中有"我能管弦又长舞"句，因此，陈璧娘被中外南音研究专家确认为迄今为止有历史记载的福建南音第一传人。明万历三十二年（1604年），海澄县人李碧峰、陈我含刊印《新刻增补戏队锦曲大全满天春》二卷，是迄今为止发现的最早南音著作、最早的南音戏，现珍藏在英国剑桥大学图书馆。

龙海市程溪镇下庄南音是古龙溪南音之延续，有着漫长而悠久的历史，汇集中原雅乐之精华，吸收元曲之特长，与闽南的民间音乐融为一体，词曲清丽柔曼，旋律深沉美妙。

现传承人卢炳全祖籍泉州安溪，自小受南音名师启蒙，与南音结缘50年，1968年到程溪参加地方建设后定居，业余研究并在自家演唱厅、下庄中学、漳州市南音会馆、漳州师院等地传授南音。卢炳全能弹会唱，继承南音传统真声演唱，咬字吐音字正腔圆，乐器配制依照古法，吹拉弹唱传统继承，能为学员教习示范南音中的

多种乐器，并开拓唐诗宋词南管新唱法。近年来应邀组队并代表漳州参加国内外南音演唱活动数十场，均受好评，引起南音界人士对漳州地区南音传承的认可与关注。

南音流传于漳州、泉州、厦门，传播台湾、香港、澳门等地区，乃至远播新加坡、马来西亚、印尼、菲律宾、泰国、缅甸、越南等国家，成为闽台"文缘"关系密切交往的桥梁，也成为海外华侨、华人与祖国联系的精神文化纽带，对增进民族认同感起到积极的作用。

（九）闽南方言

方言是一种语言中跟标准语有区别的、只在一个地区使用的话语。我国汉语方言具有悠久的历史，历尽岁月沧桑。目前，汉语方言被划分为10个区，即官话（含北京话、东北话、四川话等）、吴语、湘语、赣语、闽语、客家语、粤语、晋语、徽语、平话（广西话）。

闽南方言又称闽南话，也有人叫它河洛话或福佬话，是闽语的重要组成部分。一些学者从方言系统进行研究，得出闽南方言与隋朝陆法言《切韵》一书基本一致，说明闽南方言保留着中古时期的河洛古音，可以认为是"中原语言古化石"。据考证，汉以前，闽南这个地区跟福建其他地区一样，居住着闽越少数民族，中原汉人鲜有涉足此地。中原汉人大规模入闽当是西晋"永嘉之乱"年间，带来中州（今河南）一带的官音，闽南语白读音体系在东晋至南北朝时期基本形成。中原汉人第二次大规模入闽是唐高宗时，光州固始县（今河南）人陈政、陈元光父子奉诏率58姓、3600多名将士南下，经多年征战，平定地方，布撒教化，最终定居于闽南，开发漳州。他们带来的是7世纪时的光州话，成为闽南话文读音体系的基础。唐朝末年，中州王潮、王审知率大批兵马入闽，由此带来10世纪的中州话，对福建方言包括闽南方言也产生很大的影响。到了唐末五代，这些多来源、多层次的语言特点，已经整合成定型的闽南方言系统。两宋之后，闽南方言陆续向广东潮汕等地扩展，随着人群迁徙，登上海南岛，尤其是郑成功率部到台湾后，更把闽南方言和闽南的风俗习惯带到台湾。显然，福建的南部是闽南方言的发源地。另一方面，自古以来，闽南人就有"漂洋过海，过番谋生"的习惯，特别是20世纪以来，闽南人到东南亚等国家谋生形成热潮。目前，有600多万闽南祖籍的海外侨胞，分布在世界90多个国家和地区。一代又一代的闽南人把闽南语带到居住地，加快了闽南方言的国际化，促使闽南方言成为流动性极强的国际性语言。

闽南方言区有狭义和广义之分。

狭义指福建南部、广东东部和台湾一带说的闽南语；广义指福建南部、广东东部和台湾一带及其以外一些地区、国家说的闽南话。全世界使用闽南方言的有6000多万人，具体分布如下：闽台片，主要分布于福建南部的漳州、泉州、厦门、龙岩等市县，以及台湾、澎湖等绝大部分的地区，使用人口3000万以上；潮汕片，主要分布于广东省东部的汕头、潮州、汕尾、陆丰、海丰等市县，使用人口1000多万；雷州片，主要分布于广东南部雷州半岛，使用人口400多万；海南片，主要分布于海南省的海口、琼山、文昌等市县，使用人口400多万；港澳片，分布于香港、澳门地区，使用人口近100万；国外片，主要分布于东南亚的新加坡、马来西亚、菲律宾、印尼、泰国、越南等国的华侨、华裔，使用人口近1000万。亚、欧、美其他国家的华侨、华裔说闽南话的人也为数不少。此外，浙江的温州、苍南、平阳、泰顺、洞头等县市，约有140万人说闽南话。江西的广饶、广丰、玉山等市县约有40万人说闽南话。广西的柳州、平南、平乐、陆川等市县，近30万人说闽南话。四川、江苏的一些地方和福建闽北的福鼎、霞浦，闽中的永安、清济、沙县等一些乡镇，也有讲闽南话的。由此可见，闽南话是超地区界、超省界、超国界的重要的汉语方言。

自晋隋以来，随着中原汉人几次大规模入闽，特别是唐初陈政、陈元光父子率兵南下，带来古代河南光州的语言和文化，之后历经沧桑与融合，在闽南这个地方，逐步演变形成闽南方言。今天的闽南方言，作为我国的重要的地方语系，其使用区域除覆盖了福建省的漳州、泉州、厦门等地区外，还流行于我国沿海一线的广东省潮汕、湛江地区，海南省和港澳、台湾地区，以及东南亚的多数国家。

劳动产生语言，生活蕴含哲理。1000多年以来，几十代人在闽南这块土地上生产生活、繁衍生息，不但传承了语言，也传承了大量对客观事物的认知和概括。有对天文气象的入微观察，有对生产规律的科学总结，有对人文经验的高度提炼，凡此种种，代代相因，成为广泛流传于群众口头的谚语俗语格言。可以说，这些富有原生态语言美，同时又极具地方特色和生活气息的谚语俗语格言，既是闽南人民千百年来在生产、生活等方面锤炼的语言结晶，也蕴藏着深刻的内涵和精粹的哲理，比较集中地反映了闽南地区的历史文化、生产生活与风俗习惯。

文化是民族之本，也是国家之本。闽南谚语俗语是闽南方言和闽南文化的传承，同时也有利于人们在传承中增长知识，培养钟爱家乡语言和文化，

热爱家乡的情感。随着海峡两岸经贸、文化往来的进一步密切和海峡西岸经济区的繁荣与崛起，闽南方言在两岸的频繁沟通中必将发挥难以替代的特殊作用，闽南文化通过交汇融合，也一定能在共同传承的基础上进一步有新的发展。闽南谚语俗语作为闽南文化的有机组成部分，对于闽南历史及其语言、文化的相关研究，也是重要的资料遗存和佐证。

（十）歌 谣

闽南歌谣是民间文学体裁之一，又是民歌、民谣和儿歌、童谣的总称。古代以合乐为歌，徒歌为谣，现则统称歌谣。闽南歌谣最大的特色在于逗句（押韵）之美，除此之外，还有许多令人喜爱之处：

1. 丰 富

虽然说闽南语歌谣绝大部分来自农业社会，但其题材内容十分丰富，包罗万象：天文、地理、节庆、时令、动物、植物、矿物、宗教、信仰、神鬼、亲友、特产、饮食、数学、历史、生物、语文及做人处事和社会关系，人的一生中食、衣、住、行、育、乐几乎全部包罗。

十七十八守空房

一副红箸是十双，怨爸怨母怨媒人；
害阮嫁着番仔尫，十七十八守空房。

注解：(1)红箸：筷子。(2)阮：我。(3)嫁着：嫁给。(4)番仔尫：番仔洋人，在这里应该是指出洋的人；尫：老公。(5)守空房：丈夫出洋去了，妻子只好独自守着空荡荡的新娘房。

这首歌谣虽然只有短短的四句，却生动地展示了独守空房的新娘们悲凉而又无奈的心态。古时候，闽南一带有很多年轻男人漂洋过海到东、西、南洋去打工讨生活，在离开家乡之前，父母们都会给他们娶一房妻子，好让他们虽然远在他乡，心里却牵挂着家乡，牵挂着家里刚结婚的妻子。这正好印证了古代闽南海上丝路的发展进程。

连家船歌

一只破船吊破网，归年漂流九龙江。
祖孙三代睏一舱，三顿糠菜度饥寒。

注解：(1)连家船：这是一种常年漂流在九龙江上的小船，它既是一条船，也是一个家庭；既是劳动工具，也是一个家庭的住宿生活场所。所以叫"连家船"。(2)归年：一整年。(3)祖孙三代睏一舱：这句的意思是说"一家老小都睡在同一个船舱里面"。

这首歌谣虽然只有短短的四句，但高度概括了连家船民的特点和苦难生活，描写了九龙江上常见的一幅生动景象。

2. 纯 真

童言原本无忌，闽南歌谣更是把

那份赤子之情表露无遗，所以在歌谣中都是"真心话"，举例来说：如对财富名位的羡慕、对神鬼的敬畏、对长辈的尊敬或因不耐烦而反讽、对美食的需求、重男轻女的偏见、对自以为了不起阶级的戏弄和反叛、对某些事物的偷窥、对贪婪者的嘲讽、对小动物的怜悯、对身心缺陷者的嘲讽、对传统伦理和习俗之遵守和怀疑，及对不听话的人之不耐和教训。

3. 惊人的想像力

任何一件文学作品都必须有想像力，歌谣尤其如此。闽南歌谣中想像力惊人可佩。在《天黑黑》这一首歌谣中，看到瓜仔鱼活蹦乱跳就说它要"娶某"（老婆）；在《草蜢弄鸡公》中看到蚱蜢令公鸡无所适从，就联想到少女逗乐"老猪哥"（老色鬼）；在《新娘穿甲水当当》中看到新娘出嫁风风光光就联想到她裤底破了一个洞；而看到萤火虫就想到灯笼；看到青蛙就想到敲大鼓；看到蜻蜓就想到撑大旗；看到红番鸭就说它用指甲花染过了！这些丰富的想像力不但增加了孩童的脑力激荡，更可贵的一点是戏而不谑，不失厚道。

大体来说，民间歌谣是指传唱于儿童之口的、没有乐谱、音节和谐、形式简短、诙谐幽默，读起来朗朗上口，通常以口头形式代代流传的。在形式上，主要特点是句式灵活、韵脚多变，二言、三言、四言、五言、六言、七言、甚至八言、九言，有的是一以贯之，有的是交叉使用；在用韵方面，也是很灵活，有不少作品中使用不止一个韵脚，两个韵、三个韵甚至更多个韵的也很常见，而且，韵与韵之间的转换也较为灵活自由，大有信手拈来、兴之所至的感觉。另外，这类歌谣还有节奏明快、生动活泼、朗朗上口、易于流传的特点。不过，闽南地域较广，有山区、海岛，也有平原、陆地，加之有河流、山脉的阻隔，所以，歌谣等口头文学在流传的过程中，出现差异或者变异就较为普遍了，往往一首歌谣有多种不同的版本，这也是闽南歌谣的一个特点。

在民间歌谣中，童谣占有很重要的位置，它内容丰富，形式多样，是老人、小孩甚或是各种人群都非常喜爱的口头文学。这类歌谣既有奶奶、妈妈育儿时哼唱的育儿歌谣，也有儿童玩耍时戏说的儿童歌谣。它所涉及的内容非常广泛，既有生活常识，也有劳动技能，既有物象知识，也有气象知识，既有动物、植物知识的普及教育，也有粗浅的行为礼仪规范、伦理道德教育。

家和福自来

对待父母要孝顺，兄弟姐妹免均分；
心胸开阔少算论，日后会出好子孙。

世间一代传一代，孝顺父母本应该；

不仁不孝天不容，家庭和睦福自来。

这类歌谣充分体现了我们中华民族传统的教育理念和望子成龙的思想，也表现少年儿童天真无邪的、敢说敢干的天性，充满着童真和童趣。

在民间歌谣中，生产生活类歌谣不仅在数量上有优势，内容也非常丰富。这一类歌谣主要反映人民群众生产生活的各个方面，包括家庭生活方面的内容。既表现了人们生产劳动的情景和劳动的艰辛，也表现了劳动的快乐；既表现了人们生活的苦难，也表现了人们对生活的信心。

做田歌

透早就出门，天色渐渐光；

受苦无人问，走到田中央；

为着顾三顿，毋惊田水冷霜霜。

红天赤日头，受苦汗那流；

日头若落山，天时渐渐寒；

受苦丢丢段，等待何时心宽活。

做牛做马归世人

做长工，真凄惨，日头曝，雨水淋；

手结茧，肩结茧，做有吃无钱难赚，

做牛做马归世人。

还有表现人民群众对社会丑恶现象的深恶痛绝，有的表现劳动人民对剥削者、压迫者的反抗精神。部分歌谣反映地方民风民俗。从这些歌谣中可以看出社会的形态和人们的思想状况，也可以从中了解当地社会的历史、政治、经济、文化、道德、宗教、民间信仰等各方面的情况。这类歌谣是社会的万花筒、反光镜。

在民间歌谣中，爱情类歌谣主要反映男女青年互相爱慕而表达的悲欢聚散的思想感情。既有两情相悦而欢快之情的表露，也有追求异性、表达爱情的直白；既有言辞坦露、感情奔放、大胆炽热的言语，也有感情专一、情真意切、坚贞不渝的表白；既有对远方情人的思念，也有对负心人的诘责质问，还有送别时的依依不舍、缠缠绵绵。

日头出来丢丢红

阿妹：日头出来丢丢红，过路阿哥少年人；讲出名姓互阮知，免得互阮问别人。

阿哥：这丘看过那丘田，我是九湖种花人；问阮名姓啥代志，敢要甲阮入洞房！

这类歌谣内容十分丰富，语言质朴无华，清新自然；粗犷豪放、高亢激昂、委婉含蓄、幽怨缠绵，风格多样。在艺术手法上，比较成功地继承古代《诗经》赋、比、兴的表现手法。在修辞手法上比较多的运用比喻、双关、夸张、对偶、排比、拟人，以增强抒情达意的效果。在这类歌谣中，还有一部分是褒歌体，褒歌在民间中广为

流行，主要是男女青年的对唱，往往用于表达爱情或追求对象时吟唱。

（十一）诗词文章

明代，随着漳州人民海洋活动的拓展和月港海外交通贸易的繁盛，许多文人雅士吟诗作赋给予赞叹，抒发感慨之情。

1. 咏唱月港自然景观

"万里闽天景象新，世平何处不阳奏"（分巡道邵庄《镇海卫》），晏海楼是月港标志性建筑。许多文人雅士来到这个"夷艘鳞集"的闽南都会，就一定要登上晏海楼揽秀毓奇、近俯远眺而诗兴勃发吟诗作乐。明代杰出学者、《东西洋考》作者张燮的故居石码离月港仅有十华里。张燮处在漳州月港繁华昌盛的年代，月港人民根据民族英雄戚继光的规划，于海澄县城东北海滩险要处营建了一座20多米、状如八卦的三层晏海楼。张燮的《登晏海楼》有声音、有色彩、有意境、有感情地展现了月港平倭之后的恬美美丽的夜景画面：

飞盖移樽逐胜游，凉生衣带已深秋。

月明倒映江如月，楼尽遥连蜃作楼。

埤堄风前横短笛，烟波天外有归舠。

凭栏转觉机心息，安稳平沙卧白鸥。

漳州人、明刑部主事金铉与友人登楼后作《周明府招登晏海楼》七绝一首咏唱道：

百尺危楼绮席开，振衣日日此迟回。

潮生极浦千帆出，山绕晴轩八面来。

海上雄谈风满座，城头丽景月当杯。

恩波转觉兹楼垃，纪胜忧惭作赋才。

登楼远眺，作者发出"纪胜忧惭作赋才"的感慨；而此感慨，又令景色之佳尽在言外。

明海澄县县令龙国禄曾作七言绝句一首《晏海楼秋思》：

丹枫暮雨急江头，珍重弓鞋上小楼。

缥缈仙人吹玉笛，潇湘渔艇度清秋。

此七言绝句，也是色（"丹枫"）、声（"吹玉笛"）和景物（"暮雨""江头""小楼""渔艇"），构成一幅月港秋色图。

明长史颜廷矱在《宿寿春宫留题》一诗中这样赞颂蒸蒸日上的月港：

偶尔南游占紫气，真惊阆苑在人间。

冲虚漫说元都界，信宿如参仙史班。

一苇空浮天竺国，七星高挂海门山。

清风习习炎蒸散，坐挹澄波月一湾。

2. 咏唱月港社会风情

月港自"商人勤贸迁，航海贸易诸番"后，闽南农民争种经济作物，九龙江两岸遍栽桃李果树。"往事已经新宇宙""满山桃李怨啼鸣"（胡宗华《舟至海沧志旧而作》）。到处

是"桃花潭木听歌声""芳林荫竹乱飞舣"（何乔远《岱浦泛月》）的幽美、富饶景致。

泉州港淤塞后，明王朝关闭了由官商包办的海上贸易大门。尽管明王朝实行"禁海"，但"官司隔远，威令不到"的月港自明朝中叶却进入全盛时期，"店肆蜂房栉比，商贾云集，洋艘停泊"。民间出口瓷器、绸缎、中药材、糖、茶等为大宗，进口胡椒、檀香、椰子、金和鹿茸等异国物产，共144种。明侍郎徐熥在《书事寄曹能始》一诗中形象地描述了月港的繁荣景象：

东接诸倭国，南连百粤疆。
货物通行旅，资财聚富商。
雕镂犀角巧，磨洗象牙光。
棕卖夷邦竹，檀烧异域香。
燕窝如雪白，蜂蜡胜花黄。
处处园栽橘，家家蔗煮糖。
田妇登机急，渔翁撒网忙。

万历年间，闽县诗人徐𤊹应友人之邀请到海澄游览，事后，就其所目睹给曹能始寄去一首诗作：

海邑望茫茫，三隅筑女墙。
旧曾名月港，今已隶清漳。
东接诸倭国，南连百粤疆。
秋深全不雨，冬尽绝无霜。
货物通行旅，资财聚富商。
雕镂犀角巧，磨洗象牙光。

棕卖夷邦竹，檀烧异域香。
燕窝如雪白，蜂蜡胜花黄。
处处园栽橘，家家蔗煮糖。
利源归巨室，税务属权珰。
里语题联满，乡音度曲长。
衣冠循礼让，巫蛊重祈禳。
田妇登机急，渔翁撒网忙。
溺人洪水涨，摧屋飓风狂。
永日愁难遣，清宵病莫当，
羁怀写不尽，期尔早还乡。

——《海澄书事寄曹能始》

作者以外乡人的眼光，真实抒写所目睹的月港的社会生活情景，对月港开设"洋市"后的繁华满怀喜悦，对月港居民所遭遇的风云不测深表同情。此诗多为月港研究者所引用。

明万历三十八年（1610年），漳州府佐贰官、委署月港洋市督饷事务的吕继梗在《海澄督饷》诗中喜悦地写道："顾客如云集，东西两洋船，飞帆来绝岛，百货悉陈椽，"展现了月港的繁荣。

漳州名士郑怀魁目睹月港的繁华，深深感受海洋之利，真切体会月港海商为博厚利而不畏风险的进取精神，于是，吟诵《海赋》：

维青土之广斥兮，达舟楫乎淮扬。跨闽越于岭表兮，抗都会于清漳。尔清漳之错壤兮，旁大海以为乡。屹圭峙于砥柱兮，跻二担而望洋。浩荡渺而无际

兮，汗漫汎而弥茫。天连水如倚镜兮，万顷漾其汪汪。澔弥骇其恢廓兮，日景指乎扶桑。

乃若月几望而载朔，鱿鱼倦而反穴。潮汐生于寅申，进退应而不竭。殷殷轰其若雷，滚滚喷其如雪。尔其朝日方出，时届明晨，微风徐起。绿水绉鳞，前无游丝，后无纤尘。驾鹅鸣而上下，禽鱼乐而相亲。度一叶于安澜，式迎樨于波臣。乃若灵龟伺更而夜吼，江黄蹲夷而致慨，海狶乍起而戏波，水鸠翔集而成队。日月惨其无光，乾坤忽而变态，阴云霾而幻冥，飓风号而鼗磋，沙石飞而雷奔，岩谷遇而崩溃。若乃南走交广，北涉京师，东望普陀之胜，西企海市之奇。潮阳雄乎碣石，合浦富于珠池。汔乎沿海之地，相错如绣。瓯台在其左，番禺在其右，四卫罗列，八方辐辏，实以戍卒，威以甲胄……

乃考诸夷之岛屿，两洋綦置乎东西。则有下港、旧港、大泥、呱齐、六昏、陆处、顺塔、山栖，又有占城、恶党、文莱、六阿、鸡笼、淡水、琉球、暹罗，吕宋并于佛郎，朝鲜扰于东倭，又有满剌加米色果，彭亨之番岗，柬埔寨、丁居宜、迟闷之异种。北港通商，文趾入贡。名类既多，生息亦众，斯皆依岩而阻海，结巢穴以凭潜……迨我皇祖，羽格三苗，下尺一之诏，飞十丈之舟，命使臣而抚顺，斋三宝以度辽，宣阊阖之德意，破遐外之天骄，奉方物而献琛，称外藩而仰朝。于是使臣命舟师，纪四极，定针磁，认畛域，占风云，辨土色，审道里之遐迩，分天地乎南北，梓三宝之朱书，垂后世以为则。于是，捐千金之资产，造万斛之艨艟，植参天之高桅，悬迷日之大篷，约千寻之长缆，筑天后之崇宫，建旗鼓之行列，启八窗之玲珑。于是，封头目，计异同，立火长，犒舵公，阿班拣其轻捷，篙师选其精雄。于是，布远近日，相召居奇，货择要妙，虑番夷之所无，与外国之所少，缣缯亿轴，器物万品，极天下之美丽，无不有求而毕稔。于是冬春之际，亟备干糇，涓吉日，祀阳侯，鸣金鼓，发棹讴，离乡土，入洪流，经通浦，历长洲；触翻天之巨浪，犯朝日之蜃楼；献馐飧于七州之水，焚羽毛于昆仑之丘；望夕晖之落云，知明发之多飓；聆水声之渐响，虑礁浅之可忧；夜观指南之针，日唱量更之筹。

港门既至，夷埠湾舟，重番译而入国，賟金币以通酋，期翼日以互市，定物价以交售。异宝希珍，十居八九，炳耀辉煌，芬馨郁臭。皮货则有毯被、氍毹、琐服、竹布，飘若云霞，轻若纨素，金粟满瓮，中币无数，载以筐箱，贮以巨库。其宝则有骊珠径寸，鹤顶千枚，玛瑙之环，犀角之杯；巨象脱牙而瘗地，琉璃明莹而无埃；玻璃之镜，硫磺之箪；气射斗牛而辉光，明竝星霞而生艳。铜

鼓振金声之逄逄，于盂觉凉味之冉冉。其香则有片脑生肌，奇楠通神，芬芳着袖，经月不泯；黄檀沈水，馥烈含辛，丁香安息，剂品并陈。其药则有没药、血碣、汀泥、乳香、大风、豆蔻、阿魏、槟榔、白椒、打马、紫梗、雌黄；椰子之酒代醉，西国之米当餐；苏木亿斛而备染，胡椒万斛而御寒，棕竹实中而多节，科藤疏叶而长蔓。其飞鸟则有孔雀之尾，翡翠之羽；鹦鹉学夷汉之言；庶鸟善婆娑之舞。其走兽则有骏马、龙驹、骐骝、騄耳、犀象、羚羊、牛鹿、獐麂，齿毛角革堪为中国用者，难以殚纪。持筹握算，其利十倍，出未盈囊，归必捆载。南薰起今日渐晞，束行装兮驾言归，举回帆兮中心悦，遂反棹兮望乡闾，云缥渺兮夜日长，看将近兮喜魂飞，得解缆兮计榷税，入门庭兮释征衣。于是择膏腴，构广厦，衣轻绵，跃骏马，缛文茵，拥娇冶……

《海赋》是篇长达二千字的赋体散文，全文可分为三个部分：首先记述清漳（漳州）的海洋自然地理特点与状况，包括海洋地理形势、海洋气象、海洋资源等；接而，详述漳州的海洋人文现象，着重描绘漳州富商巨贾在郑和下西洋的推动下开展海外交通贸易的盛况，含商舶启航之前的人员选用和货物选购，启航之际的壮观场景、前往东西二洋的航行技术、与异域的交易状况、海商获利而归的神情心态；最后抒写对这种海洋之利的赞许。全篇紧扣"海"字，行文视野开阔，遣词造句精心，富有韵味，文采斐然，既生动展现月港海外交通贸易之盛况，又热烈抒发内心由衷的赞誉之情，是一篇情文并茂的赋体佳作。读之，想起晋代文士木华所撰的《海赋》，这是古代的赋体佳作，把木华《海赋》与郑怀魁《海赋》相对照，两者都形象展现大海的雄伟壮丽，但由于时代的不同，后者更深层次地咏颂海洋之利，展现明代后期闽南滨海商民利用海洋、驾驭海洋、以海兴业的生动情景。

月港成了"天子南库"后，人们把皇帝派往海澄任职的太监及官员称为"黄金使"。不少诗歌就是官员士大夫花天酒地的写照。明副使郑魁的《龙使君水监舟共泛放歌》一诗写道："向闻海上黄金使，远望神君回车骑。万橹云屯寂不哗，高歌今日为君醉。"他们"市得蜻蛏多赏酒，罄取宫裹百俸钱。"过着"左持蠏螯右酒杯"的荒淫生活。

由于月港附近江面潮汹浪激，有些从九龙江上游运来出口物资的平底船经不起风浪，转由月港上游十里处的石码接运。外商直接驶船进石码运载货物。石码通判石山尝有一诗描述了当时石码的繁荣景象：

南漳名胜地，石码更称雄。

金厦如襟带，澎台接舰艟。

街衢夸洞达，阛阓庆盈丰。

一旦海氛息，安歌乐土中。

到了清兵入闽的前两年（1644年），月港便开始衰落了。明末民族英雄郑成功以金、厦为大本营，海澄为陆上主要据点，郑氏三代人与清兵抗争38年，多次激烈交战于月港。郑成功东征驱荷、收复宝岛后，清王朝为了削弱郑氏的力量，强迁沿海居民，焚烧九龙江口的村庄，使月港一带田地荒芜，人烟稀少，厉行海禁，致使月港成了萧条败落的孤城。清康熙三十六年（1697年），海澄县令陈世仪写下《圭江杂咏》，真实地描绘了月港衰落的情景：

面山际海久交兵，二十年来见太平。

父老犹言当日事，王师曾下此孤城。

于是，原来以航海贸易为生的月港人改在海滩上围地，养殖蛏蚵。陈世仪的诗里也表现了这一变化：

蛏蚵利重胜躬耕，新涨沙洲人共争。

垒石成畦称种海，奸豪依势任纵横。

3. 咏唱月港抗倭史志

《海澄县志》记载："明嘉靖二十八年（1549年）至隆庆三年（1569年）先后二十一年，倭寇骚扰月港。"仅"明嘉靖三十六年（1557年）夏六月二十五日，就焚千余家，掳千余人而去"，当地人民组织起来，挺身奋拒，留下许多可歌可泣的诗篇。明左庶子李世奇在《祭阵亡义士张明许界》一诗中竭力赞颂月港人民抗倭的英雄事迹：

尽为疆场出，挥戈独断房。

一杯壮士血，三尺羽林孤。

贼在鬼犹厉，功高骨愿枯。

国殇应不泯，剪纸代编蒲。

抗倭名将、福建总兵戚继光在月港一带加强防务，多次消灭入侵的倭寇。戚继光和地方官员相继上疏朝廷，建议在月港设立县治，建城设防，派兵驻守。明隆庆元年（1567年）皇帝准奏，设立县治，定名海澄，意在希望海疆平安澄静。废除海禁，特派太监坐镇海澄，收取海关税收。明隆庆五年（1571年）年底动工兴建县城，在东北海滩险要处营盖晏海、镇远二座瞭望楼。从此，月港成为闽南海防咽喉重镇。明知县徐秩的《望海》诗歌颂了海防的坚固、国家的强盛：

十洲东望郁扶桑，百谷波澜际渺茫。

漫道乘槎惊汉使，犹传策石见秦皇。

明福建巡抚邹维琏的《镇远楼赋诗》则反映了地方官员平倭后的轻松心情：

鲸儿能乱海鸥群，臣子当清岛上氛。

天霁阵云朝立散，涛生战鼓夕无闻。

折冲拟挂扶桑剑，节制须严细柳军。

把酒高楼同饮至，闽疆从此乐耕耘。

第三节 海商人物

漳州月港的兴盛是漳州发展史上辉煌一页，也是"海丝"发展史上绚丽的篇章。月港贸易发展，孕育了一批又一批敢冒风险、敢拼爱赢的海商，王景弘、潘启、潘荣、严启盛、林维源、林秉祥等是其中的杰出代表，这些月港海商视大海为舞台，以世界为市场，过台湾、下南洋、闯东洋、经西洋，开辟了世界大帆船海运史上维度最长的一条海外贸易航线。

明中叶至清末，龙溪、海澄两县居民出国侨居，常常结伴成群而行，在异国他乡聚姓聚族或聚乡而居。据西班牙殖民政府 19 世纪 90 年代人口统计资料，马尼拉集中了全菲华侨人口的一半以上，约 5 万人，还有怡郎 2010 人，宿务 1447 人，卡加延 1107 人，从这四个华侨聚居地的人口统计资料抽查表明，80% 华侨来自福建的晋江、同安、南安和龙溪 4 个县。马来西亚的哥打峇鲁有一个华侨村，大多数是海澄县人。

明清华侨分布地域主要是葛喇巴、槟榔屿、吕宋、苏禄、文莱、交趾、占城、暹罗、吉兰丹、六坤、彭亨、柔佛、马六甲、哑齐、实叻、苏门答腊、瓜哇、巨港、马神、日本、琉球等地，即今之菲律宾、马来西亚、北婆罗洲、越南、印度尼西亚、泰国、日本、文莱、新加坡等国家和地区。

清末契约华工的出现，华侨除分布于东南亚一带外，还有古巴、秘鲁、美国、巴西、澳大利亚、新西兰，以及非洲一些国家。

龙海华侨在海外多数从事工矿业、商业、航运业、金融业、农林牧渔业，少数是自由职业、公务人员和其他行业。在艰苦的创业过程中，不少人成为巨富和政坛知名人物，为当地的繁荣立下不朽功劳。

王景弘

王景弘，福建漳平人，生卒不详。明洪武年间（1368—1441 年），入宫为宦官。明永乐三年（1405 年）六月，偕同郑和等人首下西洋。明永乐五年（1407 年），二下西洋。明宣德五年与郑和同为正使，人称王三保。明宣德五年（1430 年）六月，六下西洋。

王景弘

明宣德八年(1433年)，七下西洋，郑和病逝于印度古里。王景弘率队归返，明宣德八年七月初六(1433年7月22日)返回南京。一般史书记载王景弘参加了第一、二、三、四、七次下西洋，但也有人认为王景弘无役不与。他同郑和一样是我国历史上伟大的航海家、外交家。

陈真晟

陈真晟(1410—1474)，字晦德，一字剩夫，自号漳南布衣。明代学者，著名理学家。明永乐八年(1410年)，陈真晟出生于镇海卫城(今龙海市镇海村)。17岁入省城福州应试，后闻主考人员刻薄严厉且傲慢无礼，毅然放弃考举念头，辞归镇海。回镇海卫后，陈真晟专心研究程朱理学。明天顺三年

(1459年)陈真晟上书《程朱正学纂要》，明英宗在批复中有主敬穷理、修己治人、敦尚考弟忠信等条文。陈真晟在镇海闻得此讯，根据皇帝批复中的要点，参照程子学制和北宋吕大钧《吕氏乡约》及朱熹的《贡举私议》等提出整顿教育、整顿科举的意见，制定科举考试中考德为六等，考文为三等，各有案例可据而行。但他的学说和见解终不能得到朝廷的重视和推行。因此陈真晟视功名如同粪土，决心立志讲学著书。

明成化七年(1471年)后，陈真晟迁居龙岩讲学。明成化十年(1474年)卒于龙岩，时年64岁。葬于龙溪赵塘山(一名龟山)。

陈真晟的著作有《程朱正学纂要》《奏正风教疏》《建言疏》《幽闲清净赋》及《布衣存稿》等。

严启盛

《香山县乡土志》云：明天顺二年(1458年)七月，海贼严启盛来犯。先是，启盛坐死，囚漳州府。越狱聚徒，下海为盗，敌杀官军。至广东招引蕃舶，驾至邑沙尾外洋。由此可见，漳州严启盛最早在香山水域进行海外贸易。严启盛被明代官方诬为海盗，但他是一个不简单的人，他虽然"敌杀官军"，但其主要事务还是"招引蕃舶"；实际上，严格地说，他应是一个海商，而不是海盗！只是由于明政府荒唐的海禁政策，他才成为不遵守海禁的"海盗"。就现

有材料而言，最早开发澳门的应是福建漳州人严启盛。

林 魁

林魁（1476—1544），字廷元，号白石山人。明龙溪县角美人。幼年家贫，自幼聪慧，博闻强记，努力向学，被誉"落笔有奇气"。出仕后，虽经宦海沉浮，数次迁调，跨地千里，而刚正之心不泯，清廉之风不减，爱民之举时闻，成为明代较有作为的官僚。

明弘治十五年（1502年），林魁考中进士，授户部主事，迁员外郎、郎中。正德五年（1510年）任镇江知府，颇有政绩，被提拔为山西按察司提学副使。在山西任职期间（1513—1516年），由于林魁不徇私情，得罪权贵，因此被排挤，以致被调至边陲云南省，出任兵备副使。三年后因政绩斐然，"以抚彝功升广东参政"。不久，因病辞职。获准后，在白石村盖房定居。林魁因此又自号白石山人。

林魁辞官后，还有感于"龙溪旧无全志"，即用数年时间，编撰《龙溪县志》。后经知县刘天授批准，以林魁的县志初稿为底本，召集泉州进士李君恺，邑人东莞知县林启候等，于明嘉靖十三年（1534年）六月会同林魁"定局"修纂，并于明嘉靖十四年（1535年）元月完稿。嘉靖《龙溪县志》虽只有八卷，但内容丰富，文笔精练，是明代方志中较为完备的一部。

林魁勤于著述，有《白石稿》《归田录》刊行于世。

林魁进士坊

沈有容

沈有容，字士弘（又作士宏），号海宁，于明嘉靖三十五年（1557年，晚陈第16年）出生于安徽宣城洪林桥。明万历七年（1579年）中应天武试第四名，次年会试不第，即投蓟辽总制鸣泉梁公麾下，录为旗牌，寻补昌平右骑营千总。十一年（1583年），感继光南迁东粤之后，沈有容奉调于蓟镇东路，为南兵后部千总，防守燕台二路。在防守刘家口、进剿猛骨孛罗卜寨诸战役中，沈有容奋勇杀敌，屡立战功，得到赏荐，十九年（1591年）累迁至源图钦总。后因条议忤当事，于二十一年（1593年）托病乞归。

明万历二十五年（1597年），日本关东丰臣秀吉出兵侵犯朝鲜，福建巡抚金学曾遂聘沈有容至闽，补海坊把总一职，后又补授浯铜总指挥，于二十九年（1601年）四月初七日在东椗外洋生擒倭寇18名，斩首12级。同年十二月，闽巡抚朱运昌提补沈有容为浯屿水寨把总。明万历三十年（1602年）初春，倭寇悍然侵占我东番（今台湾），镇守浯屿的沈有容受命收复东番。于年底率军向东番大举进发，一举攻克澎湖列岛后乘胜进攻东番，最终将东番倭寇全部歼灭，解救被敌人掳去的漳泉渔民300余人，这就是有名的东番剿倭。明万历

三十二年（1604年）七月，红夷（荷兰）韦麻郎驾巨舰入据澎湖，要求互市。沈有容率少数船艇至澎湖面谕韦麻郎，陈说利害，荷兰殖民者看见沈氏有50艘战舰作后盾，只得撤离强占了5个月之久的澎湖列岛。沈有容此举，使台湾历史上的荷占时期推迟了整整20年。当时有人赞誉沈氏"以三寸之舌，胜百万之师"。当地人民竖"沈有容谕退红毛番韦麻郎碑"，详记其事。此碑至今依然竖立在当年沈有容与韦麻郎当面交涉的乌公岛天后宫清风阁内。三十四年（1606年）夏转任浙江都司佥书，履任四年。三十九年（1611年）六月，安南商人裴光袍等129人漂至凤凰洋，"同征总哨数十人，咸欲杀以为功"，沈有容坚决不许，报告朝廷，用船送归。后因有所龃龉，于四十二年（1614年）告病请辞。不久闽省倭警又起，巡抚黄承玄又聘沈有容到福建。四十四年（1616年）五月，有倭寇七十侵犯闽浙洋面，沈有容设计诱擒之。黄承玄离任后，沈有容也回到家乡。然而不到一年，在福建方面的再三邀请催促之下，沈有容又回到福建，出任水标参将（其公署在今连江县定海），并于明万历四十七年（1619年）招降海寇袁八老及其部众，为闽粤海上除去一大害。沈有容卒于明天启七年（1627年）五月，终年70岁。

周起元

周 起 元（1571—1626）， 字 仲先，号锦贞，福建海澄县人。明万历二十八年（1600 年），乡试第一，二十九年（1601 年）中进士。随后出任浮梁（今属景德镇市）知县。浮梁，宋属饶州，北宋政治家、文学家范仲淹知饶州时，曾于浮梁创建双溪书院。周起元到任时，恰值豪强阴谋吞没书院院户。他不畏豪强势力，执法不阿，坚决予以打击，终于保住书院，得以继续培养人材。此举甚获社会舆论好评，不久即调为南昌知府。

明万历三十八年（1610 年），周起元选授御史赴京待命。时值士大夫交章论战，神宗又荒怠政事，纠缠经年不下。他无端地卷入党争，也参与了党争，一直到明万历四十年（1612 年）才授命为御史，在京待命达两年之久。周起元受命后，即奉敕分巡湖广道漕运。他到任之后，即沿江巡视、踏勘、组织民工疏浚河道，维修漕运各种设施，使得官民两便。

明初以海禁为国策，但至明万历末年，为促进海上贸易，张燮撰写了《东西洋考》，周起元竟为其作序。明天启四年（1624 年），周起元出任右佥都御史，旋即受命巡抚苏松十府。

时吴中税监李实借上供为名，增敛银钱十余万两中饱私囊，甚至把富户报为匠籍。苏州同知杨姜代理知府，对李实所作所为屡加抵制，李实便以杨姜不行"属礼"为名弹劾。周起元既为苏松十府巡按，便着手调查李实恶劣行径，毅然上疏弹劾中官李实，为杨姜辩护。李实主子魏忠贤指责周起元，令其速上杨姜贪赃枉法奏疏时，周起元却逆魏忠贤旨意，据实赞扬杨姜清廉谨慎，说明李实对杨姜的诬陷。由于周起元力争，杨姜终于保住性命，削籍为民。

前兵科给事中朱童蒙因攻击首善书院外迁苏松为分守参政，恰也在周起元巡按域内。朱童蒙离开京师更加骄横，又曾非法击毙漕卒，吴民恨之入骨。周起元得到吴民控诉上疏弹劾。结果朱童蒙投奔魏忠贤门下，调回京师为太常寺卿，而周起元却削籍为民。尽管周起元已削籍归里，但阉党仍欲置之于死地。明天启六年（1626 年）二月，魏忠贤命兵科给事中李鲁生弹劾周起元借讲学为名，与高攀龙、周顺昌等朋比为奸，讥刺朝政。又取李实空印疏，会李永员、李朝钦诬陷周起元为巡抚时贪污十余万金。周起元被押解至京，身受严刑，屈打成招。明天启六年（1626 年）九月，周起元终于冤死在狱中。

张 燮

张 燮（1574—1640），字绍和，又字理阳，号汰沃，又号石户主人，

《东西洋考》

海滨逸史，蜇遁老人。明代龙溪石码人。出身士大夫世家，21岁中举，但他看清明王朝腐败的现实，不想再考进士，而是选择定居锦江（即石码镇）侍奉父亲，以潜心著述为乐。后来，他与父亲结社吟诗于风雅堂，明万历二十九年（1601年）改为炫云诗社。

张燮性情飘逸豪爽，喜好大自然的山水风光。晚年在漳州城南的石狮岩筑"万石室"，作为自己的隐居之所。

天启年间，张燮曾被推荐入朝编修《神宗实录》，他坚决拒绝征聘，故此被人称为"征君""聘君"。

当时漳州的对外贸易十分发达，海澄知县陶镕、漳州府督饷别驾王起宗先后聘请张燮编写一部通商指南，综述漳州与东西洋各国贸易情况。张燮为了编好这部书，不仅广泛地采录政府在邸报、档案文件，参阅许多前人和当代人的笔记及著作，而且还采访多名舟师、

船户、船主、水手、海商，经过严密的考订和编辑，终于写成《东西洋考》这部驰名海内外的著作。张燮为人"志尚高雅，博学多通"，一生著述甚多，除12卷《东西洋考》外，还有《群玉集》84卷、《霏云集》60卷、《七十二家文选》351卷、《漳州新府志》38卷、《梁简文帝御制集》16卷、《海澄县志》20卷、《闽中记》（未详）、《采薲绪言》1卷、《迩言原始》1卷、《居家必备》95卷、《偶记》10卷、《镜吉录》3卷、《北游稿》1卷、《藏真馆集》4卷。

林 釬

林釬（1578—1636），字实甫，号鹤胎，龙溪县洞口社（今漳州市龙文区兰田村洞口社）人，出生于明万历六年（1578年）。明代后期曾为最高教育机构官员。因受奸宦魏忠贤迫害，弃官回乡隐居。阉党魏忠贤问罪后，林釬复官并升为东阁大学士，为国为民办了许多好事，得到皇家赏赐。民间亦称他为"林阁老"。

明万历四十四年（1616年），林釬殿试名列第三，神宗朱翊钧赏识其才干，授翰林院编修。熹宗朱由校即位后，林釬任国子监的国子司业，后升至国子祭酒，为国子监长官。在任期间因反对建立魏忠贤祠（生祠），被阉党矫旨，责备林釬不称职。林釬自知惹了奸党难以在京城存身，他摘掉乌纱帽，挂在棂

星门上，匆匆收拾行装连夜逃离京城。

林釬自京城离职归里而被魏党矫旨削职之后，即明天启年间（1621—1627年），海上武装集团勾结倭寇入侵海澄、龙溪、漳州以东一带。林釬听从地方人士为保漳城及东郊不受侵扰，在岐山与鹤鸣山之间的万松岭上建一个关城的建议，将民意告之漳州杜知府。杜遂兴筑万松关，开挖关城的地基。然工未完，杜却离任。后施邦曜出任漳州知府，于明崇祯二年（1629年）续建万松关及镇门（今镇头宫处）两炮台。关成之日，林釬为之撰写《施公新筑万松关碑记》。

明天启七年（1627年）八月，熹宗死后魏党倒台，忠贤自缢死，所有受魏忠贤迫害的人得到昭雪。明崇祯元年（1628年），思宗起用林釬，初复原职，继而升为礼部侍郎兼侍读学士。九年（1636年），拜为东阁大学士，入阁参与军国大事。

林釬复官后由于国务烦剧，明崇祯九年（1636年）"遂以劳得疾而终""卒谥文穆"。

颜思齐

颜思齐（1589—1625），字振泉，海澄县海沧（今厦门海沧区）人。生于明神宗万历十七年（1589年），明万历四十年（1612年）颜思齐遭到有势力的大户凌辱，一气之下杀了大户，下海逃亡到日本平户。

颜思齐

明天启元年（1621年）六月，颜思齐与杨天生、郑芝龙（原名一官）等二十八人结为盟兄弟，颜思齐被推举为盟主，定于八月十五日起事攻占长崎政府。可惜消息走漏，颜思齐等盟兄弟遭幕府缉捕，于十四日分乘十三艘帆船逃离日本。同年八月二十三日（10月5日）在台湾笨港（又称"北港"）登陆。登陆后，他领导大家开疆拓土，安寮设寨，抚恤平埔族，着手大规模垦荒活动。在整个台湾开发中，颜思齐以一种政治领袖的人格力量和杰出才能，对台湾原住民的高山族人实行怀柔政策，优抚当地族群，与其结成联盟，共同抵抗荷兰殖民主义侵略者。台湾保留了大量史料记录颜思齐的事迹，在《台湾府志》中提到"台湾有中国民，自思齐始"，意在颜思齐登陆后台湾才有中国人。他动员

大陆垦民登台，台湾才出现类似内陆的行政建制，才有民生社会，出现了中国文化。台湾嘉义县新港乡建造有"思齐阁"，北港建有"颜思齐先生开拓台湾登陆纪念碑"。后人尊他为"开台王"，建造许多庙宇，缅怀这位开台民族英雄。

陈天定

陈天定（生卒年月不详），字祝皇，又字慧生，号欢喜道人，世称慧山先生，漳州龙溪县人。明天启四年（1624年）中举人，次年，中进士。

明天启七年（1627年）五月，郑芝龙盘踞铜山（今东山县），进驻漳浦旧镇，窥伺漳州，形势危迫。郡守施邦曜知天定有将略，邀请他共商捍卫办法。天定应邀后遂组织乡民为兵，进行操练，守卫城门以东阵地，并筑土堡于镇门两岸，与万松关成犄角之势。二十四将乘小船趁夜黑从月港替消头，被哨兵发现，天定急率兵堵截，拦住退路。二十四将仓皇应战，勉强摸黑逃出，从此再不敢内犯。同年八月熹宗去世，信王朱由检即皇帝位，魏忠贤自杀，一时天下称快。天定受官行人，历迁吏部主事，后升至太常寺少卿。明崇祯十四到十六年（164—1643年），天定见朝廷政治日乱，自觉无作为，遂辞官南归。明崇祯一七年（1644年）三月十九日，李自成入

北京，朱由检上吊自杀于景山，明朝亡。天定以宗社已覆，国破家残，痛心疾首，回天无术，遂遁迹于龙溪之花山（现属华安县辖境）。

天定在花山授徒讲学，学生以方进最有名。后天定于朝天岩出家当和尚，往来花山良村间，终于贫困而死。葬鹤鸣铺，墓道有碑，记其御寇救灾功德，李宓撰文。

天定著有《慧山诗文全集》《陈氏说书》《太极图说参证》《松石轩读史》《慧眼山房书抄》等十七种，多散失，现存诗若干首及《慧眼山房说书》（即《陈氏说书》）一部。

严仙藜

严仙藜，字太乙，龙溪县人，为清康熙年间生员。清乾隆《龙溪县志》除记姓名外，只说"能诗善画，名流多慕尚之"而已。《石码镇志》也寥寥数语，难考其详。

著有《碧梧庵集》，生前因贫不能刊印。至清道光十一年（1831年），才由文选司汉郎中分巡广东粮储道的郑开禧辑刊行世，因内有《野航诗》二首，遂名《野航诗钞》。《诗钞》辑诗二百三十七首，另有连城珍《石码镇志·艺文志》录他的《游云洞》等诗十三首。诗之存者仅此二百五十首，也算是孤寒士子的大幸了。

陈永华

陈永华，字复甫，福建龙海角美人，生年不详。其父陈鼎，明天启七年（1627年）举人。明永历二年（1648年），郑成功攻克同安，授陈鼎为教谕。后清军攻陷同安，陈鼎在明伦堂自缢。陈永华闻得父丧，入城求父尸，负归殓葬，清军入城后出逃，到中左所（今厦门）投郑成功，入储贤馆攻读。清顺治十三年（1656年），原兵部侍郎王忠孝推荐陈永华有经济才，郑成功与他谈论时事后赞其为"当今的卧龙先生"。后授予参军，以宾礼相待。

明永历十二年（1658年），郑成功与诸将讨论北征之事，陈永华力排众议，认为可行。于是郑成功派他留守厦门，辅佐世子郑经。明永历十六年（1662年），郑成功攻克台湾，授咨议参军。郑成功以台湾数十万军民为根本，在陈永华一千人等的策划下，开始和日本、暹罗、安南各地通商；开通闽浙粤等地的通商管道。明永历十六年（1662年）五月，郑成功病死台湾，其子郑经继位。郑经很倚重陈永华，军国大事必询问他。明永历十八年（1664年），金门、厦门丢失，陈永华随郑经回到台湾。第二年，晋升勇卫，加监军御史职。陈永华亲自考察台湾，弄清开垦情况后，颁布屯田制度。土地刚开垦时就一年三熟，戍守之兵、当地居民都可以丰衣足食。农闲时又进行军事操练，所以人人都有勇知方，先公而后私。

明永历十九年（1665年），陈永华向郑经建议"建圣庙，立学校"。但郑经认为："荒服新创，不但地方局促，而且人民稀少，姑暂待之将来。"陈永华引经据典，力陈教育之重要。郑经被说服，同意设立学校，发展台湾文教事业，授命陈永华负责有关事宜。

陈永华创建一套自上而下较为完整的教育体系。全台设立"国子监"为最高学府，各府、州、县设立"府学""州学""县学"。还要求高山族同胞居住区的各社设立"小学"，方便高山族子弟入学受教育。为了减轻高山族同胞的负担，鼓励他们送子

陈永华

入学，特地规定，凡是高山族子弟"就乡塾读书者，蠲其徭役"。把教育与选拔人才相结合，推行大陆的科举制度。规定台湾儿童必须"八岁入小学，课以经史文章"。三年两试，"照科、岁例开试儒童。州试有名送府，府试有名送院，院试取中，准充入太学，仍按月课。三年取中试者，补六官内都事，擢用升转"。于是，台湾人民"自是始奋学"。教育和科举制度的施行，促进了中华传统文化在台湾的传播。

陈永华在承天府宁南坊择地建造圣庙学院。明永历二十年（1666年）春正月，圣庙建成，旁建明伦堂。三月，又建学院，陈永华亲任主持，聘请礼官叶亨为国子助教。学校初建，急需大量的教育人才。陈永华一方面通过各种途径延聘大陆知识分子渡台，"以教秀士"。另一方面，当时迁居台湾的明代遗臣"多属鸿博之士"，鼓励他们协助传播中原文化。

清翰林学士李光地听说陈永华病逝，向皇帝上疏祝贺说："台湾长久以来没有被收复，主要是由于陈永华经营有方。今上天讨厌战乱，让他殒命，从此台湾的收复将指日可待。"

陈永华死后葬在今台南县柳营乡，后来清朝把他的骸骨迁葬回泉州，现仅存空冢。此外，民众为感念他的德泽，还设庙祭拜，就是今日府前路上的"永华宫""永华路"同样也是为了纪念他而命名的。

潘振承

潘振承

18世纪粤商首领潘振承（又名潘启、潘文岩）是中国清代最杰出的商人之一。

潘振承出生于福建漳州市龙海角美镇白礁村潘厝的贫困农民家庭。清雍正五年（1727年），清政府解除福建人民到南洋贸易的禁令。次年，十四岁的潘振承当上船工，游走浪尖，曾随船到吕宋经商三次，从此踏上从商之路，以后在广州陈姓洋行当帮工。约在清乾隆七年（1742年），雇主离去，他依靠微薄的积蓄接办商行。多年后，为怀念家乡的文圃山，商号更名为同文行，由于经商得法，商务日渐扩展，取得商界的翘楚地位，被推举为广州十三行行商首领，进而成为在中西贸易中有举足轻重影响的国际大商人。

吴 让

吴让，福建省漳州府海澄县山塘乡西兴村人，清乾隆十五年（1750年），渡海至泰国南部边境宋卡谋生。清乾隆十八年（1753年），迁居到宋卡胶井区，买奴四户从事捕鱼。吞武里王朝郑皇信率兵南下征服洛坤一带，吴让趁机于清乾隆三十四年（1769年）奏请郑皇，以年交税银五十斤的代价承包宋卡湖上端四岛、五岛的燕窝的开采权。吴让经营有方，因此被郑皇封爵銮，因他奇里颂木，人称廉松头，或称伯翁。郑皇为奖励其忠诚，清乾隆四十年（1775年）诏封为昭孟，意为城主，爵号銮素汪奇里颂木，府署设廉松。吴让卒于清乾隆四十九年（1784年），追封昭披耶。吴氏子孙世代相继，计传八世，达129年（1775—1904年）。至今宋卡尚存吴王庙、城隍庙、吴氏家族茔墓及神主牌位和三朗桥石碑等与当年华侨有关的历史遗迹。从暹罗宋卡吴氏家族显赫的历史遗迹中，不难透视清代漳州海澄月港海商的实力影响。

潘有度

潘有度（1755—1820），广东十三行同文行巨贾之一，潘振承四子，其弟潘有为。生于清乾隆二十年（1755年），初为即用郎中，敕封翰林院庶吉士，后主理洋务，常出资周济贫困，清道光十二年（1832年），奉旨得奖"乐善好施"匾额，于龙溪建有寓所"南墅"。

潘有度

内筑漱石山房及芥舟等房舍，墅内多植水松，中有两株交干而生，因名其堂曰"义松"。生平著作甚多，后人辑其作品结集为《义松堂遗稿》《漱石山房剩稿》等。清乾隆二十年（1755年）出生，清嘉庆元年（1796年），总商蔡世文经营失败自杀，潘有度担任总商。潘有度学习西方的科学知识，喜欢和外国人讨论航海的问题，并写下二十首《西洋杂咏》。当时，潘有度与卢观恒、伍秉鉴、叶上林号称"广州四大富豪"，潘有度更列富商之首。后因营商环境恶劣，朝廷苛敛勒索加，清嘉庆十三年（1808年），潘家以10万银两贿赂海关获准退商，清嘉庆二十年（1815年）被迫复商，同文行更名为同孚行。清嘉庆二十五年（1820

年）年底，潘有度病故，潘氏无人愿接掌第三代行商大旗，最后由有度四子潘正炜接任，不久同孚行停办。

林平侯

林平侯（1766—1844），名安邦，号石潭，以字行于世。福建龙溪人。他是林本源家族在台湾发迹的创始人，是为开发台北地区，促进闽台关系发展作出积极贡献的知名人士。林平侯是林本源家族的奠基人，清乾隆四十六年（1781 年）他从龙溪县的日石堡吉上村（今角美镇埔尾村之北，沙坂村与丁厝村中间）东渡台湾淡水，通过开垦养殖，经营米业，办理盐务，富甲一方。嘉庆年间，曾任广西南宁、柳州知府等职，清嘉庆二十年（1815 年）因病归台，雇佣工人垦田凿圳，致力于台北地区的垦殖事业，他的田庄遍及淡水、噶玛兰，每年收入租谷数万石，成为台北最大的地主。林平侯一生热心于扶危济困、社会公益，在台湾捐献良田创办书院，捐巨资建筑淡水城，修建文庙、贡院、考棚、郡月城、凤山城等；道光初年，捐献大米 6000 石救济直隶饥荒。尔后他"念乡亲贫苦仿范仲淹义庄之法"，购买良田作为养赡基金，赈济救助贫苦的族人。也于清嘉庆二十四年（1819 年），耗资在白石堡过井社兴建林氏义庄，前后共花费两年多时间建成，在家乡创设义塾，重建埔尾崇德堂。他给儿子

国仁、国栋、国华、国英、国芳，分别以"饮、水、本、思、源"五字为记。其后代除了在当时经济社会地位显赫外，在社会公益方面都有义举。林氏家族第二代主持人、平侯三子林国华（1803—1857），字枢北。曾以助海防有功被授予工部员外郎、晋道的头衔。林国华继承父业，从事台北地区垦殖开发。并继续招募佃农拓荒开垦，发展家业，每年收入租谷数十万石。同时营造清代台湾最大规模的建筑—林本源住宅花园。家族第三代主持人、国华次子林维源（1840—1905），字时甫，号同卿，清政府分别授予户部湖广司员外郎、候选知府太常寺少卿、太仆寺正卿，赐侍郎衔。他继续招募佃农拓荒，还投资海运、房地产业，最终成为台湾首富。他曾先后 5 次共捐银 200 多万两，救济晋豫两地的旱灾。

叶上林

叶上林（？—1802），福建漳州人。义成行行商，清代著名的十三行商人。乾隆五十七年（1792 年）成为行商，此前与英国东印度公司签订过两三年的毛织品与茶叶贸易合约，数额巨大。因受制于潘振承而较迟加入十三行。但其精明能干，巧于经营，四年后清嘉庆元年（1796 年）即成为居潘振承、伍秉鉴、卢观恒之后的第四大行商。外商美称他为"仁官"。他出生于乾隆盛世，从事外贸经营，生财有道，

以洋行买办致富，有"富甲岭南"之誉。

潘仕成

潘仕成（1803—1873），字德畲。祖籍福建，世居广州。历任甘肃平庆泾道、广西桂平梧郁道、两广盐运使、浙江盐运使等职。经营盐务、洋务，承办海防和军工业，成为富豪。潘仕成善于学习西方先进科学，重资聘请美国人壬雷斯研制水雷，编绘《攻船水雷》一书，获道光皇嘉奖。该书被魏源收入《海国图志》。热爱园林和文化事业，建有西关岭南名园"海山仙馆"，面积达数百亩，亭台楼阁，曲桥回廊，被誉为海上神仙，人间仙境。在河南还有潘家花园。他收藏的金石、字画、图书甚丰，刻成《海山仙馆丛书》56 种，487 卷，共 120 册，其中有不少西方先进科技译著。还把历代名人书法、手迹镌刻上面，达 1000 多方（现仍存 200 多方），又将石刻拓印汇编成《海山仙馆丛帖》60 余卷，共 70 多册。还重刻《佩文韵府》212 卷，《大清律例》104 卷，《经验良方》10 卷。他热心捐资国防和社会公益事业，备受赞誉。同治年间，因亏空巨额公款被抄家，拍卖财产，流散社会。

郑永昌

郑永昌为海澄县浮宫镇美山村人（现为龙海市浮宫镇美山村），系南川郑氏古宅的创建人。于清咸丰十年（1860年）十二月到南洋谋生。到南洋后，郑永昌入赘当地富商李氏家，帮李家经商理财，同时将所得利润寄回家赡养父亲。清同治七年（1868 年）二月，郑永昌回乡料理父亲丧事，于清同治八年（1869年）十月第二次出洋，30 岁的郑永昌自立门户开设"光盛"商号。

清光绪十年（1884 年）三月，郑永昌回乡创业，在家乡开始建造大宅院，清光绪十八年（1892 年），郑家大院完工。郑永昌致富后，多行慈善，修庙建亭、铺路修渡，并为流浪汉建立住所。清光绪十年（1884 年）中法战争爆发，郑永昌又捐款大量军饷，清廷加封他盐运司知事的头衔。郑永昌又于光绪十八年（1892 年）捐款资助"北洋水师"，清朝赐正四品中宪大夫衔。

潘仕成

林维源

林维源（1840—1905），字时甫，号同卿，林平侯孙。出生于台湾台北板桥，祖籍漳州府角美镇杨厝村，是台湾巨商板桥林家的重要成员。父亲林国华，养父林国芳是林本源商记的主要继承人和创业者，一生集富商、绅士、冒吏于一身。清光绪九年（1883年）中法战争爆发，法国侵略台湾，清廷守台名将刘铭传军队经费困难，林维源捐资20万两白银，以充军饷，清光绪十二年（1886年）奉清朝诏命以太常寺少卿身份担任帮办台湾抚垦大臣，带领原住民开垦台湾北部山区万亩耕地，设立番学堂以汉化原住民族，捐资建造台湾矿物铁路，创立建昌公司投资房地产，设建祥号经营茶叶……成为台湾清治时期唯一本籍的地方主官。是林氏家族中较有建树、有名望，在台湾省发展史上有影响的重要人物。他以毕生精力，为推进台湾的近代化建设立下了不可磨灭的功绩。

郭有品

郭有品，字鸿翔（1853—1901），清咸丰三年（1853年）生于龙溪县二十八都流传村（今漳州市台商投资区角美流传社），天一总局的创办人。郭有品十七岁时远涉重洋，到菲律宾的马尼拉谋生，充当来往闽南、菲岛水客。

清光绪六年（1880年）郭有品创办"天一信局"正式挂牌，经营南洋与闽南侨乡华侨银信汇兑业务。"天一信局"的总局落成于流传村，下设分局于吕宋，服务面连年扩大，鼎盛时期，在东南亚7个国家设24分局，在国内设9个分局，年解侨汇额占闽南侨区三分之二。其规模之大，业务之旺，信誉之佳，影响之深，居众多民信局之首。闽南民办"天一信局"的创办，在闽南地区与外界沟通方面起着不可替代的积极作用，它比"大清邮政"（1896年）创办时间还早16年。

郭春秧

郭春秧（1859—1935）是今龙海市角美镇人，日籍印度尼西亚华侨巨商。清光绪二年（1876年）郭春秧随叔父郭河东远渡爪哇经营糖厂，成为

郭有品

当时能与荷兰人抗衡的糖业巨头，后在台湾和厦门经营茶叶，创立台湾茶商公会，设锦茂茶行，外销包种茶至南洋。大展宏图之时，郭春秧并未忘记家乡的经济建设。他先在东孚乡投资建立"华祥公司"，开办农场，种植甘蔗和果树，附设榨糖厂；接着，又在角美多地开办农场，设糖厂制糖。除了推动家乡的经济建设外，郭春秧还热心家乡教育、慈善事业，独资在角美辽东社捐建锦湖小学，免费招收学生上学并提供学习用品；开办"嵩江孔圣大道会"，资助乡亲；还开设大道医局，义务为乡亲治病；造福桑梓、铺路造桥等善举。

李双辉

李双辉（1860—1945），字炳耀，福建海澄县华瑶村人。清光绪五年（1879年），李双辉到荷属东印度（今印尼）爪哇岛的三宝垄谋生。清光绪十七年（1891年），他受聘任日惹建源公司簿书职，清光绪十八年（1892年）任经理。清光绪二十五年（1899年）被委任为泗水建源公司副经理，清光绪三十三年（1907年）升任正经理。民国六年（1917年），李双辉自行创业。李双辉全力支持祖国革命。辛亥革命时期的反清活动、中华民国政府的成立、1915年袁世凯妄图复辟帝制、1925年上海"五卅"惨案、1931年"九一八"事变等，均领导泗水华侨捐资支持祖国革命。李双辉发迹后不忘回归社会，河北省发生水灾，福建省发生饥荒疾疫，潮汕地区地震，他都尽力襄助。李双辉热心祖国的建设事业，1911年从海外购买整套火力发电设备，在海澄城关办起第一家发电厂。1921年汀漳龙始兴长途汽车股份有限公司扩股筹资，李双辉一家认股1000股。他还参与投资上海南洋兄弟烟草公司、厦门自来水公司。1910年赞助创立厦门私立思明小学。1921年请人重建华瑶通往海澄溪头街的枋桥，扩宽桥面，乡亲们无不称便，并于1927年再次回乡捐建钢筋水泥桥。1942年，日军侵占爪哇岛，横行霸道。那时，驻扎在泗水的日军欺辱中国人，在街道路口设大小通道门，规定中国人只能走小门。1945年的一天，李双辉乘坐小汽车经过一个道口，目睹此景，非常愤慨，示意司机从大门驶过去。日寇下令拦车。把李双辉捆绑在太阳底下，让他活活晒死。李双辉视死如归，痛斥日寇的暴行，直到牺牲，终年85岁。

林秉祥

林氏民居建筑群由林和坂、林平钎父子建于清光绪年间。林秉祥

（1873—1944），浒茂岛城内村人，父林和坂为新加坡富商。在19世纪20年代，林秉祥创建的和丰轮船公司拥有运洋巨轮29艘，独执东南亚航运业之牛耳而睥睨国际航运界；他还大规模办工厂，开矿山，垦胶园，兴商会，建银行，成为新加坡集航、工、商于一体的华侨巨擘，系东南亚华侨史上的一代侨雄。林秉祥一生爱国爱乡，主要表现在：其一，他在石码、漳州、厦门等地创建的电灯公司、绍兴花雕酒厂、纺织厂、榨糖厂等都成了当地现代工业的先驱；其二，他投巨资创办"采蘩"九所小学及一所商业中学，惠及全岛，独办"采蘩善社""采蘩医局"为贫苦人民免费施医赠药；其三，他在家乡建公园，修道路，迁厕所，推行文明婚礼和丧事简办，极力移植外界文明。可以说，林秉祥是一位大力倡导"走向世界"的开拓者。

林尔嘉

林尔嘉

林尔嘉（1875—1951），字菽庄，又字叔臧，晚号百忍老人，祖籍龙溪（今龙海市），清光绪元年（1875年）五月十八日出生于台北官僚家庭。是林维源次子，家族第四代杰出人物。清光绪二十年（1894年），时值中日甲午海战，清政府屈膝求和并签订不平等的《中日马关条约》。林尔嘉不愿作日本的"顺民"，毅然放弃在台湾庞大财产，随父亲来到大陆，从此定居鼓浪屿。被奖励为四品京堂，曾先后出任厦门保商局总办、商务总会总理、鼓浪屿工部局华方董事。被聘为农工部头等顾问、赐侍郎衔。

清光绪三十一年（1905年），林尔嘉任厦门保商局总办兼厦门商务总会总理。内阁学士兼礼部侍郎陈宝琛任福建铁路总理时，敦请林尔嘉为赞襄，聘为商部顾问。清末，清廷拟整建海陆军重振国威，林尔嘉捐献巨款，晋升侍郎。由于颐和园遭受八国联军破坏，清政府移用这笔款项进行修复，林尔嘉愤慨辞职归乡。

127

厦门鼓浪屿菽庄花园

1912 年 1 月 1 日中华民国成立。同月 28 日，临时参议院在南京成立，推林森为议长，林尔嘉被举为参议院候补委员。1915 年，林尔嘉出任福建省行政讨论会会长。同年 8 月，袁世凯公开复辟帝制，省政府诱林尔嘉代表福建人民向袁世凯上"劝进表"拥当皇帝，林尔嘉严词拒绝。"洪宪"破灭后，厦门市政改选，林尔嘉被举为市政会会长，连任四年。由于身体原因，他旅居瑞士养病七年。

林尔嘉大力投资创办厦门电灯、电话业，营造铁路，发展民族实业；捐献大洋 40 万元增加购置舰艇；民国初年，在鼓浪屿建造"菽庄"别墅，别墅的临海部分就是现在的著名旅游景区——菽庄花园。

林尔嘉退隐鼓浪屿营建豪华住所，名唤"菽庄"，着手集稿刊刻，名《菽庄丛刻八种》。1938 年 5 月，日本占领厦门，林尔嘉避走南洋，继续整理出版《菽庄丛书》六部，即《古今文字通释》《闽中金石略》《寄傲山馆词稿》《壶夫吟》和《鹭江名胜诗录》等。1945 年，日本无条件投降，林尔嘉方回到久别 50 年的台湾。1951 年 11 月 8 日，林尔嘉忽患喘疾，夕即逝，终年 76 岁。

连 横

连横（1878—1936），初名允斌，字雅堂；后改名横，字武公，号剑花。1878年出生于台湾府台湾县（后改安平县）宁南坊马兵营。祖籍福建龙溪马崎（今龙海市榜山镇马崎村）。康熙年间，连家祖先连兴位移居台湾，七世传至连横诸兄弟。

甲午战争之后，清政府与日本签订《马关条约》，台湾割让给日本，连横的家也为日本政府所强占。连横认为"国可灭，史不可灭"。因此，他除了手抄《少陵全集》外，还积极收集有关台湾的文献资料，为日后编著台湾史志积累素材。

连横

1902年，连横从台湾抵厦门主编《鹭江报》。1905年，与友人合办《福建日日新报》，携家眷入厦作久居大陆打算。由于《福建日日新报》的言论过于敏感，无奈被清政府勒令封闭。连横遭此挫折，不得以又携带家眷返回台湾主持《台南新报》汉文部编务。三年后，家迁台中遂改任《台湾新闻》汉文部主笔。这年，他开始着手编撰《台湾通史》并于1918年脱稿。全书有纪四、志二十四、传六十，共三十六卷，分上、中、下三册，近60万字。

连横一生著述，有《台湾通史》《台湾语典》《剑花室文集》《剑花室诗集》《台湾赘谈》《台湾漫录》《台南古迹志》《台湾史迹志》《诗荟余墨》《番俗摭闻》等。

郑田岸

郑田岸（1898—1965），祖籍龙溪县十一都河福社（今海澄镇河福村）。早年在荷印经营水产，继而在新加坡创办祺福轮船公司，与儿子祺福、祺泰、福源合力打拼，至1950年拥有大中型轮船30多艘，川行南洋各埠，客货兼运，盛极一时。祺福公司于1978年收盘。郑田岸之孙郑川民另组联洋航运等公司，继续经营船务、贸易等，历任新加坡中华总商会副会长、会长等职。

第二章 月港兴衰考究

再现
旷世辉煌
REPRODUCED

MASTERPIECES
BRILLIANT

市镇繁华甲一方，古称月港小苏杭。中国的航海史很长，漳州月港商人扬帆出海，开辟一条大帆船航海环球贸易新航线，一时风云际会，贾肆星列，腴丽天下。当我们拨开岁月的迷雾，踏寻这片荒草萋萋的古迹时，回眸那逝去的风华，显然无法忽略那段辉煌与繁华。

第一节 月港地理位置

漳州处于我国东南沿海地区，上接东海、黄海，下连南海，是中国"海丝"的中南部。这里依山临海，龙海、漳浦、云霄、诏安、东山五个县临海，海岸线总长达 631 公里，岛屿星罗棋布，岸线曲折，沿线港湾岬角众多，港口优良。隔台湾海峡与台湾、琉球对峙，隔南海与东南亚相望，具有得天独厚的航运条件，历史上是江浙闽地区与东南亚、印度各国进行海上交通和贸易的必经之地。漳州海外交通历史悠久，很早就与海外诸国友好往来，与东南亚的关系尤为密切。作为明朝中后期民间唯一合法的"海丝"始发港——月港，便位于漳州市东南 50 里的龙海市海澄镇。月港地处九龙江下游入海口，因其港道（海澄月溪至海门岛）"外通海潮，内接山涧，其形似月，故名月港"。15 世纪末期至 17 世纪中期，随着我国东南沿海对外贸易的发展，月港一度成为"海舶鳞集，商贾咸聚"的外贸商港，与汉、唐时期的福州甘棠港，宋、元时期的泉州后诸港和清代的厦门港，并称福建的"四大商港"。据《海澄县志》记载，"月港自昔号巨镇，店肆蜂房栉篦，商贾云集，洋艘停泊，商人勤贸迁，航海贸易诸蕃"，当时已是"农贾杂半，走洋如适市，朝夕皆海供，酬酢皆夷产"，成为"闽南一大都会"，有"小苏杭"之称。

九龙江是福建省内仅次于闽江的第二大河流，最早名为"柳营江"，因"六朝以来，戍闽者屯兵于龙溪，阻江为界，插柳为营"得其名。九龙江由北溪、西溪两大支流和南溪组成，其中北溪和西溪在三叉河交汇，后分三派流经乌礁洲、浒茂洲和泥仔洲（今龙海市紫泥镇），在浮宫处与南溪汇合，流入大海。

月港处于九龙江入海处，位于海上交通和内河交通之要冲，"海舟登最易"[1]，是一个内河港，其港道从海澄港口起，一般海外贸易船从月港出航，需沿南港顺流往东，经过海门岛，港口有大泥诸险，航至九龙江口的圭

---

[1] （清）顾祖禹：《续史方舆纪要》，卷九十九，中华书局 2005 年版。

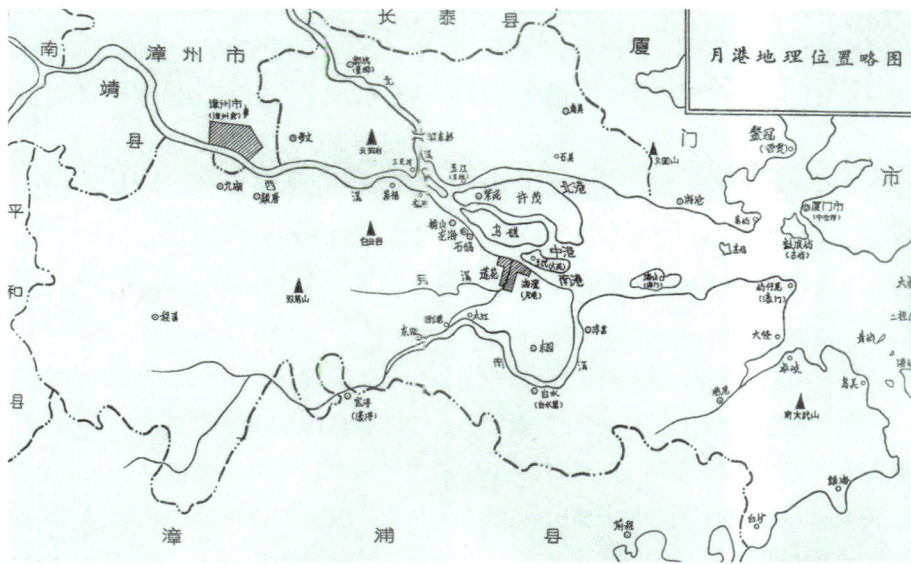

资料来源：福建省龙海县地方志编纂委员会编：《龙海县志》，东方出版社1993年版。

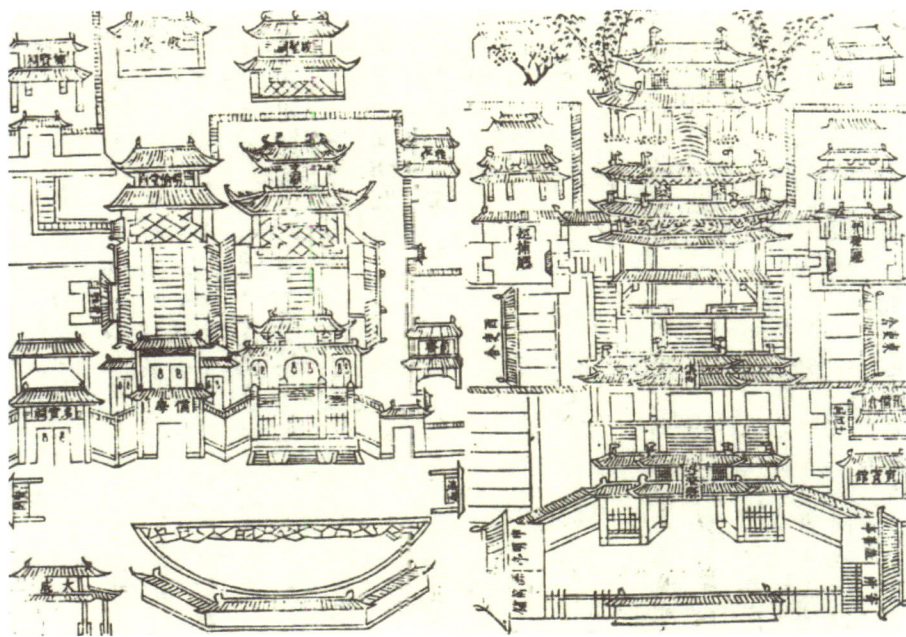

海澄县域、文庙图

资料来源：（明）梁兆阳修：《海澄县志》，明崇祯六年（1633年）刊本。

133

屿以西,从圭屿(今鸡屿)抵中左所(厦门部分),后经大小担岛屿驶向汪洋大海,有紫泥洲,接乌礁、浒茂诸洲,又西北数里即柳营江合诸溪处谓之三叉河。河口谓之澳头,即福河北岸,东抵省会之通道,月港在地理位置上是僻处海隅,未设县治之前为龙溪八九都地,"封畛遐旷,实逼海口"。因此,"官司隔远""威令不到",政府势力鞭长莫及,是经营走私贸易的理想之地,再加上当地百姓素有下海习惯,在明朝海禁时期便自然成为民间走私贸易的理想地区。这在当时走私严重、倭患猖獗的形势下,是作为私人海外贸易港必备的重要条件。另外,月港地处海隅,距离省城甚远,非市舶司所在地,海外贡舶一般不由此入口,不至于发生扰乱事件。明人邓钟在论述海禁开于福建的原因时,就明确指出这一点:"海禁开于福建为无弊者,在中国往诸夷,而诸夷不得入中国也。"

月港自然条件优越,四季如春,年平均气温21℃~21.4℃。它属强潮型河口内港,潮流为往复流半日潮浅海潮港。海潮由港口濠门(屿仔尾)、海沧两峡入,流分三脉:一脉入柳营江(江东桥),沿北溪上溯至龙津溪交汇处蓬洲头,今河床淤浅,潮流影响仅抵郭坑;一脉入浮宫港,沿南溪上溯抵白水营止;一脉由月港入福河。沿西溪上溯绕漳州城南抵茶铺,今河床淤浅,潮流影响仅抵芗城下游碧湖。每月初三、十八为大潮水。潮汐规律:"日潮大于春夏,夜潮大于秋冬,潮之极涨,常在春秋之中,涛之极大,常在朔望之后。"

月港水陆交通便利,经济腹地广阔,不仅包括九龙江流域,还可以延伸至汀州、赣南、湘南以及闽北、浙江、江淮等地。腹地内土地肥沃,物产丰富,盛产粮食、水果,素有"鱼米、花果之乡"美誉。经济作物有甘蔗、水果(荔枝、龙眼、柑橘、蜜柚、香蕉)、木棉、烟草、茶、花生、黄麻等,驰名中外。明代的矿冶、制糖、制茶、纺织、陶瓷、造纸、造船等手工业比较发达,尤以纺织为最。当时漳州产的天鹅绒、漳纱、漳缎、漳绒等,皆畅销国内外市场。其他如铁器铜器、牙雕等手工艺品也是不可多得的外贸重要商品。

明景泰到天启年间(1450—1627年),月港从一个民间自由贸易港口发展成为我国东南沿海外贸中心,兴盛持续近200年之久。它与东南亚、印度支那半岛以及朝鲜、琉球、日本等47个国家和地区有直接贸易往来,以吕宋(菲律宾)为中转,与欧美各国相互贸易。

第二节 月港海外贸易

我国的海上贸易历史悠久，中国的"海上丝绸之路"形成于秦汉时期，发展于三国，繁荣于唐宋，转变于明清，是世界上最早的海上航线。宋元时期是中国古代海上贸易的高峰，主要出口货物为瓷器，故而也称"海上陶瓷之路"。事实上，明代以前，丝绸、陶瓷等古老而著名的海上贸易商品在当时均属于奢侈品，真正意义上的大宗商品海上贸易算起来应始于明代。明朝的郑和七下西洋更是开创了世界航海史上的创举，将中外贸易推向新的阶段。明代中国工艺技术不仅普遍高于亚洲周边国家，也比西方国家先进精致，商品成本低、质量高，很多商品在世界市场上有着强大的竞争力，出口商品的种类极为丰富，各种史料所载者达数百种。随着16世纪"地理大发现"时代的到来，葡萄牙、西班牙、荷兰等西方殖民势力闯入东亚历史以来，中国统治者频禁海民私通海外者国，实行了近300年的禁海政策，开启了我国近代及古代禁海的历史。

一、月港贸易航线

中原移民在9世纪开始大规模对外移民贸易，到了15世纪，漳州月港商人成为亚洲水域贸易网主导，16世纪中后期，作为大明王朝唯一允许商人出海贸易的口岸，漳州月港成为吐纳国家财富的端口，在迎来它黄金时期的同时，月港成为中国东南沿海海外交通贸易中心和全球经济一体化的关键港口。

月港海上贸易北上到达琉球、日本、朝鲜，南下到达东南亚各国，西与西班牙、葡萄牙、荷兰等西欧殖民国家进行环球贸易，到达拉丁美洲，第一次将中国商品的贸易范围扩至拉美和欧洲。该航线持续了两个半世纪，是世界上大帆船航海史上运作时间最长的一条国际贸易航线。时间跨度之长，数量之大，国别之多，都是世界罕见。每年由月港拔锚扬帆的商船数以百计，抵达越南、泰国、柬埔寨、马来半岛、马鲁古群岛、日本、印度等47多个国家和地区。

张燮在《东西洋考》"文莱"条中提到，文莱为"东洋尽处，西洋所自起也"，即东西洋以文莱分界，以东的诸岛屿为东洋，以西的南洋各地和南印度洋沿岸一带，即今中南半岛、马来半岛、印度尼西亚群岛等地区为西洋。西洋是海洋发展的主方向，明成祖命郑和七下西洋更是开创了世界航海史上的创举，将中外贸易推向新的阶段，被称为中国的"大航海时代"。

明万历十七年（1589年）之前，由月港出航的海外贸易船仅限数而未定其航行地点，到明万历十七年（1589年），始由福建巡抚周寀定为每年限船88艘，东西洋各限44艘，东洋吕宋一国因水路较近，定为16艘，其余各国限船2~3艘；后来因申请给引的引数有限，而愿贩者多，故又至110艘，加之鸡笼、淡水、占城、交趾州等处共117艘。明万历二十五年（1597年），再增加20艘，共达137艘。然而，当时到西洋各地的航程遥远，如到达万丹的航程为16~20天；到达巴达维亚的航程是43天，因此，商船去者很少。即使领的是到西洋的文引，有的贪图路近利多，也暗中驶向吕宋贸易；有的是在出海时，先向西洋航行，待走远后又折回入东洋。于是，从表面看来，每年虽然也按限数给引，但实际到达西洋的商船均不如额。

下面列举到东西洋各地的限船数：

东洋44艘：吕宋16艘，屋同、沙瑶、玳瑁、宿雾、文莱、南旺、大港、呐哗哖各2艘。磨荖央、笔架山、密雁、中邦、以宁、麻里吕、米六合、高乐、武运、福河仑、岸塘、吕蓬各1艘。

西洋44艘：下港、暹罗、旧港、交趾各4艘。柬埔寨、丁机宜、顺塔、占城各3艘。马六甲、顺化各2艘。大泥、乌丁礁林、新洲、哑齐、交留吧、思吉港、文林郎、彭亨、广南、吧哪、彭西宁、陆坤各1艘。

后加占陂等12处：占跛、交趾州、篱木、高堤里邻、吉连单、柔佛、吉宁邦、日隶、安丁、古里迟闷、苏禄、班隘。

这些商船出洋的航线大抵分为以下四程。

（一）内河航道

1. 南溪航线

月港起航，经大泥尾进入南溪，溯南溪而上经浮宫、白水营、濠浔（今漳浦县官浔）往广东省潮州。

2. 西溪航线

月港起航，经石码、福河（三叉河对岸）进入西溪至漳州府城，向上游航行至南靖县城（今靖城）附近，分两支往广东省梅州：一支至船场，

月溪

改陆行向东至永定县下洋，循韩江至梅州；一支至小溪（今平和县小溪），改陆行至平和县城（今九峰）出拍嵩关至梅州。另南靖县城分一支往龙岩县经龙山至水头，改陆行经和溪到达龙岩。

3. 北溪航线

月港起航，循南港西上经三叉河进入北溪，溯北溪而上经郭坑，从安溪的龙涓经长泰县的坊洋、岩溪，改陆行经坊洋入安溪县；又循北溪经浦南、潭口进入龙潭，其中经炉伴至浦口改陆行至华封（今华安），至漳平发船通汀州；又漳平发船至宁洋，改陆行过隘道至永安县城。永安发船入沙溪，经沙县到达延平府（今南平市）。从延平发船，经建宁府（今建瓯县）、丰乐入南浦溪，至浦城改陆行过霞关入浙江省，经衢州到达杭州；又从丰乐入崇阳溪，经建阳到崇安过分水关入江西省；又从延平沙溪口（今外洋附近）入富屯溪，经顺昌、邵武府（今邵武县）到达光泽，过杉关入江西省达抚州。由江西省赣州的赣江、抚州的抚河至信江鄱阳湖，经长江达湖广至中原各地。

4. 东西洋航线

月港出航，经海门至圭屿（鸡屿）到达中左所（厦门）。商船在厦门经盘验完毕后，移驻曾家澳候风开航。发船后航至大担与浯屿之间的航道，到东西洋的船舶就从这里分开航行。

（二）东洋航道

船过大担与浯屿之间的航道后，经过太武山镇海城、大小柑橘屿（兄弟屿）、南澳坪山（南澳岛南边面海的澳）、大星尖（广东宝安县大鹏）、东姜山（万山群岛）、弓鞋山（万山群岛中的鞋洲）、南亭门（万山群岛中的小岛）、乌猪山（上川东南的乌猪洲）到达七州山（海南岛北的七洲洋）。

1. 往交趾东京（今越南河内）航线

从七洲洋驶出到黎母山（海南岛五指山），至海宝山（越南北部沿海的老虎岛），由涂山海口（越南广平海口）取道安南云屯海门（越南河静，今越南河内，当时隶属交趾东京）到达交趾东京。

2. 往广南、清化、顺化、新州航线

从七洲洋到铜鼓山（海南岛东北隅的铜鼓咀），至独珠山（海南岛东部沿海的大洲岛），至交趾洋（指占婆岛洋面），然后取道笔罗山到达占婆岛，也就是广南港口。又从交趾洋沿安南洋面一路取道望瀛海口（越南中部沿海的芽庄），入清化港（芽庄

附近的庆和）。又从交趾洋一路到达小长沙海口（顺化港外的新安），入顺化港。又从交趾洋一路经外罗山（越南中部沿海的广东群岛）、提夷马陵桥（越南义平省沿海的龟屿），至高杯屿（与归仁隔湾相对的三合岬），即新州（归仁）港。

3. 往占城国（今越南中南部）航线

由新洲（归仁）港启航，经羊屿（归仁附近沿海的甘比尔岛），取道烟筒山（在越南富安省沿海，即双桥附近向南突出的岬），过灵山（华列拉岬），再取伽南山（华列拉岬附近的查库岬），由圭龙屿（万丰湾内最南一屿）取罗湾头（宾童龙岬），即占城港口（藩龙，当时占城的首府）。

4. 往柬埔寨航线

由占城罗湾头启航，经赤坎山（越南顺海省沿海的藩切或鸡架角），取鹤项山（越南同奈省南端的头顿）。在头顿分路经柯任山（湄公河西南第二入口处的巴知）、毛蟹州（湄南河茶荣旁一狭长之沙洲），至柬埔寨。

5. 往暹罗国（今泰国）航线

从赤坎山（藩切）转航昆仑山（越南东南端海中的昆仑岛），经小昆仑（越南东南端海中的两兄弟群岛）、

真屿（越南南端海中的奥比岛），绕过金瓯角至大横山（柬埔寨西南沿海的潘阳岛），由其南边的小横山（潘阳岛东之一小岛）、笔架山（曼谷湾口的克兰岛）、陈公屿（曼谷湾中的兰岛）、黎头山（曼谷湾中的派岛）、圭头浅（曼谷湾口的锡昌岛）、竹屿（湄南河口之小岛），到达暹罗的旧都阿瑜陀耶，即至暹罗国。

6. 往马六甲航线

从昆仑山转航斗屿（马来西亚彭亨州东北海上的愚岛），经彭亨国（马来西亚彭亨河口的北干）、地盘山（马来西亚柔佛州东北海上的潮满岛）、东西竺（柔佛州东部海上的奥尔岛）、柔佛港口的罗汉屿（新加坡南部廖内群岛的宾坦岛）、龙牙门（新加坡海峡）、吉里文山（新加坡海峡西部的卡里摩岛）、昆宋屿（马六甲海峡东部的皮散岛）、箭屿（马六甲东南的射箭山）、五屿（马六甲港外的岛屿），至马六甲。

7. 往丁机宜国（今印尼苏门答腊岛北岸一带）航线

从东西竺启航，取道长腰屿（苏门答腊岛东北海上的林加群岛），经独石门（苏门答腊岛东北岸的巴塞峡）、铁钉屿（苏门答腊岛东北岸的巴罗斯角）、鳄鱼屿（苏门答腊岛北岸英得腊其利河口之小屿），入丁机宜国（苏

门答腊岛英得腊其利）。

8. 往三佛齐国航线

从长腰屿经龙雅山（林加海峡）、馒头屿（林加群岛中的新格岛）、偶像海峡、占卑、七屿（林加群岛南部的沙耶诸岛）、彭家山（印度尼西亚的邦加岛）、西南第二山（邦加岛西北隅之文岛）至巨港（三佛齐国）。

9. 往加留吧线

从巨港、彭家山转航，经进峡门（邦加海峡）、三麦屿（邦加东南或西南之小岛）、都麻横港口（苏门答腊岛东南岸南榜的直落勿洞河口）、览邦港口（南榜港口）、奴沙刺（南榜港外小岛）、锡兰山港口（印度尼西亚爪畦岛西北角的西冷），至下港（印度尼西亚西爪哇的万丹），再进入加留吧。

10. 往哑齐国（今印尼苏门答腊岛西北部）航线

从马六甲五屿启航，经苏门答腊（指苏门答腊岛西北部巴生港附近）、棉花屿（马六甲海峡巴生港附近武吉朱格拉）、鸡骨屿（马六甲西北沿岸）、双屿（马六甲西北吉达港外的兄弟岛）、单屿（吉达港外的贝哈拉岛）、亚路（印尼苏门答腊岛的阿鲁）、若离山（指绕亚鲁湾内之岛）、巴禄头（苏门答腊岛北部的金钢角）、急水湾（苏

门答腊岛西北的洛克肖马韦）至哑齐国（苏门答腊西北部的亚齐）。

11. 往苏吉丹国航线

从玳瑁洲（越南同奈省南端头顿东部海中的岛屿）启航，经东西董（加里曼丹岛西北海中的纳土纳群岛）、失力大山（加里曼丹岛西端的唯一高山）、马鞍屿（加里曼丹岛西部海中的淡美兰群岛中北方之一岛）、塔林屿（淡美兰群岛中最大的淡美兰岛）、吉宁马那山（加里曼丹岛西南海中的卡里马塔岛）、勿里洞山（印度尼西亚的勿里洞岛）、吉里问大山（爪哇岛三宝垄北部海中的卡里摩爪哇岛）、保老岸山（中爪哇东北扎巴拉附近的摩利亚山）、椒山（东爪哇西北厨闽附近）、磨屿（厨闽沿岸的小岛）、饶洞（东爪哇东北庞越附近的约丹），至苏吉丹国。

12. 往池闷（今小巽群岛中的帝汶岛）航线

从保老岸山启航，取道吉力石港（东爪畦北部的格雷西港），经双银塔（东爪哇北部马都拉岛南的小岛）、磨里山（印度尼西亚巴厘岛）、郎木山（印度尼西亚的龙目岛）、重迦罗（印度尼西亚松巴哇岛东部的桑格尔岛）、火山（松巴畦岛东北的亚比岛）、火山门（指亚比岛与松巴哇东北端之间

的水道）、大急水（松巴哇岛东端的萨彼海峡）、髻屿（印度尼西亚的松巴岛）、大云螺（印尼佛罗勒斯岛的英德）、小云螺（亚比角）、苏律山（印度尼西亚萨武群岛）、印屿（印度尼西亚小巽他群岛）、美罗港（帝汶岛之贝洛港），至池闷。

13. 往文郎马神国航线

从吉宁马那山（加里曼丹岛西南海中的卡里马塔岛）启航，经吧哩马阁（加里曼丹岛西南海中的巴利马干岛）、三密港（加里曼丹岛南部塞不达湾）、龟屿、（加里曼丹岛南部的马拉塔岬旁的小岛），离此岛不远处有礁石六七块，名猫著万旦（加里曼丹岛南部的巴都曼迪），再经单戒世力山（南加里曼丹的吉祥岬）、美亚柔港口（南加里曼丹最大的巴里托河口），至文郎马神国。

（三）西洋航道

1. 往吕宋国（今菲律宾吕宋岛）航线

从太武山下镇海取道澎湖，经虎头山（澎湖列岛中的八罩岛与将军澳屿）、高雄港沙马头澳（指澎湖列岛最南的大屿）、笔架山（菲律宾吕宋岛北部海中巴布延群岛中的加拉鄢岛），由此可远望红豆屿（巴布延群岛中的达卢皮里岛）及浮甲山（巴布延群岛中的富加岛），进入大港（指介于巴布延群岛与吕宋岛之间的帕帕塔峡）、哪哦山（吕宋岛西北的拉奥）、密雁港（吕宋岛西北的美岸）、六藐山（吕宋岛西岸的圣费尔南多港）、郎梅屿（吕宋岛西岸的托马斯港）、麻里巷屿（吕宋岛西岸仁牙因湾的博利瑙角）、苏安山（博利瑙角西南的苏阿尔）、玳瑁港（在苏阿尔附近）、表山（博利瑙角附近）、里银中邦（吕宋岛西岸的牙因）、头巾礁（吕宋岛三描礼士省的科雷吉多尔岛），至吕宋国。

2. 往美洛居（今印尼马鲁古群岛）航线

从汉泽山（班乃岛西南安蒂克）启航，经交溢（菲律宾棉兰老岛三宝颜附近的卡维特）、魍根礁老港（棉兰老岛西南的马京达瑶）、绍山（棉兰老岛南部的萨兰加扣岛）、千子智港（印度尼西亚马鲁古群岛的德那第港）、绍武淡水港（马鲁古群岛西北桑吉群岛的锡奥岛），至美洛居。

3. 往苏禄国（今菲律宾苏禄群岛）航线

从交溢对面开船，至犀角屿（菲律宾巴西兰岛的桑格贝岛），入苏禄国。

4. 往猫里务国（今菲律宾布里亚斯岛）航线

从吕宋国取道沙塘浅，至猫里务国。

5. 往呐哗单（今菲律宾棉兰佬岛）航线

从屋党取海山，至呐哗单。

6. 往文莱国航线

从马尼拉湾外吕蓬启航，经芒烟山（菲律宾民都洛岛西北卢邦群岛附近的小屿）、磨叶洋（菲宾民都洛岛洋面）、小烟山（菲律卡拉棉群岛）、七峰山（菲律宾巴拉望岛北部卡布里角及其附近小屿）、巴园（菲律宾巴拉望岛）、罗萄山（菲宾巴拉巴克岛）、圣山（沙巴北端的吉岛）、昆仑山（沙巴曼他那岛北岸）、长腰屿（沙巴亚庇港外的加亚岛）、鲤鱼塘（指纳闽岛与文莱闽的海峡），达文莱国。

（四）台湾航道

从澎湖航行至台湾省台南县西部魍港，再经一日航道至高雄港，经交里林、鸡笼、淡水。

二、月港贸易商品

月港自从开放海禁以后，更是"五方之贾，熙熙水国，剖鲙艎，分市东西路。其捆载珍奇，故异物不足述，而所贸金钱，岁无虑数十万"。在同海外诸国的贸易中，许多物种从东西航道引入月港，《陆饷货物抽税则例》所载，明万历三年（1575年）仅55种，明万历十七年（1589年）增加至83种，明万历四十三年（1615年）再增加至116种。而《东西洋考》却记载货物140种。这些商品基本分类如下：

香料类： 胡椒、檀香、沉香、奇楠香、香藤、沈香、苏木等；

珍品类： 象牙、犀角、牛角、玳瑁、鹤顶、黄蜡、孔雀尾、石花、明角、鹿角等；

食品类： 燕窝、虾米、鲨鱼翅、鹿脯、尖尾螺、螺蚆、鹦鹉螺等；

药材类： 没药、肉豆蔻、白豆蔻、血碣、冰片、荜拨、大风子、白藤、樟脑、胖大子、孩儿茶、八丁茶、丁香、丁香枝、藤黄、乌木、紫檀、木香、乳香、阿魏、海菜、没石子、苏合油、安息香、暹罗红砂等；

植物类： 楼子、棕竹、花草、芦荟、马钱等；

农副产品： 番米、红花米、绿豆、黍仔、花生、烟草、多（菠）萝蜜、莺哥、椰子、番石榴、番薯等；

手工业品： 香被、番被、哆罗哖、番藤席、香藤席、嘉文席、草席、番纸、番镜、番铜鼓、暹罗红纱、交趾绢、黄丝、锁服、竹布、毕布、粗丝布、土丝布、西洋布、东京乌布、马尾、水藤、番泥瓶、琉璃瓶、白琉璃盏、青花笔筒、青琉璃笔筒、火炬等；

$$\begin{array}{c|c} & 2 \\ 1 & 3 \\ \hline 4 & 5 \end{array}$$

1. 荔枝
2. 甘蔗
3. 番薯
4. 象牙
5. 花生

皮货制品： 鲨鱼皮、锦鲂鱼皮、翠鸟皮、犀牛皮、虎皮、豹皮、獐皮、猿皮、獭皮、鹿皮、蛇皮、马皮、牛皮等；

工业产品： 番金、番锡、黑铅、红铜、烂铜、矾土、磺土、漆、油麻等。

既有引入，必有输出。月港输出的货物，与印度支那半岛、南洋群岛及朝鲜、日本、琉球等 47 个国家和地区往来。出口货物多达 100 余种。据王世懋所著的《闽部疏》载："凡福之抽丝，漳之纱绢，泉之蓝，福延之铁，福漳之橘，福兴之荔枝，漳泉之糖，顺昌之纸，无日不走分水岭及浦城小关，下吴越如流水。其航大海去者，尤不可计。"

下面是掇录各编文章中提到的输出货物。

纺织类： 绢、绸、紬、漳纱、漳缎、漳绒、漳绣、生丝、精丝、粗丝、绮罗、丝布、苎布、罗布、蕉布、麻布、棉布、葛布、吉贝布、天鹅绒、土绸等；

食品类： 蔗糖、酒、茶、麦粉、

143

橘子酱、腌猪肉等；

农产品：柑橘、荔枝、龙眼、桃子、梨子、烟草等；

家禽类：水牛、呆头鹅、马、骡、驴等；

日常用品：纱灯、竹枕、铁鼎、铁针、铜鼎、纸、笔、书籍、瓷器、竹器、漆器、药材、金钱、铜炉、铜佛、铜仙、牙雕、牙带、牙箸、牙扇、金银首饰、银床、脂粉、自鸣钟、测晷仪器、小巧技艺、女工针黹、雨伞、水银、羽毛、绒扇、椅垫、花边、杂缯等。

这些外贸商品，大都以手工业品和农副产品为主。尤其是农副产品如蔗糖、柑橘、荔枝，与其他农产品相比，种植、加工这些经济作物，可赚取数倍的利润。明崇祯《漳州府志》记载，当时人们认为"种蔗煮糖，利较田倍"，于是"多夺五谷之地以植之"。在各种水果中，荔枝的价值最高，红柑次之，所以人们大量种植，可谓"处处园栽橘，家家蔗煮糖"，利润极为可观，"家比万户侯"。烟草经月港从吕宋传到漳州后，农家普遍种植，不久，漳州的烟草"反多于吕宋"，返销吕宋。乾隆版《海澄县志》载：那时"富人以财，贫人以躯，输中华之产，驰异域之邦，易其方物，利可百倍。"

1596—1598 年任马尼拉总督的摩加把当年商船载运到马尼拉的商品列出一张清单，记载在《马尼拉大帆船》中，具体内容如下：

成捆的生丝、两股的精丝和其他粗丝；绕成一束的优质白丝和各种色丝；大量的天鹅绒，有素色的，有绣着各种人物的，有带颜色的和时髦的，还有用金线刺绣的；织上各种颜色、各种式样的金、银丝的呢绒和花缎；大量绕成束的金线；锦缎、缎子、塔夫绸和其他各种颜色的布；亚麻布以及不同种类、不同数量的白棉布。他们也带来了麝香、安息香和象牙。许多床上的装饰物、悬挂物、床罩和刺绣的天鹅绒花毯；锦缎和深浅不同的红色花毯；桌布、垫子和地毯，用玻璃珠和小粒珍珠绣成的马饰，珍珠和红宝石，蓝宝石和水晶。金属盆、铜水壶和其他铜锅、铸铁锅。大量各种型号的钉子、铁皮、锡和铅；硝石和黑色火药。他们供给西班牙人麦粉、橘子酱、桃子、梨子、肉豆蔻、生姜和其他中国水果；腌猪肉和其他腌肉；饲养得很好的活鸭和阉鸡；大量的鲜水果和各种橘子、栗子、胡桃。大量的各种好的线、针和小摆设、小箱子和写字盒；床、桌、靠背椅和画有许多人物、图案的镀金长凳。他们带来了家用水牛、呆头鹅、马和一些骡和驴；甚至会说话、会唱歌、能变无数戏法的笼鸟。中国人提供了无数不值钱，但很受西班牙人珍重的其他小玩意儿和装饰品；各种好的陶器、制服、

珠子、宝石、胡椒和其他香料，以及永谈不完也写不完的各种稀罕东西。

从月港进口的海外货物，除了传统的香料珍宝外，还有众多全新商品。当时，漳州等地的居民不仅首次接触到西班牙银币，而且很快将它当作通行货币；通过月港，欧洲人刚刚发现的番薯、烟草、花生等美洲特产初传中国，进而扩散到其他地区，使中国第一次分享到全球化的硕果。

三、月港贸易货币

古代中国社会，货币主要以铜钱为主货币。白银从贵重商品最终走向完全的货币形态，是在明朝时期。明朝隆庆以前，由于明王朝厉行海禁，私人海外贸易为非法，在走私贸易中虽然出现白银内流的趋势，但数量还不大。直到明隆庆元年（1567年），月港部分开放海禁以后，到南洋经商、谋生的漳州人越来越多。随着西班牙的商船来到马尼拉与中国海商进行贸易往来，加上华侨出入国境频繁，使早期的外国银元像潮水一样源源不断地输入中国闽南一带，在市面上流通。这是十分引人注目的重大社会经济现象，对中国历史的发

块币

展产生极为深远的影响。

随着漳州月港海外民间贸易的开禁，以商品和物资的大规模出口来换取美洲白银的新时代正在兴起。明嘉靖三十九年（1560年），中国银价开始不断上涨，在欧洲金银比价是1:11，墨西哥是1:13，而在中国是1:4，一块同等重量的墨西哥银元，经帆船运抵月港后，身价翻了三番，这个时期从马尼拉贸易回来的航船上，除了墨西哥的白银外，很少有其他东西。庄国土《16—18世纪白银流入中国数量估算》一文提到："由葡人、荷人从欧洲，西人从美洲带来的白银，加上日本流出的白银，构成明朝白银内流的主要源泉，总数可能在35000万西元以上。"

明代的白银主要来源有三条：第一部分是明代国内自有的白银产量，约为8310万两；第二部分是日本流入中国的白银总量，约为7000万两；第三部分是西方殖民者从美洲掠夺流入中国的白银总量，约为193000万两。由此可见，明代的白银大都来源于月港进口。

首先是从美洲输入的"番银"。15世纪至19世纪，欧洲人疯狂地在世界每一个角落搜罗大量的金银财宝。特别是哥伦布发现新大陆以后，欧洲人开始在美洲实行殖民统治。16世纪中期，西班牙在墨西哥发现巨大金银矿，"无穷无尽"地开采。随着1550年汞齐化精炼法在世界的传播，使得美洲白银的生产规模大幅度扩大。西班牙在世界最大白银产地圣路易斯波多西建起了80间冶炼厂、坝初喀48间、达斯克47间、萨加特加20间，在墨西哥的白银冶炼厂总数达195间。据统计，1545—1548年，他们从墨西哥和秘鲁开采的白银量达到了46655吨，占世界的2/3。因为大量采用印第安奴隶劳动，成本十分低廉，金银价格一路下滑，以致大量金银不可控制地走向市场，开始引起欧洲市场的动荡，这是欧洲历史上著名的"价格革命"。

此时，东亚形势发生巨大变化，东来的西欧殖民者为了开拓国际市场，在菲律宾开辟一条从马尼拉到墨西哥的阿卡普尔科的"大帆船贸易"航线，荷兰、葡萄牙殖民者在南亚、日本建立大本营，不惜动用武力侵占中国的台湾及澎湖岛，直接打开对华贸易大门。当时的大明朝，在经过"嘉靖倭患"的沉重打击后，为了维护封建统治，不得不考虑改变海外贸易政策，有限度地开放海禁，准许私人申请出海经商，漳州月港就是在这种特殊的国际国内大背景下应运而生的。月港的民间贸易一开始就与国际贸易接轨，物美价廉的中国丝绸和瓷器以及其他产品物品在世界市场上有着极好的声誉，正可以满足欧洲诸国及其殖民地的大量需求。满载丝绸、布匹、瓷器、茶叶、砂糖、纸张、果品、铁器等的商船从月港出发，

双柱国王头像铸币

仅仅经过十几天的航程，就到达菲律宾的马尼拉，再从马尼拉运回白银、香料、珠宝、大米等物品（据张燮《东西洋考》所录达 114 种），尤其是从西方殖民者手中换取大量的白银。

据史料记载，1572—1644 年，每年到菲律宾的中国商船共有 1086 艘抵达马尼拉，从福建月港运贩马尼拉的货物，主要就是生丝、丝织品和瓷器。这些货物再从马尼拉运到阿卡普尔科，这样形成以月港为起点，马尼拉为中继，墨西哥阿卡普尔科为终点的中国福建月港—菲律宾马尼拉—西属墨西哥之间的"海上丝绸之路"，从此开通了阿卡普尔科—马尼拉之间的海上跨国大帆船贸易体系。西班牙人占领下的马尼拉，这个时候成为巨大的市场，当一船船墨西哥银元迫不及待地

涌入这里，立即得到价格低廉的中国商品的积极响应。同时，来自月港的商人完全可能用低于成本的价格抛售这些来自家乡的商品，因为仅仅靠两地的白银差价，就可以赚回一笔不菲的利润。1576 年 6 月 7 日，马尼拉的第三任总督桑德在给罗马教皇的信上提到："我只是相信，中国人对我们的贸易感兴趣，主要是因为墨西哥银元和当地的黄金。"当时的福建巡抚徐学聚就直截了当地说："我贩吕宋，以有佛郎机银钱之故。"对漳州商人来说，有什么东西，比银子发出的声响更令人愉悦的呢？据国外有关研究，当时中国的商品从漳州月港运到马尼拉，再由大帆船转贩到墨西哥的阿卡普尔科，每次中国商品到达之后，当地人便从四面八方聚集到这里。明代

147

顾炎武《天下郡国利病书》载，"西班牙钱用银铸造，字用番文，九六成色，漳人今多用之。"

在 16、17、18 世纪，每年由大帆船运往菲律宾的白银，平均为 200 万~300 万比索。"当时马尼拉监察长向西班牙国王的报告："自从菲律宾群岛被政府管辖以来，运到这里的银子已经超过两亿比索。"由此推定，1565—1765 年，从美洲运到菲律宾的白银共计两亿比索。又根据德科民的计算，1571—1821 年，从美洲运往马尼拉的银子共计 4 亿比索，其中的二分之一或更多一些流入中国。"[①]1586 年，一个叫罗杰斯的西班牙传教士报告他们的国王菲利普二世："每年有 30 万比索银元从这里流往中国，而今年超过 50 万比索。"1589 年，另一个西班牙传教士特洛在致菲利普二世的信中提到："来这里贸易的中国人，每年带走 80 万比索银元，有时超过 100 万比索。"明万历二十八年（1600 年）以后，西班牙人每年要运白银 200 万~300 万两到马尼拉贸易。这种状况，一直持续到明末，估计从海外流向中国的白银达一亿银元以上。用白银交换中国的丝绸等商品，形成了 110 里长的"中国路"。连当时的秘鲁国王都感慨说"中国可以用南美来的白银盖一座皇宫"。马尼拉不是南美洲白银进入中国的唯一门户，还有一部分从澳门、台湾、东南亚进入中国。

其次是从日本输入的白银。日本的石见、秋田、佐渡等矿山都盛产白银，默溯人称日本为"银岛"。日本对中国商品的依赖性很大，在与中国交易时，也主要是用银子来买中国货。正如顾炎武所说，"日本无货，只有金银"。当 1540 年葡萄牙人东来日本的时候，发现中日间丝银贸易可以获得巨大利润的时候，于是开展中介贸易，一部分从印度的果阿经马六甲海峡流入澳门进入广州；另一部分直接从日本经台湾海峡直达漳州月港进入中国。以中国丝绸换日本银并将贸易范围扩大到欧洲。"明万历二十九年至清顺治四年（1647 年），自日本输出之银约为 7480 万两。明代时期日本流出的白银应在 25000 万西元以上，这些白银绝大多数通过各种途径流到中国。"[②]

---

① 全汉升：《美洲白银与明清间中国海外贸易的关系》，《新亚学报》1983 年第 16 卷（上）。
② （日）新井白石：《本朝宝货通路用史略》，转引自梁方仲《明代国际贸易与银的输出入》，《梁方仲经济史论文集》中华书局 1989 年版，第 176 页。

明灭亡前，由日本流入中国的白银达5000多万两。在随后的历史时期，日本白银产量的绝大部分，以及占美洲产量3/4的世界白银流入了中国。总之，明朝经海上贸易流入中国的白银，远超其270余年间国内开采的白银总量。威廉·阿特威尔对这个问题也有如此说法："在16世纪和17世纪，中国国内对进口白银的需求，国外对中国丝绸、瓷器、金、铜币和其他商品的需求，促使中国比以往更深地卷入世界经济事务，这种卷入被证明是一种祸福结合的幸事。"[①]17世纪，通过另一个主要国家——日本的贸易，又有14000万两白银，从长崎经月港和澳门进入中国。因为在岩见等地发现新银矿，使日本黄金需求量大增，大约在17世纪20年代，日本金银比价是1:13，而中国是1:8，很少超过1:10。把中国货物销往日本，一般可获利两三倍，而把货物换成白银运回中国又可升值一倍左右，所以，从事吕宋贸易的漳州商船，常苦折往日本。我国著名历史学家梁方仲先生估算："由万历元年至崇祯十七年（1573—1644年）的七十二年间，合计各国输入中国的银元由于贸易关系的至少远超过一万万两以上。"

据陈侨森主编的《漳州对外经济贸易简史》统计，万历年间（1571—1619年）经吕宋流入漳州的白银，每年有30万比索，最高年份达50万比索。从16世纪起，大量的外国银元源源不断地流入漳州一带，品种多达20种，主要为西班牙、葡萄牙、荷兰、墨西哥、日本、法属印度支那等国的货币。

（一）中国银两

早期的银两也称银元宝，制作非常简朴，形制呈船形、马蹄形或稍显椭的圆形，底部及四周有程度不同的蜂窝状孔，两首端外缘微上翘，铸有螺旋纹。这种面呈螺旋形银两，民间称之为"丝纹"或"纹银"。在我国传统钱币制度下，白银的重量称两、钱、分、厘等，铜钱称文（枚）、串、吊。白银使用兑换时，需经称重和检验成色等复杂的程序。其"用之于市肆，则耗损颇多，有加耗，有贴费，有减水，有折色，有库平、湘平之异，酒平、规平之殊，畸轻畸重，但凭市侩把持垄断，隐受其亏"。

（二）西班牙银元

最早输入闽南的西班牙贸易银币

---

① （英）崔瑞德、（美）牟复礼：《明代中国与新兴的世界经济，约1470—1650年》，《剑桥中国明代史》，中国社会科学出版社1992年版，第79页。

1. 流通铜钱
2. 1618 年西班牙本土铸造的"十字钱"
3. 1754 年西班牙金币

是"块币",系采用手工打制的块状银币,根据重量不同有 8R、4R、2R、1R、1/2R 等不同币值,主币 8R 重量在 25~27 克左右,成色 91.7%。其形状大小并不规范,类似漳州一带固定锄头的锲子,因此百姓形象地称为"锄头锲仔银""锄头钱"等。1535 年,西班牙殖民者在美洲利用当地盛产的白银开始铸造"块币",历经菲利浦二世、三世、四世,卡洛斯二世、菲利浦五世、路易一世、菲迪南六世直到 1733 年止。该币采用手工打制,正面图案为十字架,又称为"十字币",其十字对角分别铸有狮子和城堡,背面是早期西班牙国徽。"块币"初入闽南时,还只是充当银块按重量称重使用,而后,

由于"块币"具有重量基本统一、可以按枚计算的特点,因此逐渐取得"计枚核值"以个数流通的便利,成为异于银两的另一种白银货币而日渐流行。

(三)荷兰银元

17 世纪,荷兰通过贸易、商品运输、武装侵略、抢劫掠夺等手段获取巨大利润,成为"海上第一强国"。随着贸易的发展,最早流入闽南的荷兰铸币是"马剑"银元。清漳州人王大海在《海岛逸志》中记载:"荷兰以银铸圆饼钱,中有番人骑马持剑,名曰马剑,半者名曰中剑。有小而浓者,铸荷兰字,名曰帽盾,半者曰小盾。"荷兰马剑币铸于 1659—1798 年,

初铸是光边，后改为斜纹边。该币正面为手持宝剑、全副盔甲的骑士图案，马腹下的狮子及皇冠有单狮、上下狮、左右狮等不同版别，代表荷兰各省铸币厂所铸造；背面中央是盾徽，盾徽中间是头戴三叶状王冠的立狮，立狮右爪持罗马剑，左爪握 7 支箭，代表荷兰独立时的 7 个省，象征团结就是力量。盾上皇冠及两侧立狮所组成的荷兰国徽一直延用至今。盾徽下方为铸造时间。马剑币有一圆型、半圆型和二角型之分。一圆型在我国流通较广，该币直径 42 毫米，重量 326 克，合中国库平 8.67 钱，由于其重量足、成色好，因此民间多用于储存或者熔化改铸。

这些"番银"初入闽南时，我国还处在斤两计重时期，因此当时"番银"只是玩赏或者剪裁后称重使用。由于"番银"可以用个数（枚或者元）来计算，较之银两更为方便流通使用，后来渐渐为百姓所接受，从民间仿制到官方正式参照"番银"的样式重量铸造。早期"番银"的流通范围主要在闽（包括当时的台湾）粤、江浙沿海一带。由于"番银"的重量、成色标准化且样式精美，适应了商品经济发展的需要，因而逐渐占领闽南一带货币流通市场。

货币具有充当价值尺度和流通手段的基本职能，它不仅便利人们的生产和生活，也促进商品经济的发展。每一时期流通的货币，都带有时代特色和地域特征，可以说是当时政治、经济、文化的缩影。

流通币

四、月港贸易税收

明隆庆元年（1567年），经福建巡抚都御史涂泽民的奏请，明朝官府同意在月港部分开禁，准许私人申请引文，缴纳饷税出海贸易。明万历元年（1573年），把原来的靖海馆改为督饷馆，设课征收取贩洋船税。于是，五方之贾，熙熙水国，分市东西路，其捆载奇珍，故异物不足述，而所贸易金钱，岁无虑数十万。

（一）饷税的征收

明初，为开展朝贡贸易，明政府在宁波、泉州、广州设置市舶司，对各市舶口岸的使命作了明确而严格的规定，泉州限通疏球，严禁中国商人泛海通商，既实行以"怀柔远人"，又压抑通商扩大。沿海商民为自身利益，铤而走险，冲破海禁，迫使明穆宗开放月港设立洋市，这是明朝海外贸易政策和市舶制度的一项革命。明隆庆元年（1567年），明政府于漳州月港开设"洋市"，作为中国商人赴东西洋贸易的唯一合法口岸。明隆庆六年（1572年）确定由漳州府海防同知署理"洋市"税务，改海防馆为督饷馆，颁发"商税则例"，对50多种进口商品征收税银，这是我国海外贸易史上最早的税银通例。当时郡守罗青霄因一切官府所需均由百姓负担，无法承受，故建议征收商税，包括出

洋贸易的商舶在内。商舶就由防海大夫负责管理。明万历三年（1575年），福建巡抚刘尧海疏请以舶税充当兵饷，每年额数六千。因此，舶税亦称为饷税。

饷税的征收一般是以东西洋为准则。当时所谓的"东西洋"，即现在的南洋，其分界据《东西洋考》载述："文莱，即婆罗国，东洋尽处，西洋所自起也。"西洋包括交趾、占城、暹罗、六坤、下港、加留吧、柬埔寨、大泥、吉兰丹、旧港、詹卑、马六甲、亚齐、彭亨、柔佛、丁机宜、思吉港、文郎马神、迟闷等19个国家和地区，其范围大概在今天的中南半岛、马来半岛、苏门答腊、爪哇以及南婆罗洲一带；东洋包括吕宋、苏禄、高乐、猫里务、网巾礁老、沙瑶、呐哗啴、班隘、美洛居、文莱等10个国家和地区，其范围大概在今天的菲律宾群岛、马鲁古群岛、苏禄群岛以及北婆罗洲一带。

饷税的征收原则是："凡船出海，纪籍姓名，官给批引，有货税货，无货税船，不许为寇。"[1]其征收内容大抵包含有以下四种：

1. 引　税

每艘出海贸易的商船均需到海防馆登记，填明货物种类、数量、船的大小以及所要到达的国家和地区，由海防官发给商引，每引应征税若干，称为"引

---

[1]（明）王世懋：《策枢》卷一，《丛书集成初编》，商务印书馆1935年版，第12页。

税"，其实也就是一种许可税。商引填写的内容，包括准许携带的器械、货物、姓名、年貌、户籍、住址、到达地点、返航限期等，均须开载明白。商众务尽数填引，不得遗漏。海防官及各州县仍置循环号簿二扇，照商引开列的器械、货物、姓名、年貌、户籍、住址、往何处、期限等，按日登记。贩外国者每岁给引，回还带道（分守漳南道）查核，送院（抚院）核查；贩广、浙、福州、福宁者季终带道查核，送院核查。

按明万历三年（1575 年）规定，东西洋每引税银三两、鸡笼、淡水税银一两；后来又增加到东西洋税银六两，鸡笼、淡水二两。每请引以百张为率，完后再请，仅限船数而不限到达何国。至明万历十七年（1589 年），福建巡抚周寀始把往东西洋贸易的商船数各定 44 艘，一年限 88 艘，给引如之。后来因出海贸易者多，又增至110 引，外加鸡笼、淡水、占城、交趾州等处共 117 引，明万历二十五年(1597

年）再增 20 引，共达 137 引。但是，因引数有限，供不应求，故市棍、包引之徒则从中上下欺诈，每每包引、包保至五、六船，倡言给引费至数十两，从中进行瓜分；有的甚至捏名给引，虚造邻里保结，把引移东转西，卖给越贩商人，致使海商叫苦不迭。

2. 水　饷

水饷系船舶税，征自船商，以船的梁头尺寸为标准。一般在十月修船时，由饷税官亲自到达修船地点，实际丈量船的宽度，编以天地玄黄字号，以某船往某处给引，以后若到同一港口则按原编字号的规格缴纳水饷，不必重新丈量梁头。其规定是：西洋船面阔一丈六尺以上者，每尺征饷五两，每多一尺加银五钱；东洋船颇小，量减西洋船的 30%；而鸡笼、淡水因地近船小，每船面阔一尺，征饷五钱。表 2-1 列出的是明万历三年（1575 年）规定的东西洋船水饷等规则：

表 2-1　万历三年东西洋船水饷征收规则表

船面阔度 （丈）	每尺抽税银（丙）		一船应征税银（银）	
	西洋	东洋	西洋	东洋
1.6 以上	5.00	3.50	80.00	56.00
1.7 以上	5.50	3.85	93.50	65.45
1.8 以上	6.00	4.20	108.00	75.60
1.9 以上	6.50	4.50	123.50	86.45
2.0 以上	7.00	4.90	140.00	98.00
2.1 以上	7.50	5.25	157.50	110.25

续表

2.2 以上	8.00	5.60	176.00	123.20
2.3 以上	8.50	5.95	195.50	136.85
2.4 以上	9.00	6.30	216.00	151.20
2.5 以上	9.50	6.65	237.50	166.25
2.6 以上	10.00	7.00	260.00	182.00

资料来源：（明）张燮著，谢方校注：《东西洋考》，卷七《饷税考》，中华书局 2000 年版，第 70 页。

3. 陆　饷

陆饷属商品进口税，以货物的多少计值征收，其税出自铺商。当时为防止漏税，规定商船返港后，船商不准擅自卸货，须待铺商上船接买，开列应缴税额，就船完饷后才能转运。其税率大约为 2%，即"每货值一两者，税银二分"，但可根据时价的高低随时进行调整，如万历三年规定的"陆饷货物抽税则例"，在明万历十七年（1589 年）和四十三年（1615 年）分别进行过两次调整，其中明万历四十三年（1615 年）的调整，其税额普遍比明万历十七年（1589 年）减少约 13.6% 左右。

表 2-2　万历十七年与万历四十三年陆饷货物抽税则例比较表

货物名称	单位	抽税额（两）		货物名称	单位	抽税额（两）	
		万历十七年	万历四十三年			万历十七年	万历四十三年
胡椒	100 斤	0.25	0.216	燕窝(下者)	100 斤	0.20	0.173
象牙(成器者)	100 斤	1.00	0.864	鹤顶(上者)	10 斤	0.50	0.432
象牙(不成器者)	100 斤	0.50	0.432	鹤顶(次者)	10 斤	0.40	0.346
苏木(东洋木小)	100 斤	0.02	0.021	荜拔	100 斤	0.06	0.052
苏木(西洋木小)	100 斤	0.05	0.043	黄蜡	100 斤	0.18	0.155
檀香(成器者)	100 斤	0.50	0.432	鹿皮	100 张	0.08	0.069
檀香(不成器者)	100 斤	0.24	0.207	子绵	100 斤	0.04	0.034
奇楠香	1 斤	0.28	0.242	香被	1 床	0.012	0.010
犀角(花白成器者)	10 斤	0.34	0.294	孔雀尾	1000 支	0.03	0.027
犀角(乌黑不成器者)	10 斤	0.10	0.104	竹布	1 匹	0.008	0.007
沈香	10 斤	0.16	0.138	嘉文席	1 床	0.05	0.043
没药	100 斤	0.32	0.276	香藤席	1 床	0.01	0.012

玳瑁	100 斤	0.60	0.518	大风子	100 斤	0.02	0.017
肉豆蔻	100 斤	0.05	0.043	阿片	10 斤	0.20	0.173
冰片（上者）	10 斤	3.20	2.763	交趾绢	1 匹	0.01	0.014
冰片（中者）	10 斤	1.60	1.382	槟榔	100 斤	0.024	0.021
冰片（下者）	10 斤	0.80	0.691	水藤	100 斤	0.01	0.009
燕窝（白者）	100 斤	1.00	0.864	白藤	100 斤	0.016	0.014
燕窝（中者）	100 斤	0.70	0.605	牛角	100 斤	0.02	0.018
牛皮	10 张	0.04	0.035	鹦鹉螺	100 个	0.014	0.012
藤黄	100 斤	0.16	0.138	毕布	1 匹	0.04	0.034
黑铅	100 斤	0.05	0.043	锁服（红者）	1 匹	0.16	0.138
番锡	100 斤	0.16	0.138	锁服（余色）	1 匹	0.10	0.086
番藤	100 斤	0.026	0.022	阿魏	100 斤	0.20	0.173
乌木	100 斤	0.018	0.015	芦荟	100 斤	0.20	0.173
紫檀	100 斤	0.06	0.052	马钱	100 斤	0.016	0.014
紫擦	100 斤	0.10	0.086	椰子	100 个	0.02	0.017
珠母壳	100 斤	0.05	0.043	海菜	100 斤	0.03	0.026
番米	1 石	0.014	0.01	没石子	100 斤	0.20	0.173
降真	100 斤	0.04	0.034	虎豹皮	10 张	0.04	0.035
白豆蔻	100 斤	0.14	0.121	龟筒	100 斤	0.20	0.173
血碣	100 斤	0.40	0.346	苏合油	10 斤	0.10	0.086
孩儿茶	100 斤	0.18	0.155	安息香	100 斤	0.12	0.104
束香	100 斤	0.21	0.181	鹿角	100 斤	0.014	0.012
乳香	100 斤	0.20	0.173	番纸	100 张	0.06	0.052
木香	100 斤	0.18	0.155	暹罗红纱	100 斤	0.50	0.414
番金	1 两	0.05	0.043	棕竹	100 枝	0.06	0.052
丁香	100 斤	0.18	0.155	沙鱼皮	100 斤	0.068	0.059
螺蛳	1 石	0.02	0.017	磺土	100 斤	0.01	0.009
獐皮	100 张	0.06	0.052	花草	100 斤	0.20	0.173
獭皮	100 张	0.60	0.52	油麻	1 石	0.012	0.01
尖尾螺	100 个	0.016	0.014	黄丝	100 斤	0.40	0.346
番泥瓶	100 个	0.04	0.034	锦鲂鱼皮	100 张	0.04	0.034
丁香枝	100 斤	0.02	0.017	甘蔗鸟	1 个	0.01	0.009

续表

货物名称	单位			货物名称	单位		
明角	100 斤	0.04	0.034	排草	100 斤	0.20	0.173
马尾	100 斤	0.10	0.09	钱铜	100 斤	0.05	0.043
鹿脯	100 斤	0.04	0.034				

资料来源：（明）张燮著，谢方校注：《东西洋考》，卷七《饷税考》，中华书局 2000 年版，第 70 页。

另有一些明万历十七年（1589 年）无开载的货物，明万历四十三年（1615 年）按时价估计，附其抽税则例如表 2-3：

表 2-3 万历四十三年新开载的货物抽税则例表

货物名称	单位	抽税额（两）	货物名称	单位	抽税额（两）
哆罗嗹（红色）	匹	0.519	粗丝布	匹	0.008
哆罗嗹（余色）	匹	0.346	西洋布	匹	0.017
番镜	面	0.017	东京乌布	匹	0.020
番铜鼓	面	0.087	八丁茶	100 斤	0.100
红铜	100 斤	0.155	青花笔筒	个	0.004
烂铜	100 斤	0.087	青琉璃笔筒	个	0.0045
土丝布	匹	0.016	白琉璃盏	个	0.004
琉璃瓶	个	0.01	翠鸟皮	40 张	0.05
莺哥	个	0.03	樟脑	100 斤	0.10
草席	床	0.009	虾米	100 斤	0.10
漆	100 斤	0.20	火炬	1000 支	0.10
红花米	100 斤	0.20	棕竹枯	100 支	0.03
犀牛皮	100 张	0.10	绿豆	1 石	0.01
马皮	100 张	0.346	黍仔	1 石	0.01
蛇皮	100 张	0.20	石花	100 斤	0.026
猿皮	100 张	0.10	胖大子	100 斤	0.03
沙鱼翅	100 斤	0.068			

资料来源：（明）张燮著，谢方校注：《东西洋考》，卷七《饷税考》，中华书局 2000 年版，第 70 页。

4. 加增饷

加增饷为附加税，仅征于往东洋吕宋贸易的商船。因当时占据菲律宾群岛的西班牙殖民者开辟了由吕宋到墨西哥阿卡普尔科的"大帆船航线"，把墨西哥银元运到吕宋来购买中国的生丝等货物，因此，往吕宋贸易的商船返航时，除了银元外，别无他载，即使带点土产，亦为数极少。针对这种情况，明朝政府规定，凡往吕宋贸易的商船，返航时除征水陆二饷外，每船需再加征银150两，称为"加增饷"。后来因税额太高，商人负担不起，到明万历十八年（1590年）减为120两。

对于加增饷的征收，有的船商钻其空子，返航时除货物外，每船载米或二三百石，或五六百石，其中尤以往吕宋贸易的船商陈华为典型。他满船载米，进港后不经盘验即竟自发卖，问其收税时，说是不在规定的范围之内。而大米在吕宋为价极廉，运回国后照样可获得高利。明万历四十五年（1617年），督饷通判王起宗针对这种情况重新作了规定，一艘商船准许载米50石作为食用米，免于征税，凡超出50石以外者，则照番米规则，每石税银1分2厘。

（二）饷税征收的弊端

明朝政府在月港设置征税机构——督饷馆，制定了各种饷税的征收办法，这不仅抑制了走私活动，增强了中国货物在海外的竞争能力，而且减少了国内民力的耗费，压低了海外进口商品的价格，对明代后期私人海外贸易的发展起了一定的促进作用。

然而，饷税官在征收过程中，却不按照规定办事，出现不少弊端，具体表现有如下几个方面：

一、水饷的征收是以船的梁头尺寸为准，而船商往往少报尺寸，饷税官却以此为由加以重科。经办的吏书人役又从中敲诈勒索，奸弊莫清。

二、发放商引时，除登记梁头尺寸外，还由巡海道发给印信官单一本，填报各船舱货物，以备检验。如报有差错，船没官；货物斤数不符，货没官。这些规定本来就很严厉，但饷馆书吏又命各海商先拟草单，由他们从中任意加增，使海商不得不多纳税款。

三、商船出海必须经饷馆委官验船始放行，而洋船多以百计，少亦不下六七十只，列艘云集，且高且深，仅委官两员根本无法胜任。船商为了不误风汛，只好贿赂放行。

四、商船返航进港，为防止转移货物，需由饷馆委官封钉待验。而返航商船经长途跋涉已坏损严重，加之货物超载，若不及时卸货，台风时作，难免有覆舟之厄，如明万历四十二年（1614年）就因这种情况发生，遂使"数十万洋货一飓立尽"。因此，船

商为求早日启封盘验，不得不求之差官，而差官"不饱欲壑，不为禀验"，正好为其大开勒索之门。

五、为防止商人虚报货物数量，采用了一种叫"加起"的做法，如申报本船1000担，共加起作1200~1300担有之，因此，商人不得不虚报，留下一些作为加起，结果账面上征收的钱不多，而实际征收的却远非此数，衙门吏胥借此大饱私囊。

六、一艘商船上的散商数以百计，而完饷时点交货物仅由船主和商首出面，他们乘机对诸散商多加科索，"有常例，有加增，有果子银，有头鬃费，名色不等""东洋船有敛三百余金者，西洋船有敛四百金者，悉归商首操纵，不止饷一费一，甚饷一而费二"，诸散商怨声载道，愤愤不已。

七、因每年发放的引数有限，供不应求，故市棍、包引之徒则从中上下其手，每每包引、包保至五六船，妄言给引费至数十两，至船回航销引时，又妄言费银数十两，从中进行瓜分；有的甚至捏名给引，虚造邻结，把引移东转西，卖给越贩商人，致使海商叫苦不迭。

八、当时因贩东洋之利倍于西洋，故有不少商船假借西洋文引而潜往东洋。为防止四月后超过季风期出航的船只有越贩之举，复在浯屿、铜山进行盘诘，而这些盘诘哨兵以此为利孔，尽行留难，阻滞拖延，需船商破费后始放行。

九、有的商船途中遭难，人货俱没，但饷官仍追勒其税，诛求其家人父子，甚至株连亲党，这是最残酷的苛政。至于有些在海外压冬未回者，也照样索取水饷，说是防止他们假道到日本贸易，其实大多数是中途漂泊，归来无期者，不应再征其饷税。

十、饷税征收，每年以60艘船为率，如纳贡法一样，无论出洋商船多少，贸易情况好坏，一概照征不误。倘若贸易年份不好，出洋商船少于60艘时，必将造成船商的负担加重。

十一、饷馆的吏书，由各府拨用，定为吏二书四，而这些吏书为壮其官势，携带大量人役，其费用完全分摊到商人身上。

十二、商主任意科敛散商的方物，如蔡美一船，开出征收方物银110两，而实际仅需缴一半之余。总之，这些海商需经受重重勒索，即"官市一，吏书市二矣；书吏索一，主商又敛二矣"。

上述种种弊端，推官萧基将之总结为"三害"：

一曰官害。督饷馆仓巡以下的官员，每逢海外贸易船返航进港，即多方营求差使，如田夫逐鹿。一旦被奉委，则将之作为致富机会，巧立名目，百般勒索，勒索之额往往超过常例的数倍之多，致使有的差使足未到船，早已白银充盈。因此，这些差官被称为"瘠商之蠹贼"。

二曰吏害。衙役之蛮横，以饷诸为甚，对上贿赂官员，对下勒索海商。报货物税时则隐匿其半，而送一半给吏书；收船税时隐匿其一，而其二分酬谢吏书。喜则啸虎，怒则张鸱，恶劣甚于官而油水肥于吏，饷税虽年乍亏折，而吏书则越来越饱，其携带的人役仗势欺人，气焰异常嚣张。故这些衙党被称为"残商之蜂虿"。

三曰奸商之害。一艘海外贸易船经常聚集有散商数百人，皆来自四面八方，在船上要听命于商主，受压于船主。而这些商主、船主从外洋就开始派敛众商，从一科十，从十科百，动称使费，代为打点。进入港口后，又与市棍、包引相互勾结，与衙胥、狙狯狼狈为奸，联合起来搜刮众商。结果造成散商无法承受，有的只好委货于中流，以求脱免。于是，这些奸商被称为"削商之刀锯"。

对此"三害"，萧基愤懑地说："三害不芟，将见吏书以积包者为市，包棍以船主为市，船主又以商梢为市，其究商绝民困，饷亏计穷，浸渐以往，又不止今日之情形也。"他于明万历四十四年（1616年）提出了一些制止饷税征收弊端的措施，如商船的梁头尺寸应在修船时丈量登记上册，以免征收水饷时任意加增；为防止货物转移，偷漏饷税，只需严禁地方套小艇，先在海外接载饷货，对商梢登岸，禁止用小艇渡载，而搜检有无夹带货物则可，对商船不必封钉待验，以免差官借启封盘验之机，大开勒索之门；对返港商船，随到随验，限以三日为期，不得逾期刁难，违者究治；对遭难或被劫的商船，只要同港邻澳证实不虚，则应免征饷银，至于压冬归来无期者，也应免征，如因饷乏非征不可者，只能先征半数，留一半待其归来后征之等等。这些提议得到分守参知洪世俊的赞许，上报巡抚中丞待批。

翌年，督粮通判王起宗署明万历四十五年（1617年）饷，为废除饷税征收的弊端，实行了"便商六法"：

一、商舶进港，即时往验，风雨无阻。

二、货物过秤盘验，亲自核实。

三、今岁出洋商船遭荷兰殖民者掠夺，舶货仅存其半，饷若照旧全征，不堪承受，即准许减半征收。

四、对久留海外漏报饷税者，按规定应整船没官，而今仅补缴漏报饷税，不予追究。

五、对一些借口上进方物，减价强买，额外横征的做法，一概下令禁止。

六、对遭海难，全舟覆没者，往时征饷如故，现根据实际情况，务必宽恤免征。

王起宗这些兴利除弊的做法，使海商免受勒索之苦。海商们为颂扬其功绩，特在月港为之树褒奖碑。

五、月港工业生产

月港的海外贸易，扩大了商品流通，促进了月港工业、手工业迅速发展。正如张燮在《东西洋考》中记载，"富家征货，固得满载归来；贫者为佣，亦博升米自给""富家以财，贫人以躯"。这种雇佣关系为资本主义萌芽在中国的发展奠定良好基础。当时，漳州地区最为发达的纺织业因销路大，家庭纺织业遍及城乡，"纱绒之利，不胫而走，机杼轧轧之声相闻"。漳州生产的纺织品种类达10多种。由于海外贸易的发展，出现以进口物资为原料的手工行业。如牙雕的原料来自海外，漳人刻为牙仙人、牙箸、牙带、牙扇等，又销往海外市场。

（一）食品加工生产

1. 漳台仙草制作技艺

仙草又称凉粉草、仙人草、仙人冻、薪草，是重要的药食两用的东方植物资源。"田草"是仙人草熬成的，仙人草在《中国医学大词典》中记载："茎叶秀丽，香犹藿檀，夏日取汁，凝坚成冰。"有"泽颜、疗饥"之功效。早在明清时期，劳作在闽台等地农村乡间的民众就利用仙草熬制成盛夏解暑的清凉饮料。清光绪《漳州府志·草之属》记载了仙草的功能。

清康熙二十二年（1683年），清政府统一台湾后，那时"海禁"政策时

仙 草

紧时宽，有数万漳州青壮年，先后以各种途径移民台湾。至清乾隆年间（1736—1795年），清政府取消不准大陆人民携家眷赴台的禁令后，又有大批早期单身去台的漳州人，纷纷回乡携带妻室儿女移居台湾，期间移居台湾的漳州民众达数十万人。泰山企业先人加入开垦台湾行列，横渡台湾海峡。康熙末年，第十五世詹时谨携夫人梁氏开垦台湾彰化永靖，将从家乡诏安二都携带的仙草熬制成清凉饮料，将此制成解暑之方。此方后来竟成为在台湾彰化县员林第二十二世詹玉柱母亲涂氏维持家族生计的来源之一，为日后家庭企业的发展夯下了桩基。

后人詹氏四兄弟胼手胝足，从耕农、学徒、从商开始，把握契机建立了"益裕制油厂"，直至成立泰山企业。为了弘扬中国传统民间美食文化，詹氏兄弟尊崇祖训，传承了漳台民间传统田草（仙草冻）的制作方法，使

这一清凉降火的民间良方得以流传下来并发扬光大，将漳台仙草传统制作技艺与现代食品工程技术相结合，为泰山企业开拓出广阔的市场。

"漳台仙草传统制作技艺"是两岸传统饮食文化认同的纽带，是两岸民间传统饮食文化相互交融的珍贵遗产，是研究民间传统饮食制作技艺文化传承变迁发展史的重要依据。

2. 东美香脯糕制作技艺

东美香脯糕制作始自明崇祯年间，当时是东美街（位于龙海市角美镇东美村后面街）"锦成"号糕饼店独家经营的名品，距今已有300多年历史。香脯糕在清朝同治年间最为盛名，它不仅名震闽南，还畅销东南亚各地。

东美香脯糕制作技艺主要程序有：绿豆粉炒制，蔗糖粉碎，猪油提炼，葱头加工，香酥红葱，搅拌揉捻，手工印制，包装成品等。地道的东美糕以绿豆磨粉为原料，炒熟后贮藏于大缸之内，放置阴凉干燥处，几经翻缸，达三四十天，而后以传统技艺配制精制白砂糖、葱花、葡萄糖、精炼油制作而成。此糕入口即化、清凉润喉。不仅可作为上等茶料，也可调糊喂养幼婴。

东美香脯糕是龙海市传统的名牌糕点之一，由于它有浓郁的葱油香味和特有的润喉、冰凉口感以及浓浓的古早味，深得人们的喜爱。每逢年过节、婚寿喜庆，家家户户必备东美香脯糕招待亲朋好友，这已成为传统民俗。当亲朋好友佳节欢聚，泡茶品茗，配上一盘东美香脯糕，无限乐趣油然而生。

在龙海市角美镇，香脯糕作坊随处可见。其中东美佳庆食品厂所生产的香脯糕，是祖传制作方法和现代技术的结晶，其味道独具传统特色，在众多甜点中脱颖而出。在厦门、漳州、云霄、龙海及邻近市县都有固定的经销商和顾客群，且远销台湾及东南亚各国。

东美香脯糕

海澄双糕润

月港海外贸易

161

3. 海澄双糕润制作技艺

海澄，古为月港，民间每逢岁时节日、婚庆喜事，都要蒸制糯米糕粿，人们称之为"甜粿"。海澄双糕润是由甜粿类演化而来，制作技艺传承至今已有170多年的历史。

海澄双糕润选用精选的白糯米粉、上等白糖为主要原料。把白糯米粉和白糖放入石臼中干捣，加以筛选拌匀后再和水边捣边拌，直至变软成团，然后平铺于蒸笼内，加上冬瓜条、肥肉块、油葱等佐料，旺火蒸制而成。糕如树胶，质纯不粘，滑而不油，气味芳香，甘甜适口。双糕润又白又透明，冰冷滑润，亦甜亦咸，又油又香，咀嚼细品，余味无穷，是正宗的佐茶之点心，送礼婚庆必备佳品。

海澄双糕润在继承传统制作技艺的基础上，经过摸索创新，在保质期的技术上取得新突破，能够在三个月内保持口感不变，产品远销全国各地，以及香港、澳门、台湾地区和东南亚一带，满足不同消费者的需求。

闽台物缘，台湾屏东也有双糕润。据考证，屏东双糕润的传统制作技艺是从海澄传过去的。海澄双糕润成了维系两岸民众情感的饮食纽带，促进了两岸经济文化交流。从海澄走出去的海外侨胞、华人和港澳台同胞，对家乡的名小吃特别有感情，他们经常品尝家乡生产的海澄双糕润，以怀念故乡祖地。

4. 浮宫杨梅腌制技艺

龙海市浮宫镇位于九龙江下游，依山傍水，雨量充沛，土地肥沃，靠山11个行政村45个自然社都种植杨梅，全镇种植面积3.5万亩，誉称"福建杨梅第一镇"。浮宫杨梅于南宋年间由晋江安海引进种植，至今已有800多年的历史。

杨梅属亚热带常绿果树，味甘酸性温，含有丰富的糖类、果酸、柠檬酸、苹果酸、草酸、蛋白质、脂肪、铁、磷、钙和多种维生素营养成分，具有生津止渴、和胃消食、益肾利尿、解暑止泻之功效，是男女老少皆宜的佳果。据《开宝本草》记载，杨梅具有化痰、止咳、止呕、消食、解酒等多种功能。据医学研究，杨梅还含有一定抗痛物质，对肿瘤细胞生长有抑制作用。

浮宫杨梅腌制技艺历史悠久，尤其是杨梅干，果农家家户户都能自制。杨梅干腌制方法：将杨梅洗净去污，装入木桶或瓷瓶或水缸，放清水及食盐封存浸泡，数天后取出再参拌适量食盐，使其均匀，晾晒成干，包装密封储存。杨梅干泡汤，喝后可止腹泻，对中暑也有一定的疗效。

此外，杨梅还可以加工成杨梅蜜饯、杨梅酒等系列食品。杨梅蜜饯风味独特，清甜芳香，有止渴解暑、提神助消化之功效；杨梅酒艳红晶莹，果香浓郁，酸甜可口，盛夏时节饮后顿觉气舒神爽、消暑解渴。杨梅系列

产品是招待客人的美味食品和送礼佳品，产品销往全国各地。

5. 白水贡糖制作技艺

白水贡糖产地起源于碧溪白水营（今龙海市白水镇），始创于清乾隆年间，当时漳州府以之作为贡品进献朝廷而闻名，其制作技艺世代相传，距今已有200多年的历史。白水贡糖以精选优质地产的花生仁、白砂糖、麦芽糖为主要原料，经炒、煮混合锤炼加工制作而成。在制作过程中严格掌握好"二准""三快"。"二准"：一是炒花生时火候看准，二是白糖、麦芽糖搅煮时火候看准；"三快"：一是花生仁下锅与麦牙糖搅拌要快，二是起锅后人工捶打要快，三是切贡糖及包装要快。成品具有"味香、质醇、食酥、色美"的特点，能入口自化，

不留渣屑，回味无穷，故有"入口酥"的美称，是地道的老字号美食、龙海市十大名小吃之一。

白水贡糖在传统制作技艺的基础上，吸收现代先进的工艺生产操作技术，进行较大规模生产，由原始的生产基地扩展到白水镇楼埭村、方田村、大霞村等村庄。传统的白水贡糖以竹叶红纸包装，吉祥喜庆，是赠送亲朋好友和操办婚礼的上品。现在大多改用彩印盒装或玻璃纸精装，更适应时代的发展和市场的需求。

白水贡糖闻名遐迩，饮誉海外，成为联接港澳台同胞和海外侨胞思乡爱国的饮食纽带。当他们聚首品茶时，就会配以白水贡糖，睹物思乡，怀念故土。

6. 东园粉粿制作技艺

粉粿是龙海的传统风味小吃，起

源于明万历十八年（1590年）。清光绪年间（1890年），地尾村厝仔社农民甘螺、甘铁堂兄弟二人进行研究并改进制作技艺，使粉粿口感更佳，老少皆宜，堪称夏令佳品，一直传承至今。

粉粿的主要成分有绿豆粉、明矾、龙脑（冰片）、沙糖、食盐。李时珍著《本草纲目》第二十四卷谷部载：绿豆味甘性寒，无毒；绿豆粉味甘性平凉，无毒。主治：消渴解毒，霍乱吐泻，暑天痱疮，肿毒初起，赤痢痘痈。矾石：亦名涅石、羽涅、羽泽，味性酸寒，无毒。主治：疾中风、胸胃积疼，喉痛乳蛾，疔疮肿毒，口舌生疮等。龙脑又名冰片，味辛苦，性微寒，气极芳香，辛香有开窍醒脑作用，苦寒能清热明目；内治痰热内闭，神志昏迷，外用目赤肿痛，痈疽疮疡等症。沙糖：味甘性寒，无毒。主治心腹热胀，口干渴、润心肺，解酒毒，和脾缓肝等症。以上药性及功用，足见绿豆粉粿之绝妙。

粉粿质地晶莹剔透，柔韧而富有弹性；其口感冰凉滑嫩，爽口而味道鲜美；其功用清热解毒解酒，润肺润喉润肤，是老少皆宜、常年食用之佳品。

粉粿的发源地在龙海市东园镇地尾村厝仔社，制作技艺历史悠久，源远流长，在闽南一带闻名遐迩，久负盛誉。现第二十一代传承人甘国省秉承祖上粉粿制作技艺，带动本社十几户人家，传授此项技艺，制作的绿豆粉粿年销售10万斤以上。

土笋冻

7. 浮宫土笋冻制作技艺

龙海市浮宫镇位于九龙江下游出海处，海岸线长达18公里，在漫长的海堤外，生长着苍绿茂密的红树林，海滩上盛产着土笋。土笋学名叫"海虫"，长4~5厘米，外表粗陋、黑褐色、肥圆细长、状似蚯蚓，藏在海滩里。

浮宫土笋冻制作历史悠久，技艺精湛，闻名海内外。明正统十三年（1448年），陈屠龙开基霞郭村下寮社，当时耕地经常遭受旱涝，只得下海"刘土虾"以补生计，到第四代陈宗益，发现一种藏在海滩里的土笋，如获至宝，经洗净泥浆，压出内脏和杂质，抒洗蒸煮，食后觉得味道鲜美清甜，就发动乡亲到海滩掘土笋。九月天渐寒冷，有人将吃剩的土笋汤放在"菜篮"内，发现冻结且保持新鲜度，逐步研制出土笋冻，世代传承至今。

土笋冻制作方法，是将鲜土笋踩压洗净，加水入锅以旺火猛煮，至其

汤呈胶状为止，然后分别盛至小碗内，放置到通风处，冻结即成。随着电气化的发展，不用自然风改用冷冻，一年四季都有土笋冻上市。

浮宫地处九龙江出海口，咸水和淡水混合，水质不咸不淡，故土笋清淡，制作的土笋冻晶莹透明、嫩脆清甜、滑冷爽口，风味独特。配上精制的佐料，更是别具一格，品尝者皆赞不绝口，是喜庆宴席上一道风味独特的佳肴，也是酒家饭馆小吃摊首推的美食。其品质优美，供不应求，是闽南一芁传统名小吃。回国探亲、观光旅游或经商的侨胞华人，总要尝吃家乡的土笋冻，饱享口福，不忘故土。

（二）手工艺生产

1. 漳州水仙花雕刻技艺

漳州水仙花是龙海的特产，花分单瓣、复瓣两种，单瓣名为金盏，复瓣名为百叶，是中国"十大名花"之一，也是驰名世界的名花。据《龙溪府志》记载，水仙花栽培历史悠久，雕刻艺术源远流长，自明景泰年间延续至今已有500多年。据考证：龙海市九湖镇蔡坂村张氏始祖思林公之孙张光惠于明景泰年间，回乡时于洞庭湖水面拾得两粒水仙花，遂将其带回植种，次年寒冬腊月，百花凋零，惟独水仙花开出了丽彩迷人、芳香沁人的花朵。之后张氏后代年年栽种，繁植至今。

漳州水仙花雕刻技艺，主要是雕刻师采用钢制的刻刀、刻片、刻钳、刻剪、修叶刀、刻针等工具对水仙花茎球进行八个流程的雕刻。雕刻后的水仙花茎球经过浸洗、盖棉、定根、管理、控温，生长开花后千姿百态，婀娜多姿，造型逼真，其形状胜似仙女降落人间，栩栩如生，令人百赏不厌。

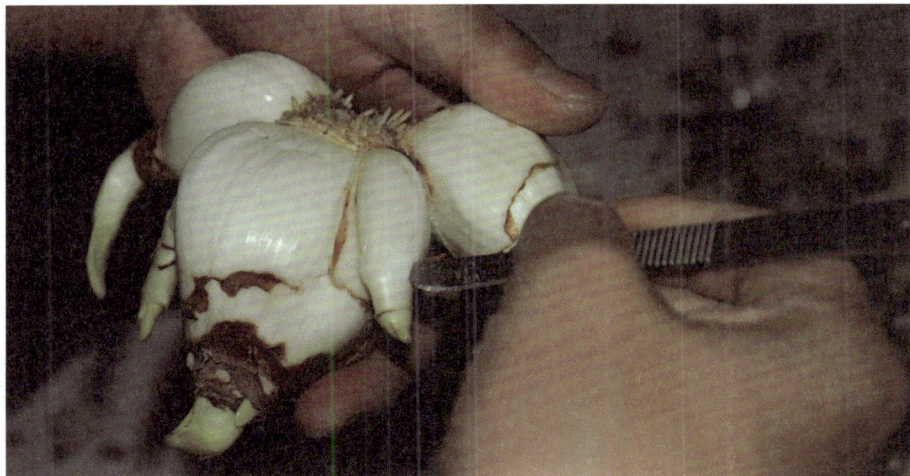

水仙花雕刻

历代文人骚客曾为水仙花吟诗作画，净化着人们的心灵，激发着人们的情感世界。

水仙花历经数百年沧桑，常青不衰，气味清香、型态秀丽，尤以奇特的雕刻造型，更是迷人如醉，深受人们欢迎和喜爱。如今，在闽台港澳地区，流传着许多水仙花美丽的传说、动人的故事。人们把水仙花视作圣洁的神花，作为家运、财运兴旺之象征。在闽南，每逢新春佳节，人们必定放几盆水仙花于大厅内，以求来年走好运。在台湾，民众把水仙花视为家中之宝，供奉于大堂之中，以求富贵吉祥。在港澳，过年时市民们喜欢于门前摆上几大盆水仙花，以求来年发大财，气顺财旺。

水仙花市场广阔，销路顺畅，内销全国各大城市，外销东南亚、欧美等数十个国家和地区。自2005年以来，漳州市水仙花协会连续带着水仙花和雕刻师，漂洋过海，在台湾举办"水仙花技艺展"，展出期间得到各阶层的赞赏，不仅为台湾民众带去芬芳的清香，更为沟通两岸的关系搭起一座桥梁。

2. 紫泥北岸篮编制技艺

龙海市紫泥镇西良村的北岸篮历史悠久。明末清初北岸社农民于农闲之时，栽竹于港边护岸，遂成民俗。后来北岸社以竹器手工为副业，编制的簸箕为劳动工具，编制的篮子供人盛物。特别是编制的篮子工艺越来越精湛，产品供不应求，而且编成后再进行艺术加工，篮子两旁吉祥书画对称，最后还要漆上清油，因此篮子美观实用质量好，雅观喜人，早年就闻名闽南一带，故时人以其社名称之"北岸篮"。北岸篮风靡漳州、厦门、泉州，为婚俗必需品。历代相传，遂形成特色编制技艺。

北岸篮编制一般有三个过程。第一步是选料：选竹子很有讲究，最起码要选已生长3~4年的竹子，要长得茂盛的竹子。选好合适的竹子还需要根据制作产品的种类、尺寸的要求锯好竹料。第二步是劈篾：即竹子加工成篾丝或篾片。劈篾要先破竹去内皮、刮皮。劈篾十分讲究技巧，手和刀要成一条线，双手用力要均衡。工序有破竹、刮皮、劈细、劈篾、切段、削刮等。第三步是编制：竹编的编制技法很多，内容丰富，篾匠师傅采用直径纬编、六角六方编、三角眼编、人

北岸篮编制

龙舟制作

字编等等，长长的竹丝瞬间就组成各种图案。编织工序多，起篮底、编篮桶、折篮嘴、绕篮缘、编篮脚、织篮盖、安提手、彩绘上漆。

北岸篮以大小号分类有8种。大号的同米箩口一样，用于年节由两人抬着送龟粿；中号有两种，其直径各为36厘米和24厘米，用于结婚女方随嫁盛物；小号的过去用于装白银（一小篮装一千银元）或盛其他较名贵物品；最小号有4种，其中最后一种只有碗面之大，一般作为艺术品陈列，供人欣赏。大号和中号的北岸篮小孩可站上篮盖不损坏，各种北岸篮可盛水不漏。

北岸篮编制一般是以篾匠师傅带徒弟做散户的形式传承着世袭的手艺，形成分散而众多的师徒传承体系。随

着时代的变化，装盛容器的变革，竹篮用量少，北岸篮编制技艺的传承已濒临危机，亟待保护。

3. 漳州龙舟钉造技艺

九龙江流域河网纵横，漳州人们的生产、生活与舟船结下不解之缘。在靠近九龙江水域两岸范围内，大凡庵庙中供奉"水仙尊王"神像的自然村社，几乎都有每年农历"五月扒龙船"的传统民俗，这种龙舟竞技活动已有600多年的历史。九龙江两岸村社龙舟数量最多，扒龙船景点也最多，龙海市紫泥镇地处九龙江出海口，造船业应运而生。

紫泥镇紫泥村龙舟钉造技艺已传承了100多年，是漳州龙舟钉造技艺的代表项目之一。始传承人吴敬，18岁

167

学艺，掌握钉造龙舟全部技艺，后来自己经营龙舟钉造坊，历代相传，传承了第二代吴芹、第三代吴兆荣、第四代吴跃南（现年70岁）、第五代吴来福。

龙舟钉造技艺流程为：选材（选底骨、龙骨，主要选垂直的大杉树做底骨）、切木，起底（钉蝴蝶底，起蝴蝶底）——打水平（中线定位，平衡蝴蝶底）——转水（安装挡水板）——做大旁（舟两侧舷板，也称"钉大波"）——做横挡（舟排骨）——起水（拗弯龙骨，呈流线型，安装龙骨）——安龙肠（俗称安"扑竹"）——上桐油灰（板与板之间缝隙加固，防漏水）——刨光——涂清漆（使舟光滑，也称扫柚油）——制作安装龙头——安装尾舵——制作木桡——请船下水。钉造的龙舟主要有两种："大龙舟"（俗称"尖仔船"），龙舟体长25米，船高0.66米，35对桡桨，两头翘起，气宇轩昂；"小龙舟"（俗称"披仔船"），龙舟体长12米，24对桡桨。龙舟的结构部分有龙头、龙尾、龙骨、龙肠、舷板等，活动部分则有木桡、龙舟舵、龙舟鼓、双铜锣及龙旗等饰物。

紫泥村龙舟钉造技艺经几代传承人的努力，对龙舟制作工艺掌握全面，技术精湛，精工细作，设计科学。成舟坚固耐用，线条流畅，造型优美，物理性好，重量轻、吃水浅、舟速快，销往漳州、厦门、泉州等地，很受使用者的欢迎。

（三）陶瓷烧制生产

考古发掘表明，漳州地区出现原始瓷器的历史可上溯到青铜器时代。至宋元时期，漳州已成为福建地区贸易陶瓷（即外销瓷）的重要产地。漳州地区明清时期窑址濒临九龙江北溪的狭长地带绵延数十里，在今天窑址发现的窑炉、作坊和村落遗址，可见当年千百水碓、漫野窑烟的盛景。明代中后期月港更是名闻海内外的商港，便利的交通使漳州瓷业生产呈现一派发达的势头。

据考证，漳州瓷器（素三彩瓷）始于明代，在清代康熙年间最为盛行，烧制技艺历史悠久，质量上乘，享有盛誉，是珍贵的艺术作品。素三彩瓷以各式香盒为主要产品，十六七世纪大量出口，国内存量极少。在日本、台北故宫博物院、山东兖州县图书馆、中国历史博物馆、上海博物馆、福建省博物院及厦门华侨博物院、漳州市博物馆等处均有少量精品珍藏。

原漳州府龙溪县紫泥钱厝人钱番祥（1890—1935）于1906年前后，前往平和九峰南胜从事烧窑作业，师从江西籍窑工的后裔曾姓师傅，学成技艺后返回老家，在龙溪县石码仕兜村筹资建造了"虾蛄窑"，烧制以"素三彩"为主的瓷器并获成功，产品由月港及后来的厦门港集结销往日本及东南亚各地。钱番祥去世后，其子钱兴（1909—1979）接手"虾蛄窑"，传承父亲事业。1956年，钱兴之女、

时年 14 岁的钱如珍秉承了祖上工艺，进入陶瓷厂工作。

20 世纪 90 年代，钱如珍与其夫洪树德（福建工艺美术学院教授），开始深入研制漳州瓷器（素三彩瓷），带领传承人进行大量的试制、试烧工作，经过不断地努力，终于烧制成功，恢复了素三彩瓷的传统烧制技艺，为研究我国明、清素三彩瓷器的烧造工艺、发展演变等提供了重要资料，这对研究中外陶瓷贸易、陶瓷技术与文化交流史有重大学术价值。

漳州瓷器（素三彩瓷）烧制技艺源远流长，技术精湛，在中国陶瓷制造史上占有一席之地，其传承对增进漳州对外文化交流具有独特的意义。

（四）造船制造业生产

月港开禁后，私人海外贸易迅速发展起来，当时由月港出洋的商船"大者广可三丈五六尺，长十余丈；小者，广二丈，长约七八丈"，"多以百计，少亦不下六七十只，列艘云集，且高且深"[1]。这些经月港出海到东西洋的商船，据英国学者唐纳斯分析，一部分来自福州造船厂制造，一部分是月港当地建造。《海澄县志》载"自正德以后，月港豪民多造巨舶向外洋交易"，民间"私造

双桅大舡下海"的很多。顾炎武说"船高大如楼，可容百人""其帆桅二，其中为四层""惟利大洋"。《东西洋考》载："澄民习夷十家而七。"万历年间，月港船运业出现"富家征货，固得稇载归来；贫者为佣，亦博升米自给"或"富者出货，贫者出力，懋迁居利"。

在明崇祯十一年（1638 年）墨西哥出版的《奇异的旅行》一书所收录的一位居住马尼拉十八年神甫写道："中国商船的大部分来自福建的厦门和漳州。"他所说的厦门、漳州，就是指月港。这些史料都充分证明月港周边的船舶制造业相当发达，技术高超。这时期，月港私造的双桅过洋大船，来往暹罗、麻六甲、彭亨、日本、琉球等国，"与番舶夷商贸贩方物，络绎于海上"。广东、浙江的海商也于"漳泉等处造船买货，由月港入番"。

承继明代月港发达的造船建设和技术，作为九龙江的出海口，海澄、紫泥等地占据良好的地理优势，大力发展造船业。目前，龙海市已拥有民营修造船企业 40 多家，年产值 30 亿元，形成钢质船舶修造、船舶物资供应、船舶机械制造、玻璃船艇建造等造船产业链，成为闽南地区最大的民营船舶修造产业基地。

---

[1]（明）张燮著，谢方校注：《东西洋考》，卷九《舟师考》，卷七《饷税考》，中华书局 2000 年版。

第三节 月港管理设置

月港走私猖獗贸易盛行，海寇商人纷争不休，引起明朝政府的恐慌和重视。明嘉靖九年（1530年），福建巡抚都御史提议在海沧设立安边馆，每年由漳州府、泉州府等派通判一员住镇管理，半年一轮换。这就是月港首次设置海防机构。明嘉靖四十四年（1565年），漳州知府唐九德建议析龙溪县一都至九都及二十八都五图，并漳浦县二十三都九图，合立为"海澄县"。进一步加强月港社会治安管理和经济税饷征收。随后，又筑溪尾铳城、大泥铳城、圭屿铳城、九都城等作为抵御倭寇和海盗侵扰的军事防御堡垒。

一、溪尾铳城

"溪尾铳城"位于龙海市海澄镇豆巷村溪尾社，在阿哥伯码头岸顶。建于明崇祯二年（1629年），为船舶出入港时接受驻军检验点。溪尾铳城原规模"周六十丈八尺，北临海砌石二十五丈，炮孔一十有五，各置神飞大炮。余四十五丈乃用灰土，旁各炮孔九，各置神飞中炮，四面各建楼"，现在楼台已荡然无存。北临海的城墙被拆用筑为海堤，现溪尾铳城所遗残墙约7米长，宽约50厘米，高约45厘米，均为灰土（砂）质。墙面青苔满目，杂草丛生。

溪尾铳城的东面原有一个大泥铳城，建于明天启二年（1622年），意在防"红夷警至"，建置后对抵抗外敌及海寇侵扰曾起了很大的作用。《海澄县志》记载，"崇祯元年八月八日，贼舟入大泥，我师击之，贼惧不敢近……扬帆去，垣内伏兵发炮击之，贼舰煨烬，浮尸蔽江"。现大泥铳城已毁。

据史料记载，明末清初，清政府与郑成功的反清武装在闽南沿海相持不下，争战近四十年，战火殃及月港。清廷为扼制郑氏集团，下令实行禁海内迁，宣布海澄沿海三十里地划为"弃土"。毁屋撤垣，公署、寺庙全都付之一炬，溪尾铳城及大泥铳城因此战乱而毁弃。

二、圭屿铳城

圭屿铳城位于九龙江出海口中心航道上，四周礁石错落，陡崖峭壁，形态宛如古帝王诸侯朝觐或祭祀时手

执的玉圭，故名圭屿。岛上东南海滨有一海蚀柱，形肖挺胸引颈长鸣的雄鸡，又名"鸡屿"，因俯瞰状如巨龟，别名"龟屿"。圭屿地理位置极为重要，扼九龙江之咽喉，是海上进入内陆的门户。为了抵御海寇的骚扰，明隆庆年间（1567—1571年），官府于此筑城，屯兵放哨，设"盘验"稽查出入东西洋商舶，招募士兵守卫，万历年间又在岛上建有瞭望塔等军事建筑。据《漳州府志》《海澄县志》及《厦门志》等文献记载，圭屿在厦门岛西面，"屿立海中，为厦岛之内臂，漳郡之外户，明置铳城御寇"。

明万历二十七年（1599年）闰四月，御马监监丞高寀被明神宗委任为福建矿税监，负责督征八闽的矿山水舶饷税。高寀初入闽时，地方官员认为税监官原非常设官员，不需要创建监署公馆，只要找寻一处空闲别署使之栖止，不至于让他在野外办公即可。但高寀心中自有盘算，他晓得福建的税额以漳州海澄的商船税为最巨，故躬自巡历驻于海澄。又借口公署狭小加之离港口甚远，不便征收税饷，欲移居海口便于办公。地方一些奉承官员正好投其所好，为他在澳头及圭屿分建两馆，耗费白银3000两不止。

明天启二年（1622年），荷兰侵略者据守澎湖，由厦门岛逼攻圭屿城

寨,被漳州海澄知县刘斯悚率部击退。至明天启七年（1627年），明军增加了岛上兵力守卫，抽调海澄标游兵哨守，兵员人数根据战时需要而随时增减。但是，至清道光年间，由于城址年久失修，逐渐荒芜而废弃，岛上所建瞭望哨塔也倒塌，但清廷仍派遣提标中营士兵驻扎守卫。

由于海路关系无法登岛，目前岛上具体情况不明。

三、万松关

万松关坐落于岐山与鹤鸣山之间的万松岭（即堆云岭），东邻瑞竹岩、江东桥，西毗龙文塔、云洞岩，南临九龙江西溪、北溪交汇处，扼进出漳州之门户，为古时"入漳第一关"。

据光绪版《漳州府志》记载："万松关，在鹤鸣、岐山之间，即堆云岭也。岭为京省孔道。万历初，邑绅陈克聪于岭上植竹树以憩行人，岁旧雕枯，惟巨石尚存。万历末，提学沈儆炘题曰堆云岭。"也有说因陈克聪"植松夹道，连荫十里"，因此称万松岭。这里是古代的交通要塞，又是历来兵家必争之地。《龙溪县志》说："六朝以来，戍闽者屯兵于泉州之龙溪，阻江为界，插柳为营。"唐代陈元光入漳之时，"遣人沿溪结筏，间道袭蛮，逐建寨柳江之西"，驻兵于"岭极高峻，

万松关外景

上有汉唐故道"的揭鸿塞，时称"军营岭"。

万松关平面呈长方形，城门两侧各备楼道上下，门洞上方有谯楼遗址，外侧辟走马廊。城墙全部采用工整的长方形花岗石砌成，高 25 米、宽 7 米，全长 100 多米。关上古城堡结构，关墙上石筑垛口整齐坚固，其堞高可见海。关城拱形城门宽 3 米、高 3.5 米、深 8.5 米，城门路面条石铺设平坦、墙门前后均设门把关。高大的城门关上，嵌着一块青石横匾，镌有林釬亲手题写的"天保维垣"四个雄浑有力的楷书大字（《漳州府志》记为"天宝维垣"有误，有些介绍万松关的文章据此，以讹传讹）。关城巍然耸立于古道上，两边悬崖峭壁，岩洞深幽，形成一道天然屏障。在冷兵器时代，据此要塞，居高临下，可谓"一夫当关，万夫莫开"。林釬的《施公新筑万松关碑记》说：漳州城"今在金汤以内，安堵其间，逢圣明在御，牧守贤良，桑麻乐业，人且登游其上，望云物而咏天和"。这座雄伟坚实的关城几百年默默守护漳州城，成为护城卫士。说到万松关的建设，不能不提到漳州的乡贤林釬。林釬（1568—1636），字实甫，号鹤胎，出生于现在的漳州市龙文区蓝田镇蓝田村洞口社，后移居南靖中埔总（今南靖县丰田镇古楼村）。明万历四十四年（1616 年），林釬考中进士，殿试第三名，授翰林院编修。他办事公正，自奉清廉，刚正不阿，后因看不惯奸臣当道，抛下乌纱帽回到家乡。他回乡归里后了解到不少社会贤达和地方民众希望在岐山与鹤鸣山之间的万松岭建一座关城，以护卫漳州城及东郊，防范倭寇的侵扰，便把乡亲们的这一建议提交给当时的漳州知府杜遂，杜遂采纳这一建议，组织建筑万松关，到其后任施邦曜才完成这一工程，这时是明崇祯二年（1629 年）。林釬为此写了《施公新筑万松关碑记》，记叙万松关的建设经过，刻碑立在万松关旁。

万松关历经多次战火烽烟，特别是清初的郑成功和清末的李世贤曾先后率军与清兵在此鏖战。20 世纪 60 年代，关墙条石被拆去修河闸，筑堤坝，建大桥，城顶炮台也被毁。万松关一下子矮了大半截，现城墙残长 55 米、高 8 米、厚 4 米。《施公新筑万松关碑记》也被弃于一旁，断成三截。然而，作为时代的见证，它可以说是一部石头写成的历史巨著，其历史价值、文物价值和旅游价值不容忽视，正等待我们去维护和恢复，去开发和利用。

即使从目前残余的部分，我们仍可以想像当年的威武雄壮。站在城楼顶上，只见一条大道顺着两峰夹谷，穿过深广的城门，蜿蜒伸展于关外群峰之间。回望关内，漳州平原风光秀丽，一览无垠。万松关内外，风光旖旎，美不胜收。周边景点众多，如云洞岩、江东桥、邺

173

山讲堂、节孝坊、瑞竹岩、五营寨、石室岩、中正和平坊等，还有近年才引起关注的左宗棠所书纪事碑铭，真是举不胜举，都在方圆数公里内。

四、浯屿水寨

浯屿水寨，素有厦门"海上门户"之称。清道光四年（1824年），官府立有碑铭，上镌："浯屿、小担、大担并峙于港口海中，实为厦岛门户。大小担之间沟狭而水浅，惟浯屿与小担之间海阔而水深，商舶出入恒必由之。"明洪武年间，"江夏侯"周德兴至此筑水寨驻防。明嘉靖二十七年（1548年），都指挥使卢镗于此大败倭寇。明天启三年（1623年），福建巡抚南居益、总兵谢隆义大破红夷于该水域。清道光时，福建水师提督许松年新筑营墩，建炮台、烟墩台及瞭望台。郑成功当年亦驻军岛上，操练水师。

五、征税机构

月港征收的饷税数额，增长还是比较快。明隆庆六年（1572年）开始征收时，仅3000两；明万历三年（1575年），中丞刘尧诲请将舶税充兵饷，岁额为6000两；翌年则增至10000两，并刊入章程银；至明万历十一年（1583年），又增至20000多两。明万历二十一年（1593年），因日朝战争实行过一年海禁，滨海人民生活无着，仍违禁私自下海，或假借县给买谷、捕鱼的引票，竞走外洋贸易。当时

的中丞许孚远深恐如嘉靖时发生变故，于是移檄招谕，凡停留在国外的贸易商及贸易船只，不管以前有否申请商引，在外停留时间长短，均准许驾船回国，按照规定到官府缴纳饷税，一切违禁通番或压冬情罪均可赦免。这个招谕令对滞留在外的贸易商震动很大，当时就有越贩商人胡台、谢楠等24艘船闻抚绥令后，驾船回港报饷，与未违禁的商人一样纳饷。因此，这一年的饷税额骤增到29000多两，创开禁以来的最高纪录。

然而，就在此时，由于申请出海贸易的商船不断增多，饷税急剧上升，遂引起明朝统治者的怀疑，认为海防同知负责征收饷税的时间长，可能暗中操纵税额的赢缩，不尽如实申报，故决定每年由全省各府选派佐官一人轮流负责征收。泉州府却以兵饷匮乏，要求同漳州府分享税饷的征收，建议由漳州府负责征收开西洋的商船，泉州府负责征收开往东洋的商船，如同月港的做法一样，也在中左所（厦门）设官抽饷。漳州府得知此事后，坚决不同意，认为漳州府每年向所属各县派缴的饷额数量少，百姓又多逋逃，军需往往告匮，即使在隆庆中开始征收海澄舶税，亦仅千金，至万历中才增至10000两，以此作为佐辅，尚且不敷应付，动辄请求司饷济急。虽说明万历十三年（1585年）后，舶税增至20000余两，但仍需兼以其他各种税入，方克有济。就以十县饷额来说，共37790余两，凑上舶税20000余两，总

共60000两左右，而水陆官兵的月粮、修船、置器、犒赏诸费用，每年不少于60000两。如果遇到明万历二十一年（1601年）海禁，无饷税收入，则必须搜括府县库藏支用，哪里还有赢余积存可言。今饷税在漳者，则漳得利，如饷税在泉者，则泉得利，其利益是均等的；而如漳饷税匮乏，则漳需请求救济，泉饷税匮乏，则泉请求救济，其不利也是均等的。倘若硬把东西洋商船分属漳、泉管辖，把漳州征收的税饷割一部分养泉兵，这不仅会造成漳州的兵食无从供给，而且会造成海外贸易商以此钻空子，既不属漳州，又不属泉州，致使管理混乱。于是，漳、泉分别征收东西洋饷税的争议被否决了，但却批准改设督饷馆并发给关防。

也就是说，自明万历二十一年（1593年）后，设在月港的海防馆被改为督饷馆，开始了每年一更替的轮流督饷。

这种由各府选派佐官轮流督饷的制度维持并未多久，到明万历二十七年（1599年），明神宗大权天下关税，中官高寀衔命入闽，舶税遂归其委官征收，而督饷馆则成为闲置机构。至明万历三十四年（1606年），舶税征收重新归督饷馆时，因考虑到由各府佐轮流征收会带来诸多不便，如一名外府官员远道来月港，不仅驻扎不便，而且需增设供应人役，所费倍繁，于是改由漳州本府的五名府佐每年派一名轮流管理。这种做法大概维持到明崇祯五年（1632年），月港已趋于关闭，饷税无从征收，始停止派员轮管。

表2-4 各府佐官轮流督饷表

姓名	籍贯	官衔	署何年饷	备注
邓士元	广东徐闻	海防同知		未建邑及建邑初任。
罗拱辰	广西马平	海防同知	隆庆六年	隆庆六年税务初起，首膺斯任。
沈 植	湖广临湘	海防同知	万历元年	
周裔登	广东南海	海防同知	万历七年	
姚应龙	浙江慈溪	海防同知	万历十三年	
叶世德	浙江温州	海防同知	万历十七年	
王应乾	广西马平	海防同知	万历二十年	
舒九思	浙江奉化	海防同知	万历二十一年	当事疑防海大夫申报税饷不实，从此岁择全闽府佐官一人轮管。
何其大		延平府通判	万历二十五年	

赵贤意	浙江东阳	邵武府推官	万历二十六年	二十七年上大榷天下关税，中官人高寀衔命入闽，船税归内监委官征收。
杜献璠	江南上海	清军同知	万历三十四年	矿洞封闭，舶税照常归地方征收，由漳州府佐通判五员，岁委一员管理。
沈有岩	江南宣化	海防同知	万历三十五年	
钟　显	江西定南	督捕通判	万历三十六年	
陈钦福	江西南丰	督捕通判	万历三十七年	
吕继梗	浙江新昌	督捕通判	万历三十八年	
龚朝典	湖广临湘	海防同知	万历三十九年	
张应奎	湖广蕲水	推官	万历四十年	
邵　圭	浙江余姚	清军同知	万历四十一年	
卢崇勋	广东增城	海防同知	万历四十二年	
江一雷	山东即墨	督粮通判	万历四十三年	
丘建经	广东郭源	督捕通判	万历四十四年	
王起宗	应天上元	督粮通判	万历四十五年	
高士达	四川巴县	清军同知	万历四十六年	
段伯玠	云南普宁	督捕通判	万历四十七年	
林栋隆	浙江鄞县	推官	万历四十八年	
陈邦训	浙江慈溪	督粮通判	天启元年	
造　纡	江西乐平	海防同知	天启二年	
梁　士	山西曲沃	清军同知	天启三年	天启四年，因荷兰殖民者的掠夺，实行海禁一年。
张应斗	浙江乌程	督粮通判	天启五年	
徐日升	江南江阴	推官	天启六年	
吴允焞	浙江钱塘	督捕通判	天启七年	
范志琦	湖广黄陂	清军同知	崇祯元年	因海寇横行，自是不复给引。
竺鹨鸣	浙江上虞	督粮通判	崇祯五年	崇祯四年始更洋贩。

资料来源：（明）张燮著，谢方校注：《东西洋考》，卷七《饷税考》，中华书局2000年版，第70页；（清）陈锳等修，叶廷推等纂：《海澄县志》，卷六《秩官》，清乾隆二十七年（1762年）刊本。

督饷馆的职责，除了发放商引、征收饷税外，还负责对进出口商船实行检验和监督。当时商船进出港口规定的手续颇为烦琐，商船启行时，虽已经海防馆验船，经所在县盖印并持有文引，但仍需经厦门司盖印，受浯屿、铜山官兵的盘诘，然后才能出海；归航进港时，也同样需经过南澳、浯屿、铜山诸寨及岛尾、濠门、海门各巡司的盘验。因此，每年冬春之间，商船扬帆出航时，督饷馆官员必须亲赴厦门，检验每艘船只，验毕，移驻曾家澳侯风开驾。明万历四十五年（1617年），负责督饷的通判王起宗因在厦门检验船只无驻扎之处，而建议在圭屿再建公馆一区，以方便于验船。他上奏列举了在厦门验船的三大不便：

一是厦门原隶属泉州，为浯、铜汛地，督饷馆官员前往验船时，必驻公馆，方可盘验。厦门虽设有参府、海防二署，但当商船出航之时，适逢春汛防海之日，参府及海防二署都住满官员，而督饷馆官员到达厦门时，既无空闲公廨，又难借扰民居，造成诸多不便。

二是漳州官员远涉到厦门，既非其管辖之地，又无服役之人，必须随带数十人跟差，这些人若分散民居，不成体统。

三是从月港至厦门，须经两个潮汐，若遇风涛，不能按时到达，商船必受耽搁，而圭屿正介于月港、厦门

督饷馆旧址

之中，又属海澄之区，且据商船往返必经之地，便于瞭望。

于是，督饷馆官员验船的地点从此由厦门移至圭屿。每年仲夏至仲秋，当商船陆续归航时，督饷馆官员又在海外加强对商船的监督，凡经过南澳、浯屿、铜山及濠门、海门等地，各巡司即随时将商船情况报督饷馆，并以防止海寇掠夺为名，逐程派船"护送"，而实际是对商船实行监督，以免出现隐匿宝货、偷漏饷税等现象。

督饷馆的设置对当时的饷税征收起到了轮流监督的作用，既可防止贪污舞弊，又可使某些督饷官员有机会接触到海外贸易商，及时了解他们的疾苦，以提出废除弊端的各种建议，对促进当时私人海外贸易的发展起到了一定的积极作用。例如负责监督明万历三十八年（1610年）饷税的督捕通判吕继梗，尝陈饷事十议，废除一些不便国、不便商的陋规，使船得从实报，报得从实验，验得从实纳，海商们感

激地称之为"吕侯十法，吾商人生命也"。负责监督明万历四十二年（1614年）饷税的海防同知卢崇勋，在商船遭受台风袭击，数十万洋货一飓立尽的情况下，亲赴现场慰问受难船商，毅然减去当年饷税的征收，使不少船商免于破产。明万历四十四年（1616年），推官萧基提出《恤商厘弊十三事》，揭露了当时对海外贸易商进行敲诈勒索的种种弊端，提出相应的更正措施。负责监督明万历四十五年（1617年）饷税的督粮通判王起宗，简化各种征饷手续，做到商船一进港，随时登船检验，风雨不辞，改变以往对全舟覆没的船商征饷如故的做法，根据实际情况予以从宽恤抚等等。

督饷馆存在的时间虽然不长，但在我国海外贸易史上却占有重要地位，它标志着我国历史上征收海外贸易税已从实物抽分制转向货币税饷制，这在关税征收上不能不说是一大进步。其实，督饷馆所制定的各种饷税制度已具近代关税征收的雏形，已为清初厦门海关的设置开了先声。它直接影响到当时广州和澳门进出口税的征收，在广州，原先对入口的外商也是采用抽分制，到明隆庆五年（1571年）因外商报货奸欺，难于查验，遂改为丈抽制。这种丈抽制与月港实行的水饷制一样，都是以船的大小来确定税额，其规定是，西洋船定为九等，

后因外商屡请，量减抽三分；东洋船定为四等。在澳门，明朝政府设有市舶司专门征收进出口税和停泊税，这种停泊税亦同月港征收的水饷一样，均是以船的大小来确定税额。每当船舶到达港口时，由守澳官通知市舶司官员，把货单转交给他们，然后在确定的日子里，由市舶提举或其所委官员在守澳官和船长的陪同下，上船进行丈量，按船的大小来确定停泊税额，以防止葡萄牙的军舰无任何丈量税可收。因当时葡萄牙殖民者为逃避征税，利用作为战船的西班牙大帆船进行货物贩运，明万历四十年（1612年），当澳门官员规定大帆船也应交付舶税时，战船司令居然拒绝接受这种规定，并声称如有必要将诉之武力。但澳门官员仍坚持原则，以切断澳门的食品供应迫其就范。在此双方僵持的情况下，葡萄牙设在澳门的参议院不得不听从理事会的劝告，同意遵照中国政府的要求，而这位战船司令却对所有忠告仍置若罔闻，最后澳门官员逮捕了这位司令，责令他交付总数达4870两银的舶税。此后为了防止类似情况发生，海道俞安性在明万历四十一年（1613年）的《条陈勒石与澳夷禁约五事》中明白地写道："禁兵船骗饷，凡番船到澳，许即进港，听候丈抽，如有抛泊大调环、马骝州等处外洋，即系奸刁，定将本船人货焚戮。"

第四节 月港历史地位

月港是明朝中后期，我国东南沿海的主要贸易港，是东南沿海与东西洋的贸易中心和交通中心，月港开放是郑和下西洋后我国第一次近代意义上的全球海外贸易交流，在世界海上交通史和贸易史上都占有一席之地。漳州月港虽然风光不再，但是保存400年之久的孔子庙、城隍庙、观海寺、帆巷、晏海楼、萃贤坊等古建筑可见证当年的辉煌。

一、月港开禁

明代初年，政府长期实行海禁政策，禁止外国商人随意来往贸易，也禁止中国商人自由出境经商。月港地处漳州平原上的九龙江出海口，偏僻荒凉，"官司隔远，威令不到"，又与内陆江河交通互畅。因此，悄然发展成私人海外贸易的聚居点，并且于明隆庆元年（1567年）获得官方认可，成为当时政府批准的唯一合法的民间涉外贸易港口。

（一）倭患寇猖

日本古有"倭奴国"之称。大明建立之初，日本正处于南北朝时期，连年的战争，使得该岛国经济陷入"米粟不足以养生灵，盐铁不足以济用度"的困境。失势的武士和不法奸商、无业浪人带着贪婪的欲望，纠帮结伙络绎而来。先前与朱元璋争天下的敌对势力，尚有余绪盘踞岛陬。于是，此二者狼狈为奸，频繁出没于东南沿海。

明洪武二年（1369年），明太祖朱元璋遣使赴日交涉，日本南朝怀良亲王将数名"战犯"送至南京究治。次年七月，又有日倭经台湾窜犯福建，军民死伤数千人。几次交涉未果，明王朝只好转而经营防务。明洪武五年（1372年），"诏浙江、福建濒海九卫造海舟六百六十艘，以御倭寇"。此后倭寇侵扰并不消停，据《明史》记载，朱元璋在位头二十年，规模较大的寇乱有七次，其中四次发生在福建。尤其是明洪武十九年（1386年），倭寇在福建沿海转悠了一个月，抢掠漳州、泉州、福州、兴化和厦门等地。时任"闽浙巡抚"汤和奏报，倭寇每次侵扰福建、广东地区，中间必然会去台湾、澎湖列岛补充淡水粮食，搜

海上丝绸之路漳州史迹　月港遗址及帆巷卫星影像图

月港地理位置图

资料来源：天津市城市规划设计院：《龙海市月港历史风貌区保护与规划》，2014 年 12 月编制。

龙海镇海卫城南门瓮城

刮财物，岛民苦不堪言。时澎湖设有水寨巡检司，隶属同安县，负责台澎防务，但兵少势孤，无法抗御倭寇。

明洪武二十年（1387年），朱元璋下旨撤除该水寨巡检司，迁澎湖居民到漳泉。台湾岛民亦纷纷烧掉房屋，带走粮食，逃来福建，朱元璋给入迁移民以不菲的安置费。官府在台湾海峡"划线"，规定"片板不能下海"，澎湖列岛和台湾岛严禁沿海居民进入，违者举家严办。是年，江夏侯周德兴奉旨前来福建整顿海防，在全省共设置11卫、13所、44巡司、3水寨。漳州奉命在漳浦二十三都（今龙海市隆教乡）置镇海卫，作为漳州的海防指挥中心，辖前、后、左、右、中5个守御千户所，并铜山、六鳌、悬钟千户所城，又设9个巡检司，配备24个报警烽火台。总兵力8500人，拥有哨船、战船30多艘。次年，福建"备倭军"在福州歼灭倭寇数百人。明景泰三年（1452年），漳州增设铜山、浯屿二个水寨防倭，属福建五大水寨系列，

二寨共有官兵3341名，船94艘。这些防御设施的建立，构成海上和海岸两道防线。海上的防线由水军担任，陆上防线由各卫所的陆军和巡检司担任。

朱元璋颁令禁止民间与倭夷贸易往来，同时强化官方贸易，特别是强化了与日本之间的"朝贡贸易"，把两国的经济往来作为逼迫日本限制倭寇的外交手段。随着明朝国力的日益强大，以及"朝贡贸易"的巨大利润，日政府数次主动派兵抓捕倭寇送给明朝治罪，海氛有了一段时间的平静。

（二）对外开禁

明太祖朱元璋建立明朝后，一反唐、宋、元各朝代对外贸易的开放政策，实行一条仅准许与明朝有朝贡关系的国家以"朝贡"形式对中国进行贸易的"时禁时开，以禁为主"的朝贡贸易政策。为了贯彻执行海禁政策和法律，明政府制定和实行"朝贡贸易"和"市舶司"管理的制度，对海

181

外贸易进行最大限度的控制和垄断。同时，严禁沿海人民出海贸易，制定了普通百姓"寸板不许下海"的基本国策。明洪武四年（1371年）十二月，明廷宣布："禁滨海民不得私出海，时方国珍余党多入海剽掠故也。"明洪武十四年（1381年）十月又宣布："禁濒海民私通海外诸国"。明洪武二十三年（1390年）十月，"申严交通外番之禁"。明洪武三十年（1397年）四月，再次"申禁人民，无得擅出海与外国互市"。明成祖、明宣宗、明英宗等都颁有禁海令，以立法形式将禁海令列入《大明律》，强令军民人等遵守不逾。在此后的近两百年内，海禁一直是明王朝海洋政策的基调，实行严厉的"海禁"政策，禁止人民擅自出海与外国贸易，一切违禁出海的贸易活动均视为走私贸易。明代的海禁在北方实行得较为彻底，南方的多数地区与北方沿海一样，如浙江及福建沿海的北部，这里是官府统治力量强大的区域，官府的禁令得到贯彻，下海民众越来越少。但是，至16世纪，一直被压抑的民间海上活动，随着贸易需求的增大，民间也开始违犯禁令，尝试逃避国家的限制，走私贸易、私人贸易开始活跃起来。这种走私贸易在沿海地区（特别是漳泉一带）屡禁不止，愈演愈烈。

15世纪前后，无论是富饶的亚洲，还是非常渴望东方物产的欧洲，无论是地大物博的中国，还是国内市场狭小的西欧，随着生产技术和社会经济的迅速发展，在国际交通与对外贸易方面，航海贸易都被提到重要地位，由自然环境和历史传统形成的各个地区与国家的特产品，诸如西欧的羊毛和毛织物，南欧的葡萄酒和橄榄油，北欧的鲱鱼和木材，中欧的银矿和铜矿，东欧的粮食和毛皮，波斯的珍珠和宝石，印度的绵织品和颜料，南洋的香料和染料，中国的丝绸和瓷器，日本的刀剑和生铜，产量都大大提高，需要开辟更加广大的国外市场，由商品货币经济发展引起的封建统治者奢侈欲望的增加，以及人民群众生产和生活需要的多样化，要求更多品种和更大数量的国外物资。例如，所有国家的统治者都爱好光泽柔软的中国丝绸，馥郁芬芳的南洋高级香料与光彩夺目的波斯珍珠宝石，以满足他们的奢靡生活，中国和欧洲的人民也需要大量的东印度胡椒和染料，以用于饮食调味和布匹染色。在国际贸易不断扩大的情况下，海运胜于陆运的优越性越来越明显。陆上运输载重少，费用高。一支30头骆驼队只能驮9吨，一辆御者2人马8匹驾驶的4轮大车最多也不过载重四吨，而一艘木帆船的载重量少则几百吨，多至1000多吨，且无需照料牲口以及其他消费，浩瀚无涯的海洋可以四通八达，也不像陆上交通那样比较容易受到政治疆界与

国际形势的制约，比如蒙古人势力的崩溃与奥斯曼土耳其人势力的兴起，都给东西方的陆上交往造成障碍。不但社会经济发展要求扩大航海贸易，而且多桅多帆海船的制造，航海罗盘针的普遍推广，观象仪的运用，海图的研制，也为航海贸易的大规模发展提供了现实的可能。因此，从15世纪前后起，世界航海贸易发展到新的阶段，欧亚大陆沿海各国出现竞相发展航海贸易的历史潮流，逐渐形成波罗的海北海、地中海、印度洋与西太平洋四个航海贸易区域，分别由汉萨同盟、意大利北部城市、阿拉伯、印度、中国的商人所控制。

由于水运的便利和海外贸易的关系，自古以来这一带百姓依水作计，以海代田，自然精通造船术、航海术，所造海船大而坚固。在明代就能造"大者广三丈五六尺，长十余丈，小者广二丈，长约七八丈"的船了①。早在郑和下西洋之前，东南沿海商人就私造渡洋大船，冒禁入海，私易货物，有的船队多至几十艘。郑和下西洋以后，更是私通番舶，络绎不绝。呈现出"富家以财，贫人以躯，输中华之产，驰异域之邦，易其方物"的一派繁荣景象。他们为了逃避海禁束缚，采取种种走私形式，或武装反抗，铤而走险，或不惜身家性命，偷越出海，或假借名目，

蒙混过关，或行贿官僚，获得包庇。他们的活动范围，东起日本，西至印度洋，但主要还是南洋。《明史》外国列传所记，海外六十余国，郑和船队所到不过一半，而中国海商差不多都遍历过，随着中国海商足迹所至，在南洋的交通港口，也形成不少性质类似汉萨同盟商馆与意大利人商场的中华街或华侨聚居地。例如东爪哇的杜板、新村、苏鲁马益和苏门答腊的旧港，都居住着许多中国人。拥有数千居民的新村和旧港，甚至全部或绝大部分由中国人构成，他们建立起自己的行政组织，推举领导进行管理，一度单独派出使者向明王朝进贡，明显地具有自治港市的性质。华侨中的商人不仅经营南洋各国同中国之间的海上贸易，把中国的丝织品、陶瓷器、铁器、铜器等手工产品和生产工具运销至南洋各地，然后收购南洋的胡椒、苏木等土特产运回中国，还经营南洋各国与其他西太平洋各国之间的海上贸易。有的华商被一些王国委任为港务官参与海外贸易的管理，或充当外交贸易使节，指导王室海外贸易事务，深刻地影响着这些王国的财政经济生活。华侨中的劳动人民，把中国的先进生产技术带到南洋各地，进行各种各样的手工业与农业生产，同当地人民一道开发那里的资源，对南洋社会经济的发展做出了有益的贡献。

① （明）张燮著，谢方校注：《东西洋考》，卷九《舟师考》，中华书局2000年版。

16世纪以后的中国航海贸易发展到新的阶段。首先是海外贸易规模的扩大。明嘉靖二十一年（1542年），一次同时到达琉球的福建和广东商船就有47艘之多。明嘉靖二十三年（1544年）至明嘉靖二十六年（1547年），赴日本贸易的中国商人，仅仅船只遇难飘至朝鲜而被李朝政府解送回中国的前后有千人以上。

月港位于九龙江出海处，近邻厦门港湾，海上交通便利。它本为龙溪县八九都，地处偏僻，官府疏于防备，附近的岛屿、港湾，更是官府难于控制的，在明政府厉行海禁的情况下，这种地理条件适合民间海商的走私活动。明代前期，形成以月港为中心的包括九龙江下游各澳口，厦门湾的浯屿、中左所（厦门岛）、浯洲屿（金门岛）等在内的九龙江出海口——厦门湾民间海外贸易区。明正统景泰年间（1436—1456年），月港海沧居民就"多货番且善盗"。明成化、弘治之际（1465—1505年）月港"人烟辐辏""商贾咸聚"，有"小苏杭"之称。众多商民"私造巨舰，岁出诸番贸易"。明正德嘉靖年间（1506—1566年），发展成为福建最主要的民间海外贸易港，出现"闽人通番，皆自漳州月港出洋"的局面。

同一时期，在民间海上贸易的浪潮中，诏安梅岭的海上走私活动也日趋频繁，与粤东沿海地区一起，形成以南澳岛为中心的漳潮民间海外贸易区。嘉靖年间，田、林、何、傅、苏、吴等姓村民（共上千家），以宗族势力为基础，开展走私贸易。

海禁断了滨海民众的生路，必然引起寇乱，造成社会动荡。明嘉靖后期，海禁弊端日益显露，且民间海外交通贸易也呈不可禁遏之势，统治集团中的有识之士对此心中自明。明嘉靖末期，曾为戚继光部属的浙江都司戴冲霄根据他对福建沿海民生状况的实际了解，认为"今也海禁太严"，提出"因势而利导之"的建议："督抚海道衙门令漳泉有船只者，官为编号，富者与之保结，许其出洋装载货物，纳税自卖。其回也，南则许贩惠潮之米，北则许贩福宁温台之米。但不许至外国及载番货。"他说："明乎此，则民情得伸而乱源可塞矣。"虽然这个建议尚存不许贩番的惯性思维，但因势利导的主张在相当程度上反映了福建地方官员和海防将领的想法。经戚继光、俞大猷率部抗倭，东南沿海局势基本稳定，"因势利导"的条件基本成熟。明政府在福建地方官员的力主之下，调整了海洋政策，局部开放海禁，"先是发舶在南诏之梅岭，后以盗贼梗阻，改道海澄"。明嘉靖四十五年（1566年）海澄设县，第二年，即明隆庆元年（1567年），经福建巡抚都御史涂泽民的奏请，明朝政府同意在月港部分开放海禁，准

许私人海外贸易商申请文引，缴纳饷税，出海东西洋进行贸易，月港遂成为明代我国对外贸易第一大港，在世界对外贸易史和交通史上占有一定地位。

二、月港兴盛

名闻世界的月港（漳州港），在15世纪至17世纪的漫长岁月里，在海上丝绸之路上，扬帆万国，贾行天下，独占鳌头，成为当时世界上最璀璨的东方明珠。它是海上丝绸之路东西航道的枢纽港口，为中国和亚洲、非洲乃至欧洲、拉丁美洲的许多国家和地区，建立直接或间接的经济、文化和政治上的联系，起到积极而重要的作用，产生持久而深远的影响，为沟通人类文明做出重大贡献。

元代，漳州社会动乱，经济发展停滞，但海运业有所发展。元至正二十三年（1363年），漳州右丞罗良"遣僚佐具舟由海道运粮抵辽东"。这条航线自太武而北，最后抵渤海湾，历经东海、黄海、渤海，航线漫长，海路险峻，但漳州船民水商"操舟如神，则不惮此"。郑和下西洋之际，爪哇岛、苏门答腊岛已有若干以广东籍、漳泉籍为主的华人聚居区，这些华人多数是元代由本土移居的。

宋元时期漳州海外交通贸易的初步发展，特别是九龙江口海口镇的兴起，为明代漳州月港的兴盛奠定了基础。

元末的社会动乱给泉州港带来严重破坏，而明王朝所施行的"海禁"政策更是熄灭了泉州港的复兴希望。在泉州港走向衰落之际，漳州月港开始兴起。闽南区域的海上贸易中心逐渐转移到漳州月港（海澄）。

明朝初期，为防止方国珍、张士诚部逃亡海上的残余势力卷土重来，也为防范日益突出的倭寇问题，明洪武三年（1370年）明太祖下令撤掉多处的市船司，严禁沿海居民私自出海贸易。次年，颁布禁海令，重申沿海居民遵守法纪。随后，东南沿海地区的福州、泉州等对外通商港口逐一被关闭，商船进出受到严厉查禁。当时有些民间海外商船，为了冲破官府"海禁"限制，继续开展海外贸易，他们无意之中探得月港自然条件极好，可作为商船停靠和装卸货物的港口，就选择该处作为对外走私交易据点，致使海澄月港迅速成为私人海上贸易的重要港口。明嘉靖以后，由于江南地区社会经济的繁荣，商业性农业和民营手工业的不断兴盛，社会分工也不断扩大，商品种类与数量随之迅速增多，东南沿海的私人海上贸易得到飞速发展，出现"亦商亦盗"的私人海上贸易集团，他们从四面八方会聚而来，以月港作为暗中对外通商的港口。据史料记载明正德年间（1506—1521年）的月港，沿街"贾肆星列"，港

口"贾舶鳞次",百姓生活富裕,成为"藉舟辑之利,以腴丽甲天下"的南方"小苏杭"。从华安、平和、漳平甚至江西境内,数以万计的货物顺着九龙江支流聚集月港,等待出洋。带着浓郁异国情调的商品同样云集于此。那时,从月港进口的货物有116种,大多是海外的土特产,如番被、番藤席、黄腊、冰片、金、锡、矾土。

明代后期,粮食和银元逐渐成为月港的主要进口货物。万历年间是月港发展的黄金时代,当时盛况空前。月港的繁荣,给明政府带来巨大的关税收入,随着私人海上贸易的繁荣,税额不断上升。据《福建省志·财税志》第一篇《财政收入·关税》载:明隆庆六年(1572年)"开设舶税,仅数千金",明万历四年(1576年)"饷溢额至万金",明万历十一年(1583年)"累增至二万有余",明万历二十三年(1594年),"饷骤溢至二万九千两"。此后,月港商税收入保持在三万两左右,月港因此有"天子南库"之称。

月港海外贸易的兴盛打开了漳州通往世界的大门,对外开放的月港,也促进了港口经济的繁荣。月港的停泊点散布于南岸的屿仔尾、海门岛、浮宫、海澄月港、石码、福河,北岸的嵩屿、海沧、石美、玉洲、澳头,以及港口外的大径、卓岐、浯屿和中左所等。月港附近的玉洲、海沧、石码、

屿仔尾、大径、卓岐等,多为"北船"(航行于温、宁、沪、津)和"横洋船"(川走台湾、澎湖)的停泊发船点。主要港口是海澄月港,为当时海上外贸进出口货物的主要集散地。码头星罗棋布,据《漳州府志》记载,明清时期月港溪尾几乎不足1公里的海岸就设立多达7个码头,有饷馆码头、箍行码头(又名中股码头)、路头尾码头、容川码头、阿哥伯码头、店仔码头、溪尾码头。根据《月港商市遗址》记述,有据可查的7个港市分别是县口市、庐沈港市、港口市、旧桥市、下尾街市、新桥头市、南门外市。当时的繁荣街市大都临着港道,小船可以一直开到店门口。这些港市是主要的商品交易地点。月港附近的居民几乎家家都有自己的店面,家家做生意,月港的街道、码头、店铺、寺庙,聚集了西欧、东南亚各国的宾客。

漳州月港的兴起,是明代民间海外交通贸易史上最具价值的一页,也为始于晚唐的闽南海外交通贸易史续写了新篇章。其兴起,分为两个历史阶段,第一阶段是15世纪至16世纪中叶,为非法民间海外交通贸易港;第二阶段是16世纪中叶至17世纪前期,明政府局部开放海禁,于月港开设"洋市",月港作为我国东南沿海唯一合法的民间海外交通贸易港而兴盛。

月港开禁后,私人海外贸易随

即迅速地发展起来。据漳州籍南京御史周起元记载："我穆庙时除贩夷之律，于是五方之贾，熙熙水国，刳艅艎，分市东西路，其捆载珍奇，故异物不足述，而所贸金钱，岁无虑数十万。"最初开禁时，出洋商船仅限船数而未限其航行地点，至万历十七年（1589年）始由福建巡抚周寀定为每年限船88艘，东西洋各限44艘，东洋吕宋一国因水路较近，定为16艘，其余各国限船2~3艘。后来因申请给引的引数有限，而愿贩者多，故又增至110艘，加上鸡笼、淡水、占城、交趾州等处共117艘。明万历二十五年（1597年），再增加20艘，共达137艘。表2-5列举的是1577—1644年到马尼拉贸易的中国商船数：

表2-5 1577-1644年到马尼拉贸易的中国商船数

年份	船数	年份	船数	年份	船数
万历五年（1577）	9	万历三十二年（1604）	15	崇祯四年（1631）	33
万历六年（1578）	9	万历三十三年（1605）	18	崇祯五年（1632）	16
万历八年（1580）	19	万历三十四年（1606）	26	崇祯六年（1633）	30
万历九年（1581）	9	万历三十五年（1607）	39	崇祯七年（1634）	26
万历十年（1582）	24	万历三十六年（1608）	39	崇祯八年（1635）	40
万历十六年（1588）	46	万历三十七年（1609）	41	崇祯九年（1636）	30
万历十九年（1591）	21	万历三十八年（1610）	41	崇祯十年（1637）	50
万历二十四年（1596）	40	万历三十九年（1611）	21	崇祯十一年（1638）	16
万历二十五年（1597）	14	万历四十年（1612）	46	崇祯十二年（1639）	30
万历二十七年（1599）	19	泰昌元年（1620）	23	崇祯十三年（1640）	7
万历二十八年（1600）	25	天启七年（1627）	21	崇祯十四年（1641）	8
万历二十九年（1601）	29	崇祯元年（1628）	9	崇祯十五年（1642）	34
万历三十年（1602）	18	崇祯二年（1629）	2	崇祯十六年（1643）	30
万历三十一年（1603）	16	崇祯三年（1630）	16	崇祯十七年（1644）	8

资料来源：Pierre Chaunu, Les Philippines et le Pacifique des Iberiques (Paris: S.E.V.P.E.N., 1960), pp.148-160.

月港实行部分开禁，促进了中国与日本的贸易往来，即所谓的"托引东番，输货日本""以逼罗、占城、琉球、大西洋、咬留吧为名，以日本为实者，丝宝盈桁而出，金钱捆载而归"。当时任福建巡抚的许孚远在奏疏中就说道："同安、海澄、龙溪、漳浦、诏安等处奸徒，每年四五月间告给文引，驾使鸟船称往福宁卸载，北港捕鱼，及贩鸡笼、淡水者，往往私装铅硝等货潜去倭国，徂秋及冬，或来春方回。亦有藉言潮、惠、广、高等处籴买粮食，径从大洋入倭，无贩番之名，有通倭之实。"此种情况的原因与中日贸易赢利有关，当时中国商品在日本的售价，据记载："得我福船价千金，鸟船数百金，《批点通鉴节略》四十金，《舆记》二十金，焰硝铁金皆二十倍于土价，而他锦绮器物不过数倍。"我们从1600年一艘葡萄牙船载运到日本的中国货物清单可以知道具体的利润多少。这艘船载运了白生丝500~600担，每担从广州卖到澳门是80两白银，运到日本售卖是140~150两，赢利近200%；各种颜色的丝绢和丝线共400~500担，优质的色绢在中国买价是140两，到日本售价是370两，有时高达400两，赢利超过250%；棉线200~300担，每担买价7两，在日本售价为16~18两，赢利近250%；瓷器2000篓，在广州购买时各种价格参差不齐，到日本售卖至少可赢利200~300%；白糖60~70担，每担买价1.5两，在日本售卖达3两，甚至4.5两，赢利200~300%。

表2-6列举的是1611—1644年到日本贸易的中国商船数：

表2-6　1611-1644年到日本贸易的中国商船数

年份	船数	年份	船数
万历三十九年（1611年）	70	崇祯七年（1634年）	36
万历四十年（1612年）	30	崇祯八年（1635年）	40
万历四十一年（1613年）	20	崇祯十年（1637年）	64
万历四十二年（1614年）	60~70	崇祯十二年（1639年）	93
天启三年（1623年）	36	崇祯十三年（1640年）	74
天启四年（1624年）	38	崇祯十四年（1641年）	97
天启五年（1625年）	60	崇祯十五年（1642年）	34
崇祯四年（1631年）	60	崇祯十六年（1643年）	34
崇祯五年（1632年）	4	崇祯十七年（1644年）	54

资料来源：（日）岩生成一，《近世日中贸易数量的考察》，《史学杂志》1953年11月，第62编，第11号。

明万历年间，每年风汛期，100多艘海船满载中国名、优、特物产，扬帆于波涛之中，分赴东西洋后，风回航转，夷产填舟，番银装袋，厚利而归。它们抵达东南亚的40多个国家或地区，如安南、占城、暹罗、真腊、马六甲、爪哇、苏门答腊、菲律宾群岛、马鲁古群岛、加里曼丹等，有的商船远至北印度洋地区。从月港输出的商品达五六十种，主要是丝绸、布匹、瓷器、砂糖、茶叶、纸张、果品、铁器、文化用品等；输入的物产中，见录于《东西洋考》的就有115种，品种之多超过历代，"所贸金钱，岁无虑数十万"，墨西哥银元大量流入中国。海外贸易的繁盛增添了赋税收入。

三、月港衰败

明代景泰年间初兴，到明万历年间，月港历经170年兴盛之后就逐步衰落了。其主要原因是遭受西方殖民者的野蛮侵扰和明王朝统治的横征暴敛，再加上清初为防郑成功反清复明而采取的"迁界"。17世纪初，西方殖民主义者入侵南洋，荷兰占据爪哇岛，控制南洋南部。西班牙侵占菲律宾群岛，控制南洋东部。葡萄牙控制了印度支那半岛、苏门答腊岛以及南洋的西部。葡、西、荷为了争夺海上霸权，把侵略矛头指向我国东南沿海。

明嘉靖年间，葡萄牙侵占我澳门，明天启年间，西班牙侵占我台湾北部。明天启二年（1622年），荷兰侵占澎湖，两年后又侵占台湾，并屡次侵犯福建沿海地区。

西方殖民者的东侵，严重破坏了月港的海外贸易。他们在海上大肆抢掠商船，甚至杀害我国的商人及侨民。西班牙殖民者屡在吕宋惨杀我国侨民达两万多人，限制华人经商，切断我国商人与菲律宾的贸易。荷兰殖民者则在吕宋港口海面袭击、掠夺我国商船，明天启年间，荷兰入侵台湾后，竟横行台湾海峡，封锁九龙江口，百般破坏月港的海外贸易。《天下郡国利病书》载："自红夷肆掠，洋船不通，海禁日严，民生憔悴"。《海澄县志》写道："洋船多被劫掠，月港洋市仍趋衰落。"再加上明封建统治阶级政治上的腐败，横征暴敛也加速月港的衰落。明末，财政危机严重，屡加月港税额。政府规定，商人进行海外贸易，可向政府领取"商引"、交纳"引税"。船只要交纳"水饷"，船上的货物又要交纳"陆饷"，此外还有"加赠饷"。征税以外，商人还要遭贪官污吏的勒索和掠夺。福建税监高寀任职十六年，被撤职回京时，行旅"辎重塞途""富可敌国"。在封建统治者的敲诈勒索下，"五方之贾，稍稍掉臂，不肯入澄"。

明天启年间（1621—1627年），月港走向衰落。明天启四年（1624年），因红夷（荷兰殖民者）的侵扰，明政府又规定"寸板不许下水"，但次年"通舶如故"；"崇祯改元以后通舶者仅一岁，他岁悉禁海"；明崇祯六年（1633年），"洋艘弗集于澄"，督饷馆自然撤销。还有明末郑芝龙起兵反清的战乱和"迁界"也破坏了月港的对外贸易。明天启六年（1626年），郑军三次攻占海澄，月港成了战场，连年战乱使月港"家室俱破""年谷屡荒"，经济遭到严重破坏，社会不稳定。清政府为瓦解郑成功的反抗力量，两次下令"迁界"将连接月港的陆、海路交通破坏殆尽，这一毁灭性的打击使漳州月港作为国际贸易港的条件已不具备了，月港的海外贸易也就停顿。月港的衰落是多种社会因素综合影响的结果：明政府寓禁于开，月港的开放有许多局限性；有国家政权支持的西方航海势力力量强大，是受本国封建统治者严重束缚的中国海商势力所不能匹敌的；荷兰的殖民霸权行径导致月港洋贩不通，海运梗塞；明清交替之际的社会动乱以及清政府的"迁界政策"等等。但如果转换视角思考：在社会政治经济条件有利中国海外交通贸易事业发展的情况下，月港有可能继续辉煌吗？否。月港本身有着天

然的地理缺陷：它是一个内河港口，须经厦门港出海，且其航道较浅也较窄，得依靠潮水进出。它是靠地理条件有利走私而兴，也会因地理缺陷必然被其"门口"——天然良港厦门港所取代。

四、月港贡献

月港是16世纪至17世纪世界海外交通贸易枢纽，成为这一时期的"我国对外贸易主要港口"。这条海上丝绸之路在当时对世界人民的经济生活中越来越重要。因为从月港输出的"中国货"总是西方殖民者大帆船货物的主要来源，所以，西班牙人都亲切地把大帆船称为"中国船"，而马尼拉作为中国与墨西哥之间的一个中转站，大批中国生丝、丝织品、陶瓷被集中在那里，然后经大帆船载运过太平洋，当时欧洲人经常糊里糊涂地把菲律宾称为"中华帝国的一个行省"。在南美洲的墨西哥还有一条专门用来转运中国丝绸的主要道路就被亲切地称为"中国路"。这条路从阿卡普尔科向北经现在的格雷罗州和莫罗洛斯州到墨西哥城，然后再向东从普韦布拉、奥里萨巴到韦腊克鲁斯，长约330英里。这些横越太平洋的"中国货"给拉美国家以及欧洲人民的经济生活带来巨大影响与变化。

大量从月港载运出去的中国生丝和丝织品，经西班牙"马尼拉大帆船"贩运到南美各地，使这条"海上丝绸之路"发生了很大的变迁，即从原先经南海向西到印度洋、波斯湾、阿拉伯等地，转而向东至日本，或经马尼拉越过太平洋到拉美各地，然后再经阿卡普尔科和塞利维亚把中国生丝和丝织品运往欧洲市场，形成了一条联系东西方贸易的"海上丝绸之路"。与此同时，海上丝绸之路载运的主要货物亦从生丝、丝织品开始转向瓷器，当时荷兰东印度公司为了适应欧洲市场的需求，将大量的中国瓷器转运到欧洲各地，遂使海上丝绸之路逐渐从区域贸易发展为全球贸易。

月港海外贸易的发展，对于促进东南亚国家的经济繁荣和发展中外友好关系，起到一定的作用。当时随同海外贸易船出去的还有大量的手工业者和农民，他们多数移居到菲律宾和印度尼西亚，为所在国的开发与繁荣做出贡献。福建巡抚徐学聚在《报取回吕宋囚商疏》中就明确地指出这一点：

吕宋本一荒岛，魑魅龙蛇之区，徒以我海邦小民，行货转贩，外通各洋，市易诸夷，十数年来，致成大会。亦由我压冬之民，教其耕艺，治其城舍，遂为澳区，甲诸海国。

对于我国移民在菲律宾开发史上的作用，就连西班牙殖民者也不得不承认，马尼拉总督摩加在15世纪末宣称："这个城市如果没有中国人确实不能存在，因为他们经营着所有的贸易、商业和工业。"《菲律宾通史》的作者康塞乔恩在谈到17世纪初期的情况时写道："如果没有中国人的商业和贸易，这些领土就不可能存在。"如今尚屹立在马尼拉的许多老教堂，僧院及碉堡。大多是当时移居马尼拉的华人所建。约翰·福尔曼在《菲律宾群岛》一书中公正地评价说："中国人给殖民地带来了恩惠，没有他们，生活将极端昂贵，商品及各种劳力将非常缺乏，进出口贸易将非常窘困。真正给当地土著带来贸易、工业和有效劳动等第一概念的是中国人，他们教给这些土著许多有用的东西，从种植甘蔗、榨糖和炼铁，他们在殖民地建起了第一座糖厂。"

当时移居印度尼西亚的华人也同样为巴达维亚的开发与繁荣做出贡献，在荷兰东印度公司开始存在的第一世纪，不仅使用中国的劳力和中国的建筑技术建造巴达维亚的城堡，而且把城里的财政支出转嫁到华人农民的税收上，大凡城市的供应、贸易、房屋建筑，以及巴达维亚城外所有穷乡僻壤的垦荒工作，均由华人承担。英国

学者博克瑟曾这样说过："假如马尼拉的繁荣应归功于居留此城的中国移民的优秀品质，那末当时作为荷兰人在亚洲总部的巴达维亚的情况也是一样。中国苦力大多负责兴建这座城市，中国农民负责清除城市周围的村庄并进行种植，中国店主和小商人如同在马尼拉的同胞一样，拥有零售商的最大部分。我们实事求是地说，荷兰东印度公司对其首府的迅速兴起应当极大地感激这些勤劳、刻苦、守法的中国移民。"月港开禁后对东南亚国家带来的这些积极影响是可以肯定的，是不可磨灭的。印度尼西亚前总理沙斯特罗阿米佐约在 1955 年访华时，曾多次提到这一点："自从中国具有冒险精神的远洋帆船第一次开通了两国间的航路以来，中国的航船不仅带来了货物，随之而来的还有许多中国商人、工人、手工业者，他们在我国定居下来，带来了中国的技术和古老的文化，直到现在，我们许多岛屿上还保留着这些中国文化的精华。"

月港的繁荣加快了中国同世界各地经济、文化、社会的交流与融合，也带动了国内，特别是漳州地区农业、手工业和商品经济的迅猛发展，大大推动了中华文明进程。

一是月港"海丝"遗址众多。月港作为明清时期"海丝文化"的主要发祥地，与"海丝"相关的文化历史遗存众多，内涵丰富，主要包括重要的海商文化遗址、著名的外销瓷窑址、涉台文物点及新发现的水下文化遗址等类型。至今保存有 400 年之久的孔子庙、城隍庙、观海寺、帆巷、晏海楼、萃贤坊等古建筑，可见证当年月港的辉煌；月港七个对外贸易码头中，饷馆码头、容川码头至今仍依稀可见，7 个港市中也还存有港口桥至容川码头 200 米长的豆巷古街和 80 米长帆巷古街的 7 间明代商铺；还有龙海九节礁清代水下文化遗址、隆教"半洋礁一号"宋代水下文化遗址。龙海隆教海域出水的约 5000 件文物中，80% 为漳州窑青花瓷，即克拉克瓷。初步推测，这些沉船是从月港装载出港，目的地为东南亚或欧美。这些遗址遗物生动展示了古代月港作为国际海洋贸易集散地的城市面貌。

二是信件物品印证月港是"海丝"始发地。漳州海商通过境内的河流水系，把漳州瓷器、漳丝、漳绸、漳绒、漳绣、漳纱、漳绢、漳缎、漳布、砂糖、茶叶等物品运送到月港、旧镇、梅岭等港口，再通过海运贩卖给"洋人"，赚来利润可观的番银。侨居海外的漳州海商通过天一总局的海外 23 个分局

寄回侨批、番银和其他物品给家乡的亲人。目前，漳州一些民间收藏爱好者收藏了许多明清时期的西班牙、葡萄牙、荷兰、墨西哥、日本、英国等30多个国家的银元和清朝时期的侨批。这些物件都能证明漳州是明清时期"海丝"始发地之一。

三是国外遗存物证明月港是明清海外贸易港口。漳州月港海外贸易对象三要是东南亚40多个国家和东亚琉球、日本、朝鲜，漳州海商还利用赴马尼拉和台湾鸡笼（基隆）、淡水合法贸易的机会，从事与琉球、日本的走私贸易。琉球至今仍有漳州籍王、阮、毛、陈等姓氏的后裔。随着商贸的发展，漳州海商把闽南文化传播到侨居国。如1600年，"甲必丹"郑芳扬（漳州人）在马六甲修建了一座青云亭（也叫观音亭），尊奉汉传佛教；1628年，漳州海商陈冲一的后裔在日本长崎修建了福济寺（俗称漳州寺），供奉妈祖，成为长崎最雄伟壮观的唐人寺院。这些寺庙佐证了漳州是明清时期"海丝"始发地之一。更能证明漳州是明清时期"海丝"始发地的是：建于1501—1578年的葡萄牙桑托斯王宫（今法国大使馆）金字塔形天花板上镶嵌着三件漳州窑瓷盘；在菲律宾、越南、印尼、马来西亚、澳大利亚、日本、英国等

国家博物馆都有专柜陈列漳州瓷器。这些瓷器有的是从海底沉船打捞上来，有的是通过与漳州海商的海上贸易购买到的。这些国外遗存跟国内遗存一样，都是月港"海上丝绸之路"申遗不可多得的历史见证。

总之，月港对外贸易时间不算很长，却极其重要。当葡萄牙人、西班牙人开辟了全世界的航道时，月港商人扬帆出海，开辟自己的东西洋航路，加入到全球贸易体系之中。更重要的是，在受到封建中央政府控制甚至打压的情况下，闽南海商迅速崛起，与西方殖民势力争夺海权。中国航海史很长，可是我们很难再找出第二个这样风云际会、影响深远的时代。

第三章 月港海丝申遗

重温
历史印记

REVIEW

THE IMPRINT
OF HISTORY

如同前世的传说，两百年的繁华、半世纪的鼎盛，月港的旷世风华已被雨打风吹去。能够体现那段历史的遗迹几乎荡然无存了，数不清有多少财富经过月港，最精彩的这么一个舞台，早已谢幕。但月港以其古老、神秘、丰富的历史信息和遗产价值折射出鲜活的光芒与荣耀。

第一节 申遗概况

一、申遗意义

经过两千多年漫长而沧桑的历史变迁，海上丝绸之路这一具有世界价值的文化遗产至今仍以不同形态留存于世界各地。随着东南亚、西亚、欧洲、非洲等地多个历史时期的文物陆续出土，随着中国东海、南海海域多艘古代商贸船只的整体打捞和水下考古工作的展开，申报"海上丝绸之路"文化遗产工作再次吸引全世界的关注，研究、保护、规划、整治文化遗产工作迫在眉睫。

由蓬莱、扬州、宁波、福州、泉州、漳州、广州、北海、南京九城市始发的海上丝绸之路，联合捆绑申报世界文化遗产项目，已经轰轰烈烈开展，这是建国以来最大规模的一次文化遗产保护工程，将大大地推进文物保护事业，是一项功在当代、利在后世的千秋伟业，对保护中华文化传统，传承中华文化脉络，彰显中华民族精神都具有里程碑的意义。"海上丝绸之路"是中西方贸易往来的重要通道，更是历史上中外政治、经济、文化交流和发展的重要线路。为了充分挖掘海丝资源，展示海丝魅力，保护海丝史迹，向世人昭示海丝曾经拥有过的物质与精神财富。

经过多年努力，陆上丝绸之路的

"长安—天山廊道"于2014年6月在卡塔尔多哈举行的世界遗产大会上进行最终表决，已成功进入世界遗产名录。国家文物部门已将海上丝绸之路列入申遗预备名单，提上重要议事日程。海上丝绸之路联合申遗能给海上丝绸之路沿线城市的名城建设、国际交往、经贸合作、城市形象和文化影响力带来广泛的综合效益。

（一）体现民族复兴的国际形象

我国是历史悠久的文明古国，中华文明5000年传承经久不衰，拥有十分丰富的文化线路遗产资源。其中以"丝

蓬莱
扬州
南京
宁波
福州
泉州
漳州
广州
北海

海丝申遗城市

绸之路"最引人瞩目，在地区乃至世界经济文化的交流中占有重要地位。而"海上丝绸之路"是最具代表性的"文化线路"遗产之一，沿线国家、地区和城市都遗留下大量罕见的文物古迹和辉煌古今的文化遗存，这些文化遗产年代久远、体量庞大，具有跨文化、多维度、大尺度、生态多样性等特点。国内九个城市联合捆绑申报"世界文化遗产项目名录"，就是坚持"保护为主，合理开发"，走整体性文化遗产线路保护的路子，积极主动在国际、国内各个地方、城市建立起信息共享、政策互通、人才共育、品牌共塑、遗产联接的区域协同联合创新机制，构筑一个新兴的海丝史迹整合的时空链条和保护网。申报海丝文化遗产项目与国家大战略的"一带一路"相衔接，相辅相成，都是在新的国际环境下，强大起来的中国主动参与世界事务与

表 3-1

申遗城市	代表时期	遗产点	特点	相关场馆建设/宣传活动
蓬莱	汉	3 处	与日本、朝鲜半岛国家的纽带	
扬州	隋唐	4 处	海陆"丝绸之路"的连接点、隋、唐中国水路交通枢纽	依托扬州市博物馆
南京	六朝明	12 处	六朝"东亚文化航线"郑和下西洋海丝东端始发港	
宁波	宋元明	7 处	宋元三大港之一	宁波海外交通史博物馆/海丝文化周、海丝国际学术研讨会
福州	中唐五代	6 处	中唐至五代的重要港口城市	
泉州	宋元明	15 处	宋元时期与亚历山大港齐名的"东方第一大港"，联合国教科文组织认定的海丝起点 最早筹划，申报遗产点最多	泉州海外交通史博物馆/海丝文化节/中国阿拉伯城市论坛
漳州	明清	3 处	明朝中后期唯一合法的海丝始发港	中国海洋文化博物馆（拟建）/海商论坛
广州	汉唐明	7 处	南海海商丝绸之路发祥地	粤海关博物馆、海丝博物馆
北海	汉	3 处	最古老官方海上航线起源	

1　2
　3
4　5

1. 海丝联展福州站
2. 海丝联展泉州站
3. 海丝文物联展扬州站
4. 海丝文物联展宁波站
5. 海丝文物联展广州站

构建新型大国形象的战略框架，充分体现了中国在国际舞台上的"亲、诚、惠、容"理念，与沿线国家、地区共同打造"命运共同体"，是依赖"丝绸之路"经济、人文、商贸的千年传承，并赋予其新的合作意义。这几年，大运河、丝绸之路这类线路遗产越来越受到国际社会重视，而对中国政府来说，尤其是在当前复杂的国际政治外交形势下，陆上丝绸之路、海上丝绸之路这样的线路遗产是向世界展示中华文明气度、和平外交风度、历史文化厚度，实现大国复兴战略的文化形象。

（二）体现一脉相承的悠久历史

早在7000多年前的河姆渡，我们的先民就滨海而居、以海为生，成为我国海洋文化的先驱。在漫长的历史过程中，虽然历经岁月磨洗、天灾人祸，中华大地上有幸保存下来的历史文化遗产还是非常丰富的，而且时代完备、种类齐全，包括地下文物、古代沉船、宗教建筑、历史遗迹、商贸遗存、海防遗址等，对我国的政府行为、经济活动、文化教育、宗教信仰、社会生活各方面都产生深刻而重大影响。启动"海上丝绸之路"文化遗产的研究、保护与利用，发展"海上丝绸之路"中外城市之间的文化交流和友好交往，共同挖掘、整理和探索"海上丝绸之路"的文明史，让这一伟大而不朽的人类遗产得以永续传承，让世界全面认识和详细解读"海上丝绸之路"在人类历史上的多元文明交融并蓄发挥的独特价值，使古老的"海上丝绸之路"，源远流长、代代相续，并在新的世纪焕发灿烂的光芒。

（三）体现利益双赢的合作载体

海上丝绸之路沿线诸多国内外城市建立联合申遗的城市合作平台，可以助推各城市文化事业和产业的发展，通过对历史文化遗产资源的保护、利用、延伸、连带和转化来实现人文效益和经济利益的双赢，为国内各海丝沿线城市与国外知名城市建立历史文化层面和现代经济发展意义上的纽带关系。推动海上丝绸之路申遗项目还将有力带动当地文化产业繁荣、人居环境美化、旅游事业发展和商业经济增长，提高广大民众的生活水平，改善当地的生活生产环境，美化人们的居住家园，真正给老百姓的经济来源、民生就业和现实生活带来实惠。此外，海丝申遗和保护，将有效赢得多渠道经费和其它资源的支持，通过合作城市、合作国家、合作组织引进投入和筹集资金，用于城市合作和跨国申遗的各项活动、国际交流、学术研究、图书出版，也用于海上丝绸之路各段文化遗产的抢救发掘和保护管理。

（四）体现交流借鉴的友好纽带

海上丝绸之路项目所涉的九个国内城市，一部分为经济发达地区，另一部分为经济欠发达地区，其中有的城市属中国改革开放的前沿城市，各地经济、社会、人文、自然条件不同，发展程度各异，地域性产业差距较大。以海丝申遗合作项目为载体，可以实现这些城市之间联动、互补、共享的跨区域协作发展，也是促进各城市吸收多种资源优势的良好机遇和有效途径。举办海丝文化节、海丝博览会、海丝论坛、海丝交流会、海丝展示会

海丝文物联展漳州站　　　　　　海丝文物联展蓬莱站

等一系列交流对接活动，可以深化海丝城市联盟合作，推进联盟城市多元化合作、多层次互动、多渠道沟通，整合各自资源优势，串珠成链，打造多姿多彩的"海丝"文化品牌，形成海丝建设的强大合力。同时，海上丝绸之路沿线的各民族在进行商业与政治和平友好往来时，通过海洋知识、航海技术、航海相关的信仰崇拜等海洋文化的相互交流，促进了海上丝绸之路沿线海港城市及设施建设的繁荣和发展。

二、申遗特点

以月港为中心的"海上丝绸之路"漳州史迹，涉及港口码头遗址、海外贸易输出品遗迹、海商人物史迹。它与"海上丝绸之路"中国段的其他城市相比，具有非常独特的代表性。

从时间节点上对比，广州、泉州

分别是唐代和宋元时期中国最大的对外贸易港口，而漳州明清海上贸易史迹是"海上丝绸之路"明中后期至清代中国最活跃的海上贸易的活动中心，也是曾经兴盛两千年的"海上丝绸之路"走向衰退的重要见证。尽管跨越的时间段不长，但作为尾声阶段的漳州明清海上贸易史迹在年代上却填补了"海上丝绸之路"海运史的空白，是整条文化线路中不可或缺的部分。

从港口贸易形式上对比，漳州月港的发展历程分为两个阶段：从最初具有反"海禁"性质的民间走私港到明中后期，以月港为中心的漳州贸易通商港，成为一个以民间贸易为主的唯一合法的通商港口而进入繁盛时期。它所具有的民间性、唯一性、合法性，是国内其他贸易港口无法替代的。与宋元时期的泉州港相比，这时的月港海外贸易的特点不同：首先，泉州港

是一个官方港口，以官办贸易为主，而漳州月港是一个以民间贸易为主的港口；同时，月港海外贸易的主要对象是东南亚和日本，这与宋元时期的泉州港也有很大不同。宋元时期，西洋（北印度洋沿岸国家、地区）是我国外海交通的主要航线，贸易的主要对象是阿拉伯国家。16世纪，西方殖民势力不断向东方扩张，控制了北印度洋的海上交通。此时，由月港出发的民间私商无力与西方列强抗衡，贸易的主要对象也就转向靠近我国的东南亚地区和日本。

从贸易品交易类型上对比，明清时期漳州海上贸易史迹也直观地反映出"海上丝绸之路"的输出品由以丝绸为主转向以陶瓷品、丝绸、茶叶和铜铁器四大宗为主的贸易产品的演变过程。与早期"海上丝绸之路"贸易产品不同，明清漳州海上贸易进口以日用品为主，出口多为瓷器和丝绸。

从出口交易品瓷器的特征对比，宋元时期的福建，由于中原经济文化的南移、社会的相对稳定、海上交通贸易的兴起等有利因素，沿海地区的陶瓷业迅速发展，至明清时期，闽南地区厦门陶瓷的生产日渐衰落，泉州德化窑和漳州的漳窑同是福建沿海地

1. 漳州窑米白釉花觚
2. 素三彩
3. 青花牡丹纹三足炉

<table>
<tr><td>1</td><td>2</td><td>3</td></tr>
<tr><td colspan="2">4</td><td>5</td></tr>
</table>

1. 五彩凤凰花卉纹罐
2. 漳州窑米色白釉如意观音立像
3. 漳州窑米色白釉象耳瓶
4. 漳州窑青花锦地开光人物山水龙纹大盘
5. 漳州窑米白釉洗盘

区古外销瓷重要产地，但德化窑在明代以生产供器和瓷塑为主品，以人物塑像最为突出，如观音、达摩等，而漳窑烧制的陶瓷以生产生活用瓷为主，也生产摆设品，华安东溪窑烧制的瓷器主要为青花瓷，次为白瓷、青瓷、米黄釉瓷、酱釉瓷，少数为彩绘瓷，

平和南胜窑以青花瓷为主，有少量的彩绘瓷、青瓷、白瓷及蓝釉、酱釉等。

从具有代表性的海商人物的影响力对比，明清时期，随着漳州月港的快速发展，漳州涌现出一批又一批甘冒风险、敢拼爱赢的海商，潘启、潘振辰、颜思齐、王景弘等是其中的杰出代表，

他门的出现致使当时的中国，几乎成为全球贸易的中心。尤其是明正德以后，月港的海外贸易不但远远超过福州港，而且也超过广东港，从另一个侧面也说明以漳州人为中坚的海商在中国东南沿海对外贸易中，拥有着绝对优势地位。

三、申遗原则

规划原则主要是真实性和完整性。"真实性"即符合海上丝绸之路史迹遗产演进规律，保护和维护遗产构成要素的真实性。"完整性"是保护海上丝绸之路史迹遗产价值的载体，包括物质遗产和非物质遗产，维护遗产价值的完整性。促进和谐发展要注重海上丝绸之路史迹的发展逻辑，在公众参与和利益相关者协调的机制下延续传统文化，引导和建立遗产地经济社会发展与遗产价值维护的和谐关系。

依据《实施保护世界文化与自然遗产公约的业务指南》（2008）对真实性的评价标准，月港保护规划对《海上丝绸之路·福建漳州—月巷史迹》的真实性和完整性进行评估：

漳州月港史迹主要体现在航海与海商贸易史迹、城市发展史迹、宗教与多元文化史迹等类型。其中最能够反映其真实性普遍价值的是以月港码头为中心，涉及港口码头遗址、海外贸易输出品遗迹、海商人物史迹的明清漳州海上贸易史迹。它们在历史变迁中，经历不同的人为和自然环境因素的影响，保存情况各不相同。月港古街、古码头是当时海贸商品、进出口货物的主要集散地，交易繁忙。比如：

（一）月港码头

月港码头十分密集，据遗址考察，仅月港溪尾不足一公里的海岸就设七个码头，其它尚有内港码头多处，皆为石砌坡式的小道头。码头遗址位置确定，本体部分石阶已毁，其余经回填后以及河道淤泥覆盖，地面已不可见遗址原貌。近年来龙海市在沿码头九龙江一线修建了防海堤路，可以直接串联起自容川码头至溪尾码头的几处码头遗址，堤路下专门为以上码头留有通道，清晰地标示出码头遗址的位置。

码头毗邻的九龙江河道由于环境和气候变迁，河床有所上升，但基本保持了码头遗址周边航道的环境风貌。

（二）月港街市

依托七座码头而形成的港口商贸街区并未受到太多人为因素的扰动，特别是紧邻码头沿线的街区，依然保持着较为完整的村落空间肌理、原始的街巷尺度、较为连续的沿街建筑界面、重要的公共建筑旧址以及古树等自然景观要素。码头遗址周边具有闽

南沿海地区特征的村落整体风格的真实性与完整性保存较为完好。

（三）潘氏古民居建筑群

至今保留下来有 11 座建筑群，包括潘氏祖祠及民居建筑群。这些建筑规模较大、坐北朝南、石砖木结构。历史上除了居住者日常必要的修缮外，并未经历过大规模维修。梁架主体保存基本完好，基本上按照始建时的原貌保存下来。从使用功能上看，古民居中已经不完全是按照以家庭为单位的传统居住方式，部分民居出租给外来务工人员。尽管可能会对部分空间的布局划分造成改动，但基本维持了原有建筑和院落的空间格局以及居住功能。这些建筑群仍然保持了周围部分村落形态、街巷格局的原有特征，局部历史环境风貌的完整性和真实性保存较好。

综上所述，依据《实施保护世界文化与自然遗产公约的业务指南》（2008），完整性用来衡量文物及其特征的整体性和无缺憾性。

四、申遗范围

按照国家文物局的专家现场考察，划定月港遗址的核心区和缓冲区范围并竖立界碑，并发布《关于月港遗址保护的通告》。

核心区面积为 7.25 公顷，四至边界如下：东至客运码头西侧建筑，南至龙海市配合饲料厂前门，西至溪尾码头水塘边，北至九龙江南港大潮高潮平均潮位 40 米。

缓冲区面积为 11.88 公顷，四至边界如下：东至轮渡码头，南至港口水闸，西至普贤码头东面水塘，北至九龙江南港大潮高潮平均潮位 100 米。

月港遗址包括 7 个码头和一条临江古街。7 个码头遗址包括饷馆码头、路头尾码头、中股码头、容川码头、店仔尾码头、阿哥伯码头和溪尾码头。

月港遗址及帆巷，遗产区东至距溪尾码头 70 米处；南至豆巷古街东端向南拐弯处；西至油库西墙；北至距溪尾码头、阿哥伯码头、路头尾码头约 70 米连线的延长线，与东、西边界线相交。缓冲区东至水产加工厂东墙；南至豆巷村南面距豆巷古街 210 米处；西至豆巷村西端；北至遗产区北界外延 100 米。遗产区面积 17.89 公顷，缓冲区面积 37.13 公顷。

"海上丝绸之路"古月港码头保护规划图

一、核心区面积为7.25公顷，四至边界如下：东至客运码头西侧建筑，南至龙海市配合饲料厂前门，西至溪尾码头水塘边，北至九龙江南港大潮高潮平均潮位40米。

二、缓冲区面积为11.88公顷，四至边界如下：东至轮渡码头，南至港口水闸，西至普贤码头东面水塘，北至九龙江南港大潮高潮平均潮位100米。

资料来源：由国家文物局委托中国建筑规划设计研究院吴东教授编制，《海上丝绸之路·漳州史迹》申报文本，2011年8月。

第二节 遗址概况

月港当年那些"贾肆星列、居民数万"的繁华景象，已经无法感受，仅有孔庙、城隍庙、观海寺、帆巷、晏海楼、萃贤坊等古建筑，得以保存；当年七个街市仅留下帆巷和临江古街，也只有十几间依稀可见的明代建筑；月港沿江1公里的七个旧码头剩下饷馆码头、溪尾码头的几块青石板；明代古民居群、旧寺庙早已被水泥钢筋结构的现代建筑替代；月港贸易的白银、瓷器、绸缎等物品零零星星地散见在民间，已经所剩无几了。月港虽然衰落了，但几经风雨，留存至今的一批遗址仍是古月港文化旅游的宝贵资源，也是探索明代"海上丝绸之路"的重要史料。

一、遗址价值

遗产应当展现了在一段时期内或世界某一文化区域中人类价值观念的相互交流，体现于建筑、技术、纪念性艺术、城市规划或景观设计之发展。

遵照"科学发展观"的要求，贯彻"保护为主、抢救第一、合理利用、加强管理"的文物工作方针，制定科学的、合理的、具备可操作性的规划措施，使其在漳州发展和文明建设中发挥应有的社会教育意义，促进社会效益、经济效益与生态效益的协调统一。

海上丝绸之路展现了持续两千年的东西方人类价值观念的跨海交流，展现了公元前2世纪至公元17世纪，以中国为起点，通过海上交通往来，在横跨西太平洋和印度洋的东亚、东南亚、南亚、西亚、东非、欧洲间，有关海洋文化、宗教信仰、礼仪制度、审美理念、生活方式等人类价值观念的相互交流，体现于东亚、东南亚地区的海港城市及设施建设、佛教建筑及寺院形制、园林景观设计模式、城市建造形制、墓葬形制以及造船技术、航海技术、制瓷技术、漆器制作、纺织技术等方面的发展。

漳州月港是15世纪至17世纪中

<table>
<tr><td>1</td></tr>
<tr><td>2</td><td>3</td></tr>
</table>

1. 饷馆码头
2. 路头尾码头
3. 中股码头

207

国东南沿海地区海外交通贸易的中心，是这一时期中国海上丝绸之路的重要港口城市。自明隆庆元年（1567年）开海禁以后，原先因走私贸易兴起的漳州月港成为官方唯一认可的民间外贸口岸，内则带动漳州农业、手工业、工商业和社会发展，特别使漳州民窑成为明代海上丝绸之路的贸易物品外销瓷的重要生产基地，外则拥有3条往东洋、7条往西洋、8条往东西洋的直接航线，与47个国家和地区有直接往来，使海上丝绸之路发展成为环绕全球的文化线路，具有全球性的规模和意义。主要由漳州月港始发的15世纪至17世纪海上丝绸之路，与欧洲地理大发现新开辟的航线在东亚、东南亚地区交合，是中华文明与欧洲文明的直接相遇，由此展开了近代早期全球化的广阔历史景观，在促进人类文明和文化的全方位交流和共同繁荣，推动世界文明进程方面做出巨大贡献。漳州海商将大量土产贩运到东南亚各国，主要有纺织品、瓷器、铁器。尤其是漳州的东溪窑产品受到当时东南亚各国的喜爱，制瓷技术也随之传入这些地区。以平和南胜窑址和华安东溪窑址为代表的贸易输出品史迹，是明中后期经"海上丝绸之路"出口外销瓷的重要产地，烧制的产品为广泛销售东西洋的出口贸易品。这些窑址产品种类丰富、工艺精美，集中反映了漳州地区瓷器的艺术特征，是闽南地区瓷器烧制技艺的卓越代表。这些瓷器经月港输出海外，流传很广，远销东南亚、日本、欧洲甚至非洲一带。近年来水下沉船考古打捞出数量众多、品类丰富的瓷器，都与以上窑址的瓷器样本吻合，这些实物和特征充分证实了漳州地区瓷器工艺通过海上丝绸之路贸易在海外的传播与影响。在漳州民间也发现了许多明清时期30多个国家的银元和清朝时期的侨批、番银和克拉克瓷、漳绒、漳绣、漳丝等物件，这些贸易输入品也直接证实了明清时期漳州地区对"海上丝绸之路"的贸易往来与文化交流做出的重要贡献。

二、遗址问题

漳州月港遗址已经作为"海上丝绸之路·漳州史迹"与其他8个城市联合捆绑，被国家确定为《中国世界文化遗产预备名单》。前期工作取得一定成效，仍有许多差距和不足，特别是目前还存在一些困难与问题，主要表现为：

历经六百年的沧桑巨变和岁月斑驳，古月港遗址遗物已是面目皆非。

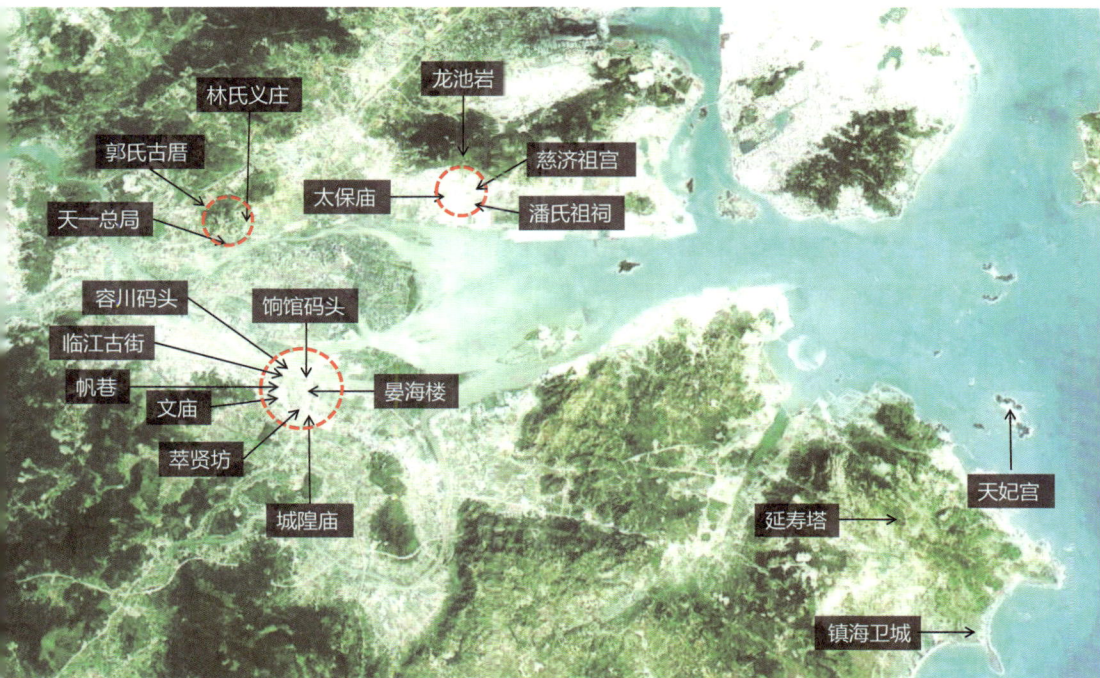

龙海山水格局
山环水抱、拥湾面海、藏风纳气
造就龙海丰富的城市空间与多元的生态环境
大月港区则以月港历史文化为轴带
将龙海的山、海、城、港串联起来

资料来源：天津市城市规划设计研究院厦门分院：《龙海月港历史风貌区规划》，2014年
10月编制。

随着厦门港、泉州港、福州港的崛起繁荣,古月港没有实用价值和竞争力,九龙江河床上升,垃圾淤积,上游填江造路建桥。现仅存饷馆码头、溪尾码头两处遗址依稀可见。当年月港有7个商市(港口市、南门外市、霞美市、巷口市、旧桥市、新桥头市、卢沈港市),现仅存200米长的霞尾街(临江千米古街)、100米长豆巷帆巷街两条古街10多间明代原貌旧店,其余都在不同年代湮灭。其中:晏海楼建于明万历十年(1582年),用以保卫东南海疆和月港洋市,也作为军事瞭望海防及演武操练之用,1944年、1958年按清代造型再修改二层为三层,是明清月港兴衰的标志性建筑,该建筑得到了保护,但保护区还是被一些住宅和厂房占据,并且没有专职人员日常的管理,长期关闭,室内空荡,环境污染严重。

离晏海楼不远处的萃贤坊,系明嘉靖二十八年(1549年)龙溪知县林松、县丞刘宗用为赞明一位教学先生所教弟子科举相继考中进士的业绩而立(弘治甲子科吴元、正德丁卯科林浩、庚午科张贺、癸酉科陈英、丙子科陈令、嘉靖戊子科高宽相继中进士)。为纪念此业绩,奏准皇上,特立此坊,以志纪念。然而该牌坊因年久失修,部分石构件已经松动,个别石构件还出现断裂、毁坏和垫石丢失等安全隐患。一些民用的电缆线压在牌坊上方,其拉力巨大,对牌坊安全构成极大威胁。电力部门应采取另用铁架对电缆线进行统一固定的方式给予解决。

就"海丝"遗址来说,文庙跟城隍庙两座古建筑保存较完好,文庙,始建于明隆庆元年(1567年),主祀先师孔子圣哲;城隍庙建于明隆庆五年(1572年),主祀剪除凶顽,护国安民之神。有专职的管理人员,但还需要进一步保护和开发,提升知名度。

随着社会经济的不断发展,人们的生活观念和生活方式也不断地发生变化,帆巷及千米古街原有的基础设施、居室格局和居住环境已不能满足当地居民日益增长的现代生活需要。尤其是近几年经济较迅速发展,富裕起来的农民改善居住条件,不断以"新"代"旧"、以"洋"代"土"、以"今"代"古",拆建改造了大量百年旧店铺。居民对古建筑的自发整修行为,所使用的新型建筑材料也割断了古街传统风貌的延续。

第❸章 月港海丝申遗 遗址概况

第三节 申遗规划

2012 年，国家文物局对我国申报世界文化遗产预备名单进行调整，9 个城市共同委托建设部历史文化研究所编制海丝世界文化遗产文本，按照国际申遗标准，各地重新对保护规划考察点的核心区、缓冲区、环境协调区的范围和勘界进行核实和划定，漳州等 9 个城市海丝并入丝绸之路中国段再次列入中国申报世界文化遗产预备名单。

一、规划目标

（一）整体规划目标

建立符合海上丝绸之路漳州史迹价值延续规律的发展机制，使海丝遗产继续发挥遗产地各民族传统价值观维系、社会经济与生态和谐演进的重要作用，使之成为符合当地乡土文化原理的、遗产地居民为之自豪的美好家园。

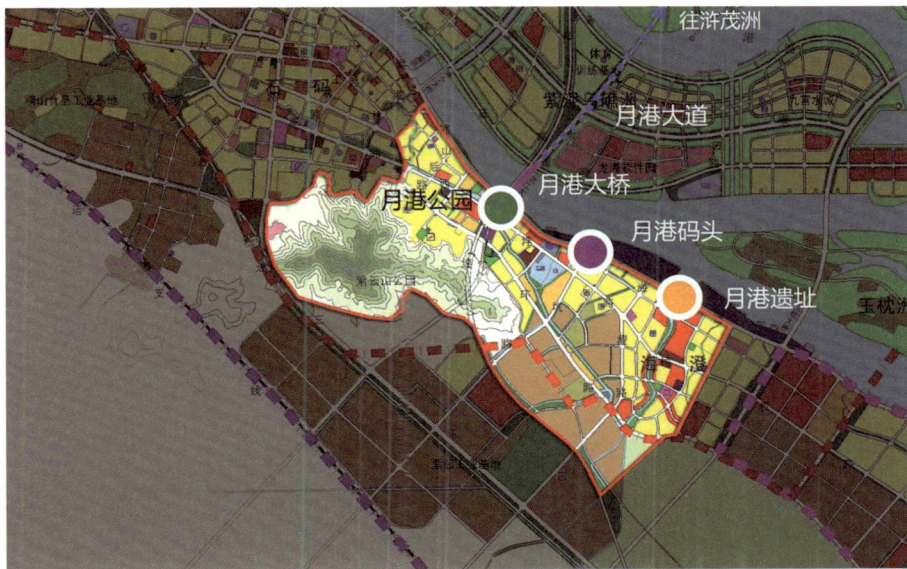

月港历史风貌区规划

资料来源：漳州市城市规划院：《月港历史风貌区规划编制》，2014 年 10 月编。

1. 规划近期

调整、引导遗产地价值延续模式、利用方式和管理机制，达到国际、国内对海上丝绸之路漳州史迹的世界遗产保护管理的基本要求；

2. 规划中期

建立以海上丝绸之路漳州史迹文化为核心的社会经济文化协调发展的遗产地管理的基本构架；

3. 规划远期

实现遗产地文化、生态、经济的全面协调和可持续发展，建成优质的世界文化遗产地。

（二）分项目标

对海上丝绸之路漳州史迹所包括的文物遗存实施有效、科学的保护，合理适当地利用，使之在促进我国社会主义精神文明和物质文明建设、弘扬我国悠久历史文化等方面发挥积极作用。

1. 保护目标

建立保障遗产价值符合其演进规律的法规和政策体系，提升传统的维护机制的有效性和持续性，真实、完整地保护和维护海上丝绸之路漳州史迹的遗产元素和价值。

2. 管理目标

构建符合海上丝绸之路漳州史迹价值维护需求的遗产管理机制，建立有效协调遗产地协调运行的管理架构，以满足持续性文化景观遗产在演变进程中保护管理的要求。

3. 利用目标

提升海上丝绸之路漳州史迹以"海上丝绸之路"商贸文化线路的经济价值，维护传统贸易延续的原动力。建立以景观展示为媒介、价值阐释为核心的展示体系，全面展示海上丝绸之路漳州史迹的完整价值。

4. 研究目标

建立海上丝绸之路漳州史迹价值维护的多学科协作的综合研究机制，深化与海上丝绸之路相关的瓷器的制作工艺、烧造系统、产品特征和外销路线等诸多方面研究，为漳州史迹的保护和利用提供符合遗产价值延续的专业支撑。

5. 监测目标

针对"海上丝绸之路"延续性文化景观的遗产特征，建立日常监测和定期监测相结合的遗产监测体系。

二、规划内容

综合评估： 评估遗产现状，分析主要问题；

保护区划： 划定保护区划，制定管理规定；

保护和维护规划：制定保护政策，保护传统维护机制；

利用规划：制定利用模式，策划展示手段；

管理规划：制定管理模式，策划管理结构；

研究规划：制定研究内容，深化相关研究；

监测规划：制定监测机制，确定监测内容。

（一）遗址保护

以遗址本体及环境的整体保护为主，加强看护和管理，确保遗址安全。

1. 按照文物保护法的要求，补充和重新划定保护范围和建设控制地带，全面完整地保护海上丝绸之路漳州史迹的文物遗存。

2. 根据遗址本体、载体具体情况采取抢救性加固、一般加固等保护措施。

3. 采取绿化、设置围墙、修筑防洪工程等防护措施减少自然因素对遗址的破坏。

4. 采取居民搬迁、农田限耕、修建围栏、振动监控等措施减少人为因素对遗址的破坏。

5. 严格控制地下水开采，改善生态环境；整治景观环境不和谐因素，创造良好的遗址环境。

（二）遗址研究

1. 通过考古调查和勘探，确定遗存范围及分布情况，建立完整文物档案。

2. 全面、深入地进行海上丝绸之路漳州史迹历史研究。

3. 进行必要的考古发掘，达到对遗址及其价值的正确认识与评价，同时亦有利于文化遗产保护与管理工作的有效进行。

（三）遗址利用

1. 海上丝绸之路漳州史迹在做好保护工作的前提下，可根据其具体展示条件，设计展示方案，有限制地向公众开放展示，发挥其利用价值。

2. 改善现有交通服务设施，为遗址展示利用创造良好条件。

（四）遗址管理

1. 完善遗址保护标志碑、界桩、遗址档案等管理工作，满足遗址保护科学、有效的要求。

2. 加强管理队伍建设，改善管理设备，提高管理水平。

3. 制定针对海上丝绸之路漳州史迹的明确、细化的保护管理条例与措施，使保护与管理工作在有效的依据与指导下进行。

4. 龙海文化文物部门除承担遗址现场管理功能之外，亦应承担遗址展示服务功能。

（五）项目评估

鉴于海上丝绸之路漳州月港史迹

月港历史风貌区保护与有机更新规划

资料来源：深圳市城市空间规划设计有限公司：《中国·月港》，2014 年 10 月编。

的保护与维护属于龙海社会经济和遗产资源可持续发展的综合管理，本规划古算仅涉及与遗产价值维护、管理、展示和研究相关内容，凡是社会经济发展相关的其他项目按照政府及各部门规划执行经费管理。

三、规划分期

申遗保护的时间节点和要求很严格，漳州史迹月港遗址点的本体保护与区域保护编制工作时间紧、任务重、要求高，漳州、龙海两级政府已经着手申报《海上丝绸之路·漳州史迹文化遗产保护管理办法》的立法工作，邀聘国内外文物专家考察研究月港海丝遗址的文化内涵和工作规划，组织实施保护工程项目的科研与设计，分层、分步、分项推进申遗申报工作。

（一）近期阶段：2015—2016 年

1. 公布执行本规划划定保护区划与管理规定，按照规划要求设置保护标志与界标。

2. 完成规划范围内的文物普查工作，健全详细遗址档案；

3. 编制《海上丝绸之路福建漳州史迹保护管理条例》，并按照规定为

行政审批程序报批后公布执行。

4. 变更本规划划定遗址保护范围土地使用性质为"文物古迹用地"。

5. 完成海上丝绸之路福建漳州史迹月港遗址地质调查工作。

6. 完成保护范围内遗址地面保护措施，包括积水地段平整和场地排水组织等内容。

7. 按照本规划要求开展遗址保护研究；完成遗址本体、载体加固工作等抢救性保护工程。

8. 根据已批准保护规划，沿保护范围边界结合界标设置围栏。

9. 制定《海上丝绸之路福建漳州史迹保护管理条例》，并按照规定的行政审批程序报批后公布执行。

10. 制定遗址及环境监测计划，进行规划范围内环境容量测算。

11. 按照本规划要求设置龙海月港、华安东溪窑址和平和南胜窑址工作站（其中应设安全防范中控室），完成展示区停车场等各项基础设施建设工作。

12. 铺设遗址展示道路，完成遗址展示说明牌等展示配套设施设计安装，大力开展遗址宣传工作。

13. 铺设联系遗址区内简易道路，以便于日常维护工作的开展。

14. 制定各项管理工作规章制度，并于此后工作中依照执行。

15. 制定培训计划并完成管理人员培训近期内容。

16. 完成窑址定性研究与保护工程可行性研究报告。

（二）中期阶段：2017—2020 年

1. 深入开展龙海月港遗址保护研究；完成遗址本体、载体加固工作等维护性保护工程。

2. 依据对遗址的考古普查结果，完成振动防盗装置铺设；设置视频监控系统、公共警示音频系统、传输系统和联动照明系统。

3. 根据研究成果丰富遗址展示内容，根据监测结果不断完善并提高遗址展示服务水平。

4. 制定培训计划并完成管理人员培训中期内容。

5. 按照国家考古计划进行遗址考古发掘；全面开展遗址研究。

6. 整理、出版遗址研究成果，促进交流与各项工作的深入进行。

7. 完成遗址保护与展示工程可行性研究（保护对象、保护方案、展示工程方案设计），提交可行性研究报告；

8. 完成龙海月港码头遗址防洪排涝工程；

9. 根据可行性研究报告，完成窑址保护工程规划中期内容；

10. 完成遗产区内的居民搬迁和建筑整治工作，达到遗产区环境整治的各项目标。

（三）远期阶段：2021—2025 年

1. 做好日常维护工作，随时发现问题并及时解决。

2. 不断完善并提高遗址利用、管理、研究工作各项内容。

3. 如果经过研究可行，可以在本阶段实施遗址展示工程；

4. 完成遗址本体保护与展示工程规划远期内容（遗址保护与展示的继续研究与实施）；

5. 严格控制遗产区人口规模，按照"只拆不建"的原则，逐步实现遗产区环境整治的各项目标；

6. 根据考古发现进展，逐渐丰富遗址的展示；

7. 在各项生态保护工程方案制定并依程序审批通过后，实施生态保护规划内容，包括地下水开采调控、植被绿化、雨水收集等。

第四节 遗产管理

政府坚持以"保护为主、抢救第一、合理利用、加强管理"的文物工作方针和"保护为主、抢救第一、合理利用、传承发展"的非物质文化遗产保护工作方针为指导，以世界遗产的全球"5Cl"战略为目标，对海上丝绸之路福建漳州史迹的保护与利用进行科学、合理的统筹策划，使遗产的真实性、完整性获得有效的保护与延续，使海上丝绸之路福建漳州史迹继续发挥其作为地方经济基础和社会凝聚的核心作用，谋求遗产保护与社会发展的和谐关系。

一、政府管理

按照世界遗产地的要求完善管理机构，从日常管理、遗址保护、科学研究、宣传教育等方面配置人员。兼职保管人员组成的行之有效的三级文物管理机构网络，满足遗址现场管理与展示服务两项功能要求。加强员工职业教育和岗位业务培训，制定员工培训计划和建立员工培训制度，《龙海月港遗址文物总体保护规划》要与《华安东溪窑址文物总体保护规划》和《平和南胜窑址文物总体保护规划》相衔接，避免工作重复。建立由省文物局—县市博物馆—县博物馆工作人员上下连动，分级负责，密切合作的工作管理机制。

加强各级工作人员、专业人员的工作能力、业务水平的培训与锻炼，不断提高员工的专业水平和综合素质。本规划期限内，每年应进行一次管理人员业务培训。

（一）管理权属

1. 海上丝绸之路福建漳州史迹龙海月港遗址属于国家所有。

2. 加强对《龙海月港遗址文物总体保护规划》和本规划审批通过后的实施管理。

3. 制定《海上丝绸之路漳州月港史迹管理规章》。

217

（二）管理机构

表 3-2

编号	遗产名称	管理机构	地址	电话	行政级别	上级主管部门
海上丝绸之路漳州史迹 -1	月港遗址及帆巷	龙海市文化局	地址：中国福建省龙海市石码镇九二〇路114号，邮编：363100	（0086-596）6536481	县处级	龙海市人民政府
海上丝绸之路漳州史迹 -2	潘氏祖祠及其民居群	龙海市文化局	地址：中国福建省龙海市石码镇九二〇路114号，邮编：363100	（0086-596）6536481	县处级	龙海市人民政府

根据《中华人民共和国土地管理法》规定，申报遗产范围的土地为农民集体所有，民居建筑所有权归居民私人所有。

建立协商会议制度，积极协调海上丝绸之路福建漳州史迹所涉及的龙海市、镇、村所辖区的权利与义务。并按照《中华人民共和国文物保护法》的要求，将文物保护纳入法定管理，避免为对遗产造成破坏，确保游客安全，应制定游客管理规章，加强遗址管期监测，完善服务设施，提高服务应急预案和完善全套安全防范管理措施，提高工作人员安全的应急意识。

（三）管理举措

根据《中华人民共和国文物保护法》，国务院、福建省人民政府、龙海市人民政府、华安县人民政府将申报遗产视其历史、科学和艺术价值情况分别公布为全国重点文物保护单位、省级文物保护单位和县级文物保护单位。

表 3-3

编号	遗产名称	保护级别	公布机关	公布文号	公布时间
海上丝绸之路漳州史迹 -1	月港遗址及帆巷	县级	龙海市文体局		2010
海上丝绸之路漳州史迹 -4	潘氏祖祠及其民居群	县级	龙海市文体局		2010

1. 遗产点管理制度

2012 年 5 月 8 日，龙海市人民政府发布《关于月港遗址保护的通告》（龙政综 [2012]148 号）；

2012 年 1 月 16 日，海澄镇豆巷村村民代表会议讨论通过《海澄镇月港遗址保护村规民约》。

2. 遗产点保护状况

月港遗址及帆巷遗产点监测情况：

消防安全宣传板

龙海市文化局不定期巡视，监测遗存本体的安全状况。

3. 遗产点行政安排

（1）遗产保护专业项目监测的行政安排：月港遗址及帆巷保存状况、保护措施情况等内容的监测工作，由龙海市博物馆负责实施监测工作，并组织和汇总监测结果、建立档案。

（2）常规监测项目的行政安排：月港遗址及帆巷、临江古街遗址的自然因素监测由遗产管理机构负责与市气象局等相关业务部门建立联系，定期提取相关监测资料并建立档案；涉及的土地、建设、人口等社会经济因素监测由遗产管理机构负责与市城市规划、国土局等相关业务部门建立联系，定期提取相关监测资料并建立档案。

4. 管理经费

事业纳入相应的国民经济和社会发展计划，所需经费纳入相应的财政预算。充分有效利用"海上丝绸之路福建漳州月港史迹重点文物保护项目"专项经费。

5. 游客管理

为避免游客不良行或办法，约束引导游客行为，加强游客管理，编制游客《参观指南》，规范游客参观行为，由管理人员引导、陪同并负责讲解，及时了解游客感受与需求，建立定期内容与质量。

6. 防灾减灾

根据相关法规与文件，修订安全防范措施；制定《龙海月港遗址突发事件应急工作管理办法》，将突发事件对遗产的破坏程度控制在最小程度内。应急预案内容应包括诸如洪水、地震、偷盗等各种突发破坏情况发生时的对策，提升应急预警能力。

7. 遗产关联价值

在采取有效保护措施的前提下关联价值的遗存，对公众进行展示，根据遗存所蕴含的价值，编写解说，采取多种宣传手段（如：印刷和电子出版物、遗产地网站建设讲座）向广大公众宣传遗产价值。并加强对公众文化遗产保护的教育，提高公众的文化遗产保护意识。

第五节 遗址调查

目前,月港拥有的"海上丝绸之路"的遗迹遗物众多,遗存丰富,形态多样,价值宝贵。虽遭受人为和自然灾害破坏严重,但保存下来的那些,仍然具有重要的社会价值与科研价值。

一、文化见证

能为传衍至今的或已消逝的文明或文化传统提供独特的或至少是特殊的见证。海上丝绸之路(中国段)为传衍至今的中外跨海交流传统提供特殊的见证:海上丝绸之路(中国段)的海港航运体系遗存(包括海湾、码头、航标建筑、造船场、仓库、祭祀建筑、贸易管理机构、驿站、桥梁、道路、海防设施、商业街)、外销物品生产基地与设施遗存(外销瓷瓷窑、丝绸织造工场),以及文明及文化交流产物(宗教建筑、外国人聚居区及墓葬区、贸易市场)、贸易物品遗存(珠宝、香料、药材等)、航线遗存(沉船等航线物证、重要地标)等,见证了自公元前2世纪以来,中国经海路与亚、

非、欧各国进行外交往来、文化和技术交流以及贸易活动的传统。

包含了海湾、码头、航标建筑、造船场、仓库、祭祀建筑、贸易管理机构、驿站、桥梁、道路、海防设施、商业街等遗存的海港航运体系遗存为中国古代系统的航运、贸易管理和运行机制、成熟的航运设施建造技术和航海技术、丰富的海洋文化、繁荣的海上交通、贸易及文化交流提供了直接物证。

海上丝绸之路(中国段)遗存包含了合浦(今北海)、广州、泉州、福州、明州(今宁波)、扬州、登州(今蓬莱)漳州等一系列自公元前2世纪到公元17世纪不同时代的港口,保存了完整的海港航运体系,包括古代码头遗址、作航标之用的塔、古代造船厂、货运仓库、祭祀海神与祈求航海平安的庙宇、古代市舶司遗址等贸易管理机构遗址、联系港口和城市、保障货物运输的桥梁和道路、保障港口安全的海防设施等,是航运和跨海交流的物质

基础，完备地呈现了海上丝绸之路繁荣时期的基础设施体系。

二、贸易见证

外销瓷瓷窑、织造设施等外销物品的生产基址与设施遗存见证了古代东西方海上贸易的货品内容与规模。

海上丝绸之路由中国出口的主要货品为瓷器、丝绸、茶叶等。其中瓷器大部分为沿海港口城市周边直接生产外销，其烧造窑址保存至今，如泉州磁灶金交椅山窑址、漳州平和南胜窑址、福州怀安窑址等。并出土了大量为外销而烧制的特殊形制的瓷器样品，包括阿拉伯造型和装饰风格的水壶、杯盘等，可与在阿拉伯半岛、东非等海外港口发现的中国瓷器相印证，为海上瓷器贸易提供了直接的见证。同时，沿海港口城市还保存了当年为生产外销丝织品而建的生产设施，如泉州染局清白源井等，为海上丝绸生产和贸易传统提供了特殊的见证。

三、社会发展

漳州月港贸易主要是东南亚 40 多个国家和琉球、日本、朝鲜，是 16 世纪后期至 17 世纪中叶中国东南沿海地区海外交通贸易中心。琉球至今仍有漳

海丝贸易商品展示厅

1. 漳州月港
——豆巷村五社调查图
2. 漳州月港
——萃贤坊调查图

资料来源：深圳市城市空间规划设计有限公司：《中国·月港》，2014年10月编。

州籍王、阮、毛、陈姓的后裔，随着商贸发展漳州海商把闽南文化传播到侨居国。华侨华人华商在侨居国所建的多种建筑遗存、聚居区生活习俗以及海港城市出土的舶来品等交流产物，见证了东、西方经海上丝绸之路进行的经济、社会、文化、艺术、技术、物产、信仰等文明与文化的多方面交流，以及民族迁徙与融合对社会发展的贡献。同时，从月港进口的"番物"

产品，出土的大量来自海外的舶来品，包括印度的金饰、两河流域的玻璃制品、非洲的宝石等，相关工艺技术也随之传播，有力地见证了东西方海上丝绸之路的贸易往来与跨文明交流。

四、建筑航运

人类史上一个或几个重要阶段中的某种建筑物类型、构筑物类型或景观类型的杰出范例。明代月港的港湾、

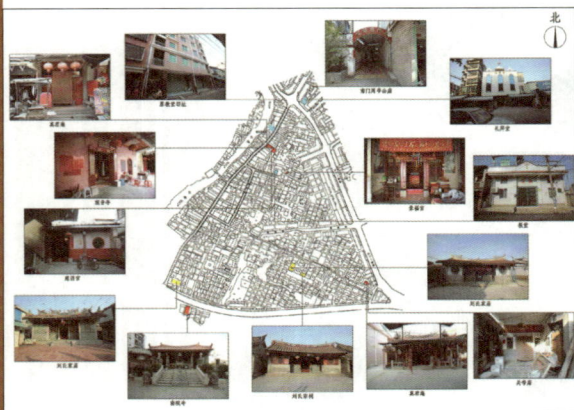

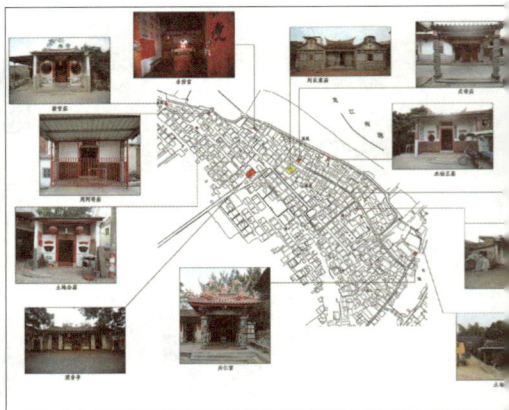

1 | 2

1. 漳州月港——古街区调查图
2. 漳州月港——九龙江南巷调查图

资料来源：深圳市城市空间规划设计有限公司：《中国·月港》，2014 年 10 月编。

码头、航标建筑、仓库、管理设施等共同组成的航运体系，是古代中国航运体系的杰出范例，它们为远距离的海上航行提供了必要的物质支持和基础条件。月港时期发达的航海事业需要完善的港口航运体系来支撑，是古代成熟航运体系的范例。海港一般要求要有良好的水域条件并有管理和经营机构、码头航标等基础设施。通过考古发现，月港港口七个码头群遗存有着精密的体系和高度的一致性：保存有码头及其它水上建筑物，有着完善的陆域基础设施，有完备的管理与服务设施，与现代海港不同，海上丝绸之路海港还具有海神祭祀这一特殊背景的必须要素。以清朝广州十三行首任商总潘振承创建的潘氏祖祠和潘氏民居群为代表的海商人物史迹，该处建筑遗存在秉承闽南地区民间建筑特色基础上糅合了南洋和广州的建筑元素与风格。同时漳州海商在东西洋港口修建马六甲青云亭、日本长崎最雄伟壮观的唐人寺院漳州寺等。散布在东南亚各国的闽南华侨将闽南传统民居传入侨居国，住房多以砖墙瓦屋为主，街道多是商店兼住家，宅中多挂先人遗像，此外家具的摆设、神佛的安置等全部按照闽南的民居方式。以上实例充分说明了漳州地区在通过"海上丝绸之路"的建筑文化交流中也扮演着重要角色。

224

第六节 遗址保护

月港遗迹和遗存，现在可以看到的仅有一楼、一坊、二桥、三街、四码头。一楼就是晏海楼，一坊就是萃贤坊，二桥就是西门桥、港口桥，三街就是临江古街、帆巷、解放路，四码头就是饷馆码头、路头尾码头、溪尾码头、容川码头。其它大都遗迹已经名存实亡，只是后人代代口口相传。

一、保护现状

（一）月港遗址遗存现状

七处申报码头历史环境保存较好，部分处于淤泥掩埋下，需进一步清理维护；帆巷街巷尺度保存较好，建筑本体结构稳定性及历史风貌保存较好。

（二）保护状况主要指标

1. 保存完好率

根据近些年开展的调查显示，漳州史迹中除潘氏古民居群中部分建筑木构架梁架外闪倾斜外，其余遗产均保存良好。

2. 结构稳定性

经测定分析，申报古建筑、古遗址、古码头整体稳定，无倾斜，无雨水侵蚀，无疏松现象。

3. 渗漏和蛀蚀情况

申报遗产处于南亚热带季风气候区，多雨潮湿屋面容易渗漏，并导致局部木构件虫蛀侵蚀现象。申报遗产通过近些年检修，已基本排除上述现象，然而，鉴于气候等自然的影响，仍需对屋面进行经常性监测，防止蚁害。

4. 环境和景观

申报遗产内部及周边环境与景观基本保持历史原貌，局部后期添建的与传统建筑风貌不协调的建筑物已得到初步的治理，周边植被状况良好，今后将按照文物保护规划进行有效控制。气象水文地质等监测由各相关部门开展，检测结果定期报送各文物主管部门，发现异常情况及时报告。

二、影响因素

（一）开发压力

漳州史迹中的月港遗址及帆巷、潘氏祖祠及其民居群因所处区域属经济、社会发展较快区域。特别是 80 年

第❸章 月港海丝申遗 遗址保护

225

代以后提名地及周边城镇建设给两处遗产所处区域周边环境形成压力和威胁。为此，在福建省人民政府、福建省文物局及地方政府和地方文物管理部门统一协调部署下，遗址地均制订了相应的保护措施，明确了遗产本体及周边环境保护的必要性。

（二）环境压力

漳州史迹所处区域多位于丘陵山地及沿海地区，自然生态环境优美、空气清新，环境压力较小。

根据环境监测站多年检测，区域内环境质量状况如下：

1. 地面水状况

根据多年对流经提名地的水系水质检测，地面水质主要指标均达国家一级水质标准。水质中主要指标的高锰酸盐指数均值 2005 年为 2.432mg/l，2010 年为 2.68mg/l。

2. 大气质量状况

区域内大气主要指标，二氧化硫 2005 年均值为 0.037mg/m³，2010 年为 0.013mg/m³。氢氧化物 2005 年指标为 0.020mg/m³，2010 年指标为 0.0138mg/m³，都达到国家大气环境质量一级标准。

3. 酸雨状况

降雨酸度是影响木结构建筑材料老化的重要因素之一，根据多年对降雨的监测，提名地所处区域的酸雨率呈逐年下降的趋势，降水的 pH 值略有上升，酸度有所减弱。

4. 气候状况

提名地属亚热带季风气候，光照充足，雨量充沛，气温低于 0℃或高于 35℃的天数较少，温差变化较小，对遗产影响较小。

（三）防灾压力

漳州史迹所处亚热带季风气候区，年降水量 1748mm，台风、洪水、地震等自然灾害时有发生。每年夏季均受热带风暴的影响，存在洪涝和大风的威胁。1956—2005 年，年平均 4 次热带风暴影响，其中 1983 年 7 月 25 日的风力达 12 级。日最大降水量 307mm，出现在 1981 年 9 月 22 日。风灾猛烈时有可能掀起古民居建筑群屋面瓦件。通过疏通排水系统，对屋面瓦件进行经常及时检修，可以有效防止洪涝对码头、建筑、遗址的二次损害。

20 世纪以来，提名地均有多次地震发生，由于遗产本身结构形式稳固，建筑技艺精湛，迄今尚未出现遗产因地震而造成的损毁。

此次申报的遗产均处于优势地势，本身结构优良，至今未受到上述自然灾害的严重影响。

（四）旅游压力

由于遗产提名地所处山区及沿海区域，目前游客数量较少，以专业研究人员参观为主。随着开发建设，游客数量将不断增加，如果管理不善、措施不力，容易使遗产和环境受到过大压力。目前三县正在编制的保护规划中将严格按照适当的游客容量进行管理，限制过大游客量出现，科学安排游览路线，加强游客行为管理，强化环境卫生治理，配备必要的游览设施，将旅游压力控制在合理的范围内。

三、保护措施

月港遗产是历史的产物，是历史的沉淀，有着深厚的文化内涵。它既

保护管理规划文本

是一种不可再生的历史文化资源，也是一种珍贵的民族资源。从某种角度来讲，月港现存的文化遗产，都是中华民族几千年灿烂文化中不可缺少的一部分缩影。因此，要强化保护意识，坚持保护为主的方针，将文化遗产的保护纳入到各级政府、各级有关部门的重要议事日程，并在工作中抓紧抓实。尤其要加强对文化遗产保护的宣传，提高全社会的保护意识，共同保护好不可再生的历史文化资源。

（一）从政府角度

1. 要依法保护

明朝中后期，漳州月港作为我国唯一合法的海上丝绸之路始发港，是当时中国最大的对外贸易港口，是"海上丝绸之路"主要起点之一，在世界海洋贸易史上有着广泛而深刻的影响。月港对外频繁的政治、经济、文化交往，使之成为东南沿海最大的港口城市，至今仍保留着众多相关文物古迹。这些珍贵的"海上丝绸之路"文化遗产，再现了漳州人民的思想道德和科学文化水平，其历史、艺术、科学的价值是永恒的，而且也是我们今天进行爱国主义和历史唯物主义教育的生动教材，能使子孙后代形象、直观地认识龙海先民勤劳勇敢、开天辟地的拼搏精神，激发其民族自豪感

月港保护规划现场指导

和自信心。所以，它们是祖国乃至世界优秀的文化遗产，我们必须很好地加以保护、利用和管理。要在干部群众中深入学习贯彻《国家文物法》和《省文物管理条例》，强化对现存遗址遗物的挖掘和保护工作。公安、法院等司法部门要按照法律法规的有关规定，从重、从严、从快惩处打击对古月港文物的盗、抢、毁等违法犯罪行为，依靠法律的手段，切实保护现存文物。

性要求，集中力量进行抢救性保护。力争在近期内对月港7个码头、豆巷帆巷古街、临江古街进行修复原貌，加强保护维修工作；对周边几个遗产要素点（文庙、宴海楼、溪尾铳城、观海寺、萃贤坊、古民居群等）进行修缮和环境整治。可对月溪进行清淤疏港，恢复海澄月溪原貌，继续发挥其排洪防涝作用。同时在各个遗址点竖立石碑铭刻历史由来和作用，启发游客思古幽情。

2. 要修旧如旧

要针对月港遗址不同程度存在多种毁坏现象，注重保护文物本体。要按照文物保护工程管理的程序和规范

3. 要借力申遗

打造"月港"品牌，申遗则是重要的一步棋，也是必不可少的一步棋。通过申遗，可以使龙海参与省内外、

国内外更多交流合作，可以同其它"海丝城市"联合打造"新丝路"。所以，申遗工作是建设"21世纪海上丝绸之路"最基础、最关键的一环，是一种无形资产，也是一件功在当代、利在千秋的大事，这项工作十分艰巨而光荣。但是，申遗工作是一项复杂的系统工程，需要多方面的协调配合。我市各有关部门要在"申遗领导小组"统一领导下，按照职责分工，加强协调配合，共同做好申遗工作。文物部门负责申遗工作的具体组织和实施，做好申遗工作的业务咨询和技术指导，督促落实工作进度；宣传、教育部门负责组织申遗工作的宣传和教育工作，营造全社会积极参与丝绸之路申遗工作的良好氛围。财政部门负责经费保障工作，并做好资金使用的管理与监督；发展改革局、国土资源局、宗教局、建设局、交通局、林业局、人事局、旅游局等部门，根据部门职能，积极配合做好环境治理、基础设施建设、旅游服务、宗教管理等方面的工作，为申遗工作的顺利实施创造条件。

4. 要整理史料

要由市政协文史委、市海丝文化研究会、市文体新局、市博物馆、海澄镇、市志办、市档案局人员及海内

申遗文本

外有心人士组成"古月港"历史资料收集整理领导小组。负责对古月港现存世的历史图片、文字记载、实物遗存、年代考纪等的搜集整理，并汇编成册，归档存库，以备史证。

5. 要学术交流

由龙海市委市政府牵头，筹办"古月港文化研讨会""城隍文化研究会""两岸城隍文化交流等活动"，专门探讨"海丝"始发地"月港"近二百年的兴衰史与资本主义萌芽等史实，充分挖掘古月港的历史地位与作用。同时，按照习近平总书记提出的"共同建设21世纪'海上丝绸之路'"和"共建30亿人的海丝之路经济带"的战略构想，加大古月港的宣传、交流、研究和保护，扩大月港对外影响。发挥"海丝"始发地的历史作用，提升龙海知名度，再次掀起古月港文化热潮，重

月港研究成果图书

点挖掘其历史文化资源，做好保护规划工作。并结合探讨闽台两地"海丝"渊源关系，认清闽台文化同根同源。

（二）从社会角度

目前在六省九市联合提出的海上丝绸之路捆绑申遗计划中，福建的福州、泉州、漳州均列其中，是申遗城市最多的着眼全局、脚踏实地，加快推进 21 世纪海上丝绸之路建设省份。福建在加快推进 21 世纪海上丝绸之路建设中，应承接好商贸人文的历史辉煌，发挥好"海上海外"的特色优势，以东南亚为重点，坚持"走出去"与"引进来"结合、经济合作与人文融合并重，努力打造成为海上丝绸之路互联互通的重要枢纽、经贸合作的前沿平台、人文交流的重要纽带。重点做好："突出互联互通，加快对外通道建设。突出重点区域，深化多元贸易往来。突出海洋特色，提高产业合作水平。突出侨台优势，推动人文深度融合。争取率先在一些重点领域和关键环节取得突破，促进两岸经济全面对接、文化深度交流、社会融合发展，努力构建两岸同胞向往的幸福家园。"打好"海丝月港"这张闻名世界的王牌，弘扬古月港历史文化对建设 21 世纪"海上丝绸之路"有着非凡意义。而月港海丝申遗可以同周边特别是海洋地区的经贸往来和人文交流得以加强，可以弘扬漳州海商精神，使漳州、龙海站在一个新的历史起点上，有新的思路、新的作为、新的发展；将来漳州海丝可以与"海丝城市"联合打造"新丝路"，通过与九城市的联合申遗，实现经济

同步、文化同融、市场同接，并与东盟、南亚、西亚、北非、欧洲等各大经济板块串通衔接。从而掀起新一轮改革开放的宏大经济愿景，既是弘扬中华文明，也是实现"中国梦"的重要途径。

这样不仅让学生充分认识到文物保护的重要性，而且可以带动家长参与宣传活动，从而提高整体的文物保护意识，让大家都为保护好月港遗址贡献出自己的一分力量。

（三）从公民角度

首先，提高月港周边居民的文物保护意识。月港遗址因地处农村区域，当地的村民教育水平偏低，对月港遗址的保护认知不足，因此常导致月港七条码头垃圾成堆。如何做到让群众产生对文物的保护意识，自发地做好月港码头周边环境的整洁，保护好月港码头不被破坏，这不只是一张村民保护公约就可以解决的，这也需要当地政府部门的积极配合和正确引导。同时，对破坏月港遗址的群众要严加教育、严加管理，依靠法律手段严惩各种破坏违法行为，切实保护文物主体。

其次，要从教学入手，对在校中小学生进行月港历史文化、文物保护等方面的理论教育，并适当进行现场考察等室外教学，让他们明白文物是不可再生的资源的道理。对那些文化素质不高的老人、妇女，当地政府应联合各村村委干部，用一些简便直接的宣传手法对其进行直观的教育。比如，利用一些节庆活动，通过表演小品或戏剧等形式生动地向民众普及保护月港遗址的重要性。另外，组织当地的中小学学生参与到宣传活动中来，

（四）从遗产类别角度

对龙海月港遗址地上码头遗址本体、载体进行抢救性和维护性加固。加固措施应以工程方式为主，并具有明确的针对性和预期的效果，同时满足可再处理性和外观和谐性。加固技术应针对具体的破坏特点和隐患存在部位，按照"最小干预"原则和本规划的"保护准则"要求，制定科学的、适度的工程方案。

该措施是针对遗址边坡失稳以及风蚀、雨蚀等主要破坏因素的直接措施。加固措施分本体抢救性加固、一般性加固和载体加固，应集中于部分危险和隐患严重的遗存重点部位。加固措施主要有裂隙加固、基部加固、表面加固等。加固技术应针对具体的破坏特点和发生部位，应在加强对遗址、特别是码头建造方法及工艺研究的基础上，分别研制科学、适度的实施方案。

根据现状评估结论，码头遗址断开处多为抢救性加固对象；码头遗址地表以上土体基部出现风蚀凹进现象、表面出现剥离现象的部位属于一般加固对象；有遗存坐落沿岸属于载体加固对象。

第七节 遗产申报

龙海"海上丝绸之路"月港遗址是海上丝绸之路的重要组成部分，总体上具有以下独特之处：

首先，月港现存大量明清海上贸易史迹证明漳州是"海上丝绸之路"时空链条中不可或缺的节点，为促进"海上丝绸之路"商贸文化的交流与发展做出重大贡献。

其次，月港明清海上贸易史迹是"海上丝绸之路"明中后期至清代海上贸易的活动中心，也是"海上丝绸之路"由兴盛走向衰退的重要见证，它们是明清时期"海上丝绸之路"文化的独特见证。

最后，在漳州辉煌的"海上丝绸之路"历史发展中，涌现出许多在全世界都有着重大影响的海商和航海家，他们对东西方文化的交流起到重要的媒介作用，这些人物也为研究中国海运史及海洋文化提供了重要依据。

一、申报条件

（一）符合申遗标准一

"海上丝绸之路·漳州月港史迹"以其承载的独特的社会文明和艺术，是中国古代海洋文化在东南沿海区域的生动体现。月港的许多建筑遗存在秉承闽南地区民间建筑特色基础上糅合了南洋和广州的建筑元素与风格。同时漳州海商在东西洋港口修建马六甲青云亭、日本长崎最雄伟壮观的唐人寺院漳州寺等。散布在东南亚各国的闽南华侨将闽南传统民居传入侨居国，住房多以砖墙瓦屋为主，街道多是商店兼住家，宅中多挂先人遗像，此外家具的摆设、神佛的安置等全部按照闽南的民居方式。以上实例充分

说明了漳州地区在通过"海上丝绸之路"的建筑文化交流中也扮演着重要角色。还有月港的街道、码头、店铺、寺庙等等，其在建筑艺术、文化传承等方面对东南亚众多国家和地区产生广泛的影响，月港建筑群体所承载的闽南民居建筑艺术风格，是闽南海洋社会先民根据实际生产、生活的需要顺势而为创作，是先民聪明才智长期积累的结晶，对后世文化艺术传承、民居建筑样式产生了深远的影响，符合世界文化遗产第 i 条标准。

（二）符合申遗标准二

明清时期从月港输出外销而生产瓷器的民窑窑口，这些窑口在瓷器的制作工艺、烧造系统、产品特征和外销路线等诸多方面表现出共性和延续性，学界统称为"漳州窑"。"漳州窑"的瓷器主要由三大类组成：青花瓷、彩绘瓷和素三彩瓷，成为海上丝绸之路对外贸易的大宗商品。伴随月港的繁荣，福建沿海因此而发展起来具有较高水准的瓷器烧制窑址。以平和南胜窑址和华安东溪窑址为代表，烧制的漳州窑瓷成为当时主要的贸易输出产品。长期以来，学术界就发现在日本、东南亚、非洲和欧洲博物馆发现大量砂足青花粗瓷藏品，而近几十年

来海洋考古、水下考古的进展，也发现了大量同类型的瓷器标本，欧洲统称之为克拉克瓷，另外日本还有大量称为"交趾彩盒"（或"交趾三彩""华南三彩"，即素三彩）、"吴须赤绘"（即五彩、红绿彩）的传世瓷器和标本，但这些砂足粗瓷在中国却鲜见传世品，其产地长期是陶瓷史谜团，而被统称为"汕头器"（SWATOW）。平和南胜窑、华安东溪窑发掘出 10 座窑炉和大量瓷器标本，初步解决了上述海外砂足粗瓷的产地和工艺技术之谜，为其找到了历史的归宿，同时也以丰富翔实的实物资料展示了 15—17 世纪由漳州月港始发的海上丝绸之路外销瓷的生产基地分布、主要品种、生产技术、生产规模和外销路线。近年几次"海上丝绸之路"水下沉船考古出水的瓷器最终证实也多来自于此，这也是明清古代漳州"海上丝绸之路"贸易繁荣的一个极重要佐证。漳州民窑外销瓷的输出，在规模上使"海上丝绸之路"真正具备了"海上陶瓷之路"内涵。它们以其承载的独特的制瓷工艺，在海内外古陶瓷界产生了重大影响，对于中外陶瓷史和福建明清地方史的研究都有重要意义，生动地展现了古代"海洋丝绸之路"在明中期到清初之际海洋文化交流互动的历史进程和

风貌，深刻反映出东南沿海海洋文化的特质及海洋社会的发展传统，是中国古代海洋文化在东南沿海区域的生动体现，符合世界文化遗产标准。

（三）符合申遗标准三

能为传衍至今的或已消逝的文明或文化传统提供独特的或至少是特殊的见证。海上丝绸之路（中国段）为传衍至今的中外跨海交流传统提供特殊的见证。闽南侨民也把家乡的地方神信仰移植于侨居地，如漳州的保生大帝、土地公、关帝爷信仰，祭拜活动在形式上也保持与闽南故乡一致。闽南的地方音乐戏剧也随着闽南人移民东南亚各地而传播开来，尤以布袋木偶、芗剧、南音为主要形式，以其独特的表演艺术名扬海内外。闽南地区与东南亚在宗教信仰、音乐戏剧等方面的源远联系的背后则是漳州在明清时期海洋贸易、海外交往、海外移民的繁盛，因此这些也从侧面体现了明清时期的漳州通过"海洋丝绸之路"在中外物质、文化交往过程中的重要的地位和巨大影响力。闽南文化传播到东南亚各国，也对东南亚各国在物质文化、语言文字、音乐戏剧、民间信仰和民俗等方面产生了广泛而深刻的影响。在这一重要物质文化载体上，

衍生出东西方艺术、宗教、人文等多元文化的交往与融合。符合世界文化遗产标准。

（四）符合申遗标准四

月港码头虽然历史短暂，但它所具有的民间性、唯一性、合法性，是国内其他贸易港口无法替代的，是代表明清"海上丝绸之路"的重要实物见证，也为研究"海上丝绸之路"海运和港口贸易发展演变提供了珍贵的实物资料。此外，随着月港的兴起，漳州涌现了许多有影响、有作为的航海家、海商，明清时期的漳州海商也几乎主导了东南亚的贸易市场。如五次追随郑和、后率船队八下西洋的王景弘，以钦命正使身份通达琉球国册封的潘荣，最早开发澳门的海商严启盛等。其中清朝广州十三行首任商总潘振承是漳州海上贸易鼎盛时期的海商杰出代表人物，曾经是十八世纪世界首富。他创建的潘氏祖祠和潘氏民居群为代表的海商人物史迹是明清海上丝绸之路发展时期的重要历史见证，也是研究海外交通史、华侨史的重要实例。

综上所述，"海上丝绸之路·漳州史迹"符合世界文化遗产标准。

表 3-4

缔约国	中华人民共和国				
国家、省份或地区	福建省漳州市龙海市				
遗产名称	海上丝绸之路·漳州月港史迹				
精确到秒的坐标	编号	遗产名称	所处区域	中心点坐标	
				北纬（N）	东经（E）
	海上丝绸之路漳州史迹-1	月港遗址及帆巷	龙海市海澄镇豆巷村	24° 25′ 31.15″	117° 51′ 06.47″
	海上丝绸之路漳州史迹-2	潘氏祖祠及其民居群	龙海市角美镇白礁村	24° 29′ 18.07″	117° 56′ 37.50″
遗产申报保护保护范围的文字说明	此为系列申报项目，其中"海上丝绸之路·漳州月港史迹"—月港遗址及帆巷、潘氏祖祠及其民居群位于福建省漳州市龙海市，申报遗产的核心区总面积已在编制中。				
遗产申报地图，显示遗产保护范围和缓冲区	海上丝绸之路·漳州月港史迹在福建省的位置图 海上丝绸之路·漳州月港史迹1—月港遗址及帆巷在龙海市的位置图 海上丝绸之路·漳州月港史迹1—月港遗址及帆巷卫星影像图 海上丝绸之路·漳州月港史迹4—潘氏祖祠及其民居群在龙海市的位置图 海上丝绸之路·漳州月港史迹4—潘氏祖祠及其民居群卫星影像图				
列入的理由《突出的普遍价值声明》	"海上丝绸之路"是中西方贸易往来的重要通道，更是历史上中外政治、经济、文化交流和发展的重要线路，两千多年的"海上丝绸之路"文化为人类发展史作出永不磨灭的贡献。以月港为中心的漳州明清海上贸易史迹是这条全球性的文化线路中不可缺失的角色。作为明中后期至清代海上贸易的活动中心，追溯漳州海上贸易的发展轨迹，可以见证"海上丝绸之路"由兴盛走向衰退的历史过程。 　　作为"海上丝绸之路"衰退时期最为繁荣的港口地区，漳州明清海洋贸易承上启下，以其优越的地理区位、特殊的民间港口贸易形式、丰富精美的贸易输出品以及对当代海运贸易产生重大影响的海商人物代表，在我国和世界海洋贸易交往口扮演着举足轻重的地位，填补了"海上丝绸之路"发展历程的空白。				

遗产申报所遵循的标准	"海上丝绸之路漳州·月港史迹"符合列入世界遗产标准的（一）（二）（三）（四）（五）。 （一）"海上丝绸之路·漳州月港史迹"以其承载的独特的制瓷工艺，体现了中国古代劳动人民杰出的聪明才智和非凡的创作能力，是天才的杰作，符合世界文化遗产第 i 条标准。以平和南胜窑和华安东溪窑为代表的漳州窑，这些窑口所生产的瓷器在制作工艺、烧造系统、产品特征极具特色，明清时期大量销外海外，在东亚、东南亚、西亚、东部和南部非洲、欧洲等地被大量发现、收藏和研究，代表了"漳州窑"前期制瓷业的最高水平。"漳州窑"的发现在海内外古陶瓷界产生了重大影响，对于中外陶瓷史和福建明清地方史的研究都有重要意义。 （二）"海上丝绸之路·漳州月港史迹"是中国古代海洋文化在东南沿海区域的生动体现，尤其是体现了明清之际闽南沿海的海洋性社会传统，其在建筑艺术、制瓷技艺、文化传承等方面对东南亚众多国家和地区产生广泛的影响，符合世界文化遗产第 ii 条标准。"海上丝绸之路·漳州史迹"以其深刻体现的闽南海洋文化发展的特质，成为闽南文化向海外传播的重要通道，是海上丝绸之路的重要组成部分，特别是明清阶段的漳州海上贸易史迹在中国和世界贸易史占有极为重要地位。它上承宋元时期，下启清朝中后期，自明中期以后，传统的"海上丝绸之路"演变为以陶瓷为主要贸易输出品的"海上陶瓷之路"，以"月港"为中心的漳州海外贸易成为16世纪后期至17世纪中叶，中国东南沿海地区海外交通贸易的中心和海上丝绸之路的启航港。以平和南胜窑址和华安东溪窑址为代表的贸易输出品史迹，是明中后期经"海上丝绸之路"出口外销瓷的重要产地，产品为广泛销售东西洋。这些窑址产品种类丰富、工艺精美，集中反映了漳州地区瓷器的艺术特征。随着海商贸易的拓展，同时也把闽南文化传播到东南亚各国，产生了广泛而深刻的影响。漳州现存的港口码头遗址、海外贸易输出品遗迹、海商人物史迹以及大量的历史典籍、遗迹、遗物，毫无争辩地说明漳州是"海上丝绸之路"时空链条中不可或缺的节点，为促进"海上丝绸之路"商贸文化的交流与发展做出了重大贡献。

遗产申报所遵循的标准	（三）漳州地区拥有的大量明清海上贸易史迹，遗存众多、样式独特、内涵丰富、保存完整，生动地展现了古代"海洋丝绸之路"在明中期到清初之际海洋文化交流互动的历史进程和风貌，充分体现了体现了"古代海上丝绸之路"发展的阶段性，明清漳州海上贸易在中国海洋贸易乃至世界海洋贸易发展体系的发展过程中占有举足轻重的历史地位。它们反映了"海上丝绸之路"由兴盛走向衰退的演变过程，同时也直观地反映出"海上丝绸之路"转向"海上陶瓷之路"特殊历史阶段的特征，是明清时期"海上丝绸之路"贸易文化的独特见证。外销瓷的贸易，把东西方紧密的连接在一起，从而衍生出东西方艺术、宗教、人文等多元文化的交往与融合。符合世界文化遗产第 iii 条标准。 （四）"海上丝绸之路·漳州史迹"所承载的陶瓷烧制技艺和闽南民居建筑艺术风格，是闽南海洋社会先民根据实际生产、生活的需要顺势而为创作，是先民聪明才智长期积累的结晶，对后世文化艺术传承、民居建筑样式产生了深远的影响，符合世界文化遗产第 iv、v 条标准。漳州史迹中的平和南胜窑和华安东溪窑是中国陶瓷文化的重要组成部分，是明、清时期闽南地区具有代表性的窑址，它的烧制工艺是闽南地区传统烧制技术的杰出代表，其生产的瓷器是闽南地区制陶艺术的杰作。平和南胜窑在明代为主要外销瓷的出口，外称"克拉克瓷"，自明代以来广泛销售东西洋，是漳州海上丝路主要贸易品，是海上陶瓷之路的直接对应物。潘氏祖祠及其古民居群保持闽南民间传统建筑风格，从建筑梁架及石雕石刻的装饰突出时代所赋予的文化及风格，糅合了南洋和广州的建筑元素与风格，集中体现了清代海商潘氏家族文化。 （五）闽南海外贸易的拓展和移民活动的频繁，在漳州辉煌的"海上丝绸之路"历史发展中，涌现出许多在全世界都有着重大影响的一大批海商和航海家，随之也把闽南方言、音乐戏剧、民间信仰等文化传播到东西洋各国，他们对东西方文化的交流起到重要的媒介作用，使闽南文化在有华侨的区域中进一步发扬光大，这些人物也为研究中国海运史及海洋文化提供了重要依据。

二、申报策略

（一）要成立联合申遗机构

国家文物局最新公布的世界遗产预备名单中，海上丝绸之路作为多城市联合项目列入。根据近七年来大运河联合申遗的工作经验，我们强烈意识到，海丝申遗也完全有必要建立有效的联合申遗机制，确立牵头城市或联合申遗秘书处。牵头城市可由积极自愿和各城市共同推选相结合，最终由国家文物局指定。由联合申遗办组织协调各城市，在国家文物局的领导和工作框架之下，完善文本编制，推进规划编制工作，建立专家组，召开工作会议和学术研讨，加强基础档案搜集和学术研究，对海丝各城市的遗产点的本体修缮、环境整治、遗产监测和宣传工作进行定期督查。联合申遗办应成为各城市与国家文物局的桥梁，也成为多城市文物部门之间的纽带，同时也是各城市政府与国内外专业机构和专家的中介。

（二）要建议先报重点地段

丝绸之路连接着五彩斑斓的多元文明，沿线的国家和城市体现出多民族、多种族、多文化、多宗教的特色，充满浓郁的异域情调，具有广泛的国际视野。但是，陆上丝绸之路在申报过程中，过程曲折，困难重重，原因就是涉及国际合作，而参与陆上丝路沙漠之路申遗的中亚五国（后改为三国），各国的政治稳定情况、经济财力情况、政府对文化的重视、民间和专业组织的参与积极性，都完全不一样。让其他国家和中国在文化遗产的保护和申报中保持步调一致，是非常困难的一件事，也是不切实际的。况且，跨国申报还牵涉到国际政治、国际外交等复杂问题。

希望海上丝绸之路能吸取陆上丝绸之路申报的经验教训，因为海丝一旦跨国申报，涉及东亚、东南亚、南亚、中东、东非、地中海欧洲等国不同宗教、不同文化背景、不同政体的国家，还涉及一些和中国外交关系微妙的邻国，情形尤其复杂。所以，首先开展海上丝绸之路的中国段或东亚段的申报，比较单纯可控，相对来说文化价值主题集中，也有可操作性，希望这能成为海丝沿线各城市的共识。

（三）要相关部门通力协作

海上丝绸之路体现了东西方文化的传播和交融，支撑其突出普遍价值的遗产内容中，涉及的不只是文物部门的事，需要发改、土地、建设、财政、

文化、文物、政法、环保、水利等部门、单位的全力支持和密切配合。

做好月港遗址"海丝"申遗项目规划保护与开发建设工作，是一项系统工程，时间跨度大、工作任务重，必须凝聚社会力量，举全市之力，上下联动，密切协作。因此，各级各有关部门要强化大局意识、责任意识和服务意识，各司其职，各负其责，围绕"申遗"目标，密切配合，扎实工作。"申遗办"要认真履行职责，切实加强对申遗工作的协调督查；各有关乡镇、市直有关部门要服从"申遗"领导小组的统一协调，统一指挥，按时保质保量完成各项工作任务。市纪检监察、组织部和公检法等部门要全程参与申报"世遗"工作，建立定期督查制度、通报制度和责任追究制度，要定时对各项重点工作进行督查，及时掌握并通报工作进展情况；对阻碍或破坏"申遗"工作的，公安、法院等司法部门要按照法律法规的有关规定，从重、从严、从快惩处，依靠法律的手段，切实保障"申遗"各项工作顺利开展。

（四）要进行科学规划论证

海丝申遗文本的征求意见稿早在2012年就已由中国建筑设计研究院万

史所初步完成。希望能尽快召开一次专家会议，邀请海洋交通史、古代商贸史、宗教文化史的专家参加，邀请国内外文化遗产保护和考古领域的权威人士参加，对目前选入文本的遗产点进行周密的论证，共同探讨文本中还有什么遗漏的，有没有可能对一些能支撑海丝价值的潜在遗产点进行考古发掘（以扬州为例，比如扬州的唐子城遗址）。考古遗址能为海上丝绸之路这样的文化线路增加信息厚度，我们完全有充足、从容的时间进行有计划的考古工作，补充现有文本中遗产品类的不足。

（五）要按照惯例组建联盟

大运河联合申遗在中国开启了城市合作型遗产保护模式的先例，但大运河联合申遗的城市联盟机制充分兼顾了中国的国情，兼顾了大运河遗产的复杂性和特殊性，由于大运河的跨流域、跨地区、跨部门等特点，2009年，由文化部、国家文物局牵头，13个有关部委和大运河沿线8省市成立了大运河保护与申遗部省级会商小组，这使得运河保护与申遗工作可以在更高层面上得到协调。也就是说，国家行政力量在大运河申遗过程中，仍然发挥了至关重要的作用。事实上，中国

月港现貌

文化线路遗产的联合保护与申报机制，可以从海上丝绸之路开始寻求新的尝试和突破，在国家文物主管部门的指导下，遵循国际惯例，尊重专业规律，通过城市联盟的民间合作机制，推动海上丝绸之路各项工作的进展。

在这个联盟框架下，由联盟的秘书处或牵头城市负责起草、修订海上丝绸之路研究、保护与管理的工作方案和计划，经"城市联盟"认可，组织协调各城市开展相关工作；组织开展海上丝绸之路文化遗产的研究工作；组织召开国内外专家论证会议；组织出版相关科研学术成果；组织搜集、整理、汇总、翻译海上丝绸之路的各类信息资料和研究成果，建立海上丝绸之路文化遗产记录档案；组织中外专家指导海上丝绸之路沿线各项文化遗产的价值研究、保护管理、保护规划和环境整治工作；组织开展海上丝

绸之路文化遗产宣传报道工作；建立和维护海上丝绸之路网站；定期编发海上丝绸之路研究和保护工作简报；组织海上丝绸之路文化遗产保护的相关专业培训和国民教育活动；在世界范围内组织开展海上丝绸之路城市之间的文化交流和友好交往活动。

　　回首历史，中国东南沿海一系列城市参与创造了古代海上丝绸之路的辉煌。海上丝绸之路曾一路播撒文明、传递和平、催生财富，繁荣了沿途各国的商贸经济和城市发展。今天，作为海上丝绸之路的重要节点和枢纽，海丝九城市应当以申遗为契机，精心保护海上丝绸之路这一珍贵的线路遗产，搭建沿海城市经济文化发展交融的平台，服务好国家"一带一路"重大战略构想，成为 21 世纪海上丝绸之路上新型中心城市。

第四章 重启海丝新路

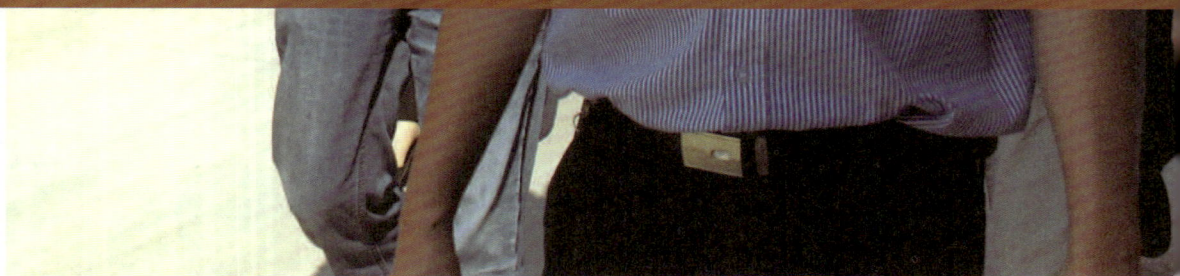

重振
海丝雄风

TO REVIVE

THE POWER OF
MARITIME SILK ROAD

历经数千年风雨，古代海上丝绸之路传播文明、交流互通的历史底色至今仍未消退，影响源远流长。月港，如同一个短暂而美丽的梦，令人缅怀。先人们在这肥沃的土地上创造了辉煌的业绩，使月港在全国乃至世界上都拥有一席之地。作为后来人，我们应该胸怀重振月港雄风的责任感和使命感。

第一节 重温丝绸古道

> 纵观历史，海上丝绸之路如同一条促进贸易和交流的"大运河"，在东方与西方之间运输货物、人和思想。在过去的世纪里，海上丝绸之路起到了世界经济"中轴线"的作用，在21世纪的新形势和新环境下，中国正在计划以一种恰当的方式复兴海上丝绸之路。这项计划将在亚洲和欧洲之间建立一个新的经济带，对全球经济、文化、社会会产生关键性的重大而深远的影响，将缔造为沿线国家、地区带来新机遇和新未来的"命运利益共同体"。

海上丝绸之路，是古代中国与世界多个国家与地区之间的海上交通线路。以中国东南沿海城市为起点，东达日本、朝鲜半岛，西经东南亚、印度洋地区，远至欧洲、非洲等地。依托先进的航海与造船技术，海上丝绸之路不仅成为中国丝绸贸易、陶瓷贸易与缫丝技艺传播的直接路径，也对古代中国与其他国家之间的政治、经济、外交、宗教、文化、艺术等交流与融合产生深远影响。

经过数年努力，陆上丝绸之路的"长安——天山廊道"于2014年6月在卡塔尔多哈举行的世界遗产大会上进行最终表决，已成功被列入世界遗产名录。国家文物部门已将海上丝绸之路列入申遗预备名单，提上重要议事日程。

海上丝绸之路涉及的国际区域包括：韩国、日本、东南亚诸国、南亚、印度半岛、中东、阿拉伯半岛、欧洲地中海沿岸国家、东非等；涉及的中国国内城市包括：中国东南沿海的广州、宁波、泉州、福州、漳州、北海、

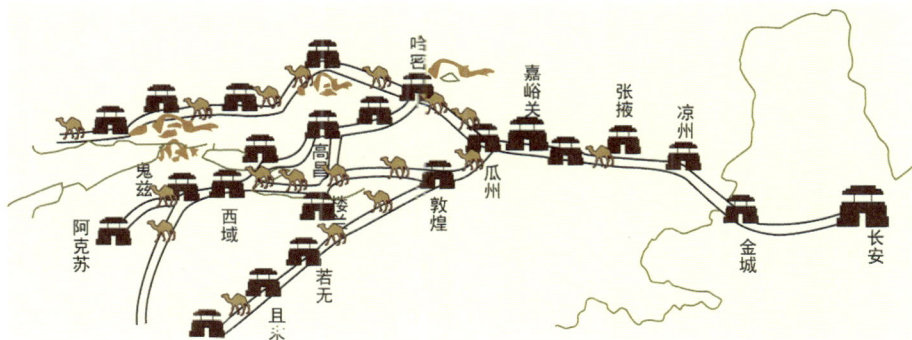

扬州、南京、蓬莱九城市，覆盖江苏、浙江、广东、福建、广西、山东六省。

一、"丝绸之路"的涵义

"丝绸之路"是东西方交通线路的总称，是古代中国与亚、欧、非各国经济贸易和文化交流的桥梁，也是中国人民与东西方各国友好往来的历史见证。中国是丝绸的故乡，它把以丝绸为代表的中国商品输往到各个国家，在19世纪70年代，这条通道被命名为"丝绸之路"。从运输方式上可分为"陆上丝绸之路（含沙漠、草原）"和"海上丝绸之路"。

"陆上丝绸之路"是横贯欧亚大陆的贸易交通线。西汉时，张骞出使西域，开辟以西安和洛阳为起点，跨越陇山山脉，穿过河西走廊，经过玉门关和阳关，抵达新疆，沿绿洲和帕米尔高原，通过中亚、西亚和北非，最终到达非洲和欧洲的通道。把中国的丝和纺织品、茶叶输出到各国，又把西域地区的奇珍异宝运输入中国内地。这条历史古道途经40多个国家和100多个城市，如中国、阿富汗、乌兹别克斯坦、印度、土耳其、孟加拉瓜、尼泊尔、罗马尼亚、荷兰、伊朗、巴基斯坦、伊拉克、叙利亚、意大利、沙特、克米尔等国家和地区。在中国境内有4000多公里，西到印度、伊朗等国及地中海东岸，直达古罗马，总长7000多公里。是沟通古代东、西方间经济和文化交流的重要桥梁，把古代的中华文化、印度文化、波斯文化、阿拉伯文化和古希腊文化、古罗马文化连接起来，对东西方文明的交流发挥非常重要的作用。

2100多年前，中国汉代张骞肩负和平友好使命，两次出访中亚，打开了中国同世界各国友好交好的大门，构建了中国通往西域的桥梁，造就了古老而延绵不断的"丝绸之路"，为促进不同民族、不同文化相互交流、相互借鉴、相互融合，密切中国与西

域的政治、经济、文化联系做出了卓越的历史贡献。丝绸之路可分三段，而每一段也可分为北中南三条线路：

东段大约形成于公元前后期的西汉时期，以西汉首都长安、东汉首都洛阳为出发点，经陇西或固原西行至兰州，再通过河西走廊的张掖、酒泉、敦煌，出玉门关或阳关，横穿白龙堆到罗布泊地区的楼兰；中段从玉门关、阳关以西至葱岭；西段由葱岭开始往西经过中亚、西亚直达欧洲。"丝绸之路"的三条线路分别是：

北方丝绸之路： 从西安出发，经过河西走廊、新疆、中亚、阿富汗、伊朗、土耳其，进入欧洲。

南方丝绸之路： 从成都出发，经过云南、印度、西藏、巴基斯坦、阿拉伯地区，进入欧洲。

海上丝绸之路： 指除了陆上丝绸之路外，秦汉时期，从东南沿海的广州、杭州、泉州出发，经过南海、东南亚、南亚以及西亚的沿海地区，一直到达欧洲和非洲。从汉代"丝绸之路"的开辟开始，到唐朝丝路贸易，再到元朝草原丝路的兴起，丝绸之路的发展史贯穿了中国历史。

二、"海上丝绸之路"的涵义

"海上丝绸之路"简称"海丝"，也被称之为"陶瓷之路"或"丝瓷之路"，是古代中国与外国经济贸易和文化交往的海上通道，也是陆上丝绸之路在海上领域的延伸和拓展。中国的"海丝"形成于秦、汉时期，发展于三国、隋朝时期，繁荣于唐、宋、元时期，转变于明、清时期。海上丝绸之路早于陆上丝绸之路，有东海起航线和南海起航线两条主要线，是古代海洋交通的大动脉。唐朝以前，海上通道运送的大宗货物主要是丝绸，到了宋元时期，瓷器成为主要输出商品。因此，人们也称为"海上瓷器之路"，后来，输入的商品中香料居多，也有人称之为"海上香料之路"。随着我国造船、航海技术的不断发展，通往东南亚、马六甲海峡、印度洋、红海，以及到达非洲大航道的纷纷开通与延伸，取代了陆上丝绸之路，成为我国对外交往的最主要的通道之一。"海上丝绸之路"的主港口和起航点，各个朝代有所不同，从公元 3 世纪 30 年代起，广州取代徐闻、合浦成为"海丝"主航港，从宋末到元代时期，泉州又逐渐超越广州，并与埃及的亚历山大港并称为"世界第一大港"。明初海禁，同时由于战乱影响，泉州港又逐渐衰落，漳州月港开始兴起，成为"闽南一大都会"。清代闭关锁国，厦门港又幸运地取代了漳州月港，与广州长时间处于"二口通商"局面。

汉代以前（公元前 2 世纪以前），中国人就具备了制造大船进行海上航行的能力，开始进行海上航行。广州发掘出的秦至西汉初年的造船遗址，已具备

建造身宽 5-8 米，载重 25-30 吨的大型木船。中国的丝绸连同养蚕、缫丝、织绸等生产技术早在周秦时期就已通过海路传播到朝鲜半岛。

西汉时（前 206 年—公元 8 年），官方使者自广东徐闻、广西合浦出发，经过南海、马六甲海峡，到达印度、斯里兰卡，开通了往东南亚、南亚的南海航线。带去黄金、丝织品，带回明珠、宝石等，此后东南亚、南亚使者往来不断。广州在这时也是一处大的港口。同时，自山东半岛的蓬莱出发，与朝鲜半岛、日本群岛进行交往的东海航线也已开通。

东汉时（25—220 年）：东南亚、南亚各国均派使节来与中国通好，欧洲的罗马也通过这些国家从海上与中国取得联系。这一时期，西亚的安息（伊朗）为垄断与中国的丝绸贸易，阻隔了陆上丝绸之路，中国与罗马均互派使者，着力探索海上交通。东汉延熹九年（166 年），大秦（罗马）王安敦遣使经越南送来象牙、犀角、玳瑁等，经海路与中国取得了直接的贸易接触。这是历史记载的中国与罗马帝国第一次直接往来，这时东西方海上丝绸之路已经通畅，贸易文化交流往来不断。东汉建武中元二年（57 年），日本倭奴国王遣使来汉，收到光武帝赐予的金印"汉委奴国王"。此后中日交流往来频繁。东汉末年，中国养蚕织缣等生产知识已经朝鲜传入日本。

三国两晋南北朝时（220—589 年）：南海航线方面，吴国开拓海路，发展海外贸易。六朝时佛教通过海路进行交流传播，东晋法显由陆路出国去印度取经，又经海路返回。最著名的是印度高僧达摩于南朝梁普通元年（520 年）前后渡海至广州登岸到中国传法，被认为是中国佛教禅宗始祖。广州已是对外贸易的重要海港。

隋唐五代时期（581—960 年）：唐代以前，丝绸外传以陆路为主，海上交往以官方扩大对外政治影响的"朝贡贸易"为主，还未注意到经济效益，民间贸易尚未兴盛。造船和航海技术尚不发达，只能沿海岸线航行，不能渡海远航。隋代统治者已开始重视海外贸易，唐代东南沿海的造船和丝织业的发展，为唐代海上丝绸之路贸易的蓬勃发展奠定了基础。唐代南海航线从广州起航，向西南经由以室利佛逝为首的东南亚地区和以印度为首的南亚地区，已能远航到波斯湾，连通了以大食为首的阿拉伯地区，成为沟通中西经济文化交流的重要渠道。海外贸易输入的商品主要有香料、珍珠、象牙、犀角等珍品，输出的主要是丝绸、瓷器、金银、铜钱。唐代丝绸的生产技术和生产工具均已传入了阿拉伯国家。其他如瓷器和各种发明创造也随之外传。广州是唐代最大的南海贸易港口，出现了外侨聚居的蕃坊，对外贸易繁荣。

宋朝（960—1127年）从一开始就很重视海外贸易，不仅主动遣使出海，而且给予优待招徕外商。政府在广州、泉州、明州（今宁波）、杭州、扬州等主要港口城市设立市舶司，负责接待和保护外来商旅。南宋（1127—1279年）政府更加重视海外贸易，关税收入成为政府收入重要来源之一。宋代航海技术发展，开始使用指南针导航，能充分利用风力越海远航。沿海各地的造船业极发达，尤以泉州为最，这些为宋代海上丝绸之路的繁荣提供根本保障。泉州、交州、广州、扬州为中国四大港，由此输出丝织品和瓷器，进口香料和珠宝。明州距日本最近、航线最短，发展成为东海航线中的重要贸易港。

元朝（1271—1368年），海外贸易非常发达，航运规模世界领先，海路贸易的重要性逐渐超越陆上丝绸之路。官方除对民间海外贸易进行管理和征税外，还主动发展官营海外贸易，由朝廷选择商人或直接派出使节入海贸易。主要输出丝绸、瓷器等，输入珠宝、香料、药材、布匹等。在泉州、庆元（今宁波）等四地设立市舶司，后合为泉州、广州、庆元三处。泉州是当时东方第一大港，航线从泉州起航，已到达东非及地中海沿岸。海上丝绸之路所联系的国家地区远比前代广泛，海上航线除延续宋代以来的航线外，还发展出一些新航线。历史

上著名的旅行家威尼斯人马可·波罗曾由海路离我国至西亚，摩洛哥人伊本·白图泰则从西亚到我国。他们所著的《马可·波罗游记》和《伊本·白图泰游记》是世界航海史上的珍贵文献。我国大旅行家汪大渊两次航行东西洋，著有《岛夷志略》，记录了他游历的众多国家地区，反映了中国与这些国家的友好关系、海上贸易和文化交流情况。

明朝（1368—1644年），对外奉行睦邻友好关系，实行海禁，禁止民间贸易往来，海外贸易方式主要为政治交换色彩的朝贡贸易（又称勘合贸易），需持有官方特许的"勘合符"才能进行贸易。明永乐年间，政府主持了世界航海史上著名的"郑和下西洋"，分别于1405—1407年、1407—1409年、1409—1411年、1413—1415年、1417—1419年、1421—1422年、1430—1433年七次组织船队远航到东南亚、南亚、西亚、东非等地区进行外交贸易。明代郑和七下西洋极大地促进了中国与亚非各国朝贡外交关系的发展，利用强大的国家力量作后盾进行贸易，是外交、政治、军事、经济相结合的活动。同时，明代前中期持续实施海禁，使得宁波港外的双屿岛及漳州等地的走私贸易盛行。明隆庆元年（1567年）海禁开放后，漳州的走私贸易重新纳入政府监管，开"洋市"并设官收税，由此新开辟了一条从漳州月港出发经

马尼拉通向美洲的贸易路线，使中国海上丝绸之路贸易几乎遍及全球。之后，中国持续实行闭关锁国的海禁政策，海外贸易逐渐衰落，直至近代西方殖民者到来。

在海上丝绸之路不断发展过程中渐渐形成了多条航线，大致可分为"三大航线"：

东海起航线：从中国沿海港口出发，最终到达朝鲜、日本。最早时候，周朝初期武王派遣箕子到朝鲜传授蚕织作技术，箕子从山东半岛的渤海湾海港出发，抄近路抵达朝鲜；秦始皇在位期间，为求长生不老丹，派徐福率领数千人东渡日本，传播秦朝的养蚕技术。

南海起航线：从中国沿海港口出发，最终到达东南亚各国。三国孙吴为促进南方海上贸易，开发广州港口，派遣使者们出访东南亚诸国，并且到达印度、波斯诸国的大秦，同15个国家和地区进行对外贸易。起点主要以南海为中心，譬如徐闻、广州、泉州、宁波等地，被称为"南海丝绸之路"。

西洋起航线：从中国沿海港口出发到达南亚、阿拉伯和东非沿海各国。即为历史上有名的郑和七下西洋：明永乐三年（1405年），郑和从南京龙江港启航，经太仓出海，明永乐五年回国（1407年），此为郑和第一次下西洋。第二次下西洋是明永乐五年（1407年10月30日）出发，到达文莱、泰国、柬埔寨、印度等地。从明永乐七年九月（1409年8月）至明宣德五年（1433年1月）的二十多年内，郑和又先后五次下西洋。郑和七下西洋，使得中国人的海上优势达到顶峰，累计到达30多个国家和地区，最远到达非洲东岸、红海、麦加，以及澳大利亚。

郑和下西洋成为中国历史上最早、规模最大的一次航海，它加强了当时明王朝与世界的交流，为哥伦布发现美洲新大陆提供了路线，为繁荣亚非欧国家经济、推动东西方沟通交流合作发挥至关重要作用，郑和七下西洋开辟的航海路线，成为我国对外交流的主要通道。自此，中华文明经由横无际涯的洋洋大海，走向世界。

古代"海上丝绸之路"是中国与世界其他地区之间海上交通的重要路线。中国丝绸一方面通过横贯大陆的陆上交通线大量输往中亚、西亚和非洲、欧洲国家外，另一方面也通过海上交通线源源不断地销往亚欧非各国，环九洲为四海。"海上丝绸之路"自秦汉兴起以来就是连接东西方的重要交通走廊，同时也是推动商业贸易繁荣发展的黄金路线。

三、"丝绸之路"的遗产作用

（一）丝绸之路留下历史遗产

丝绸之路是一条和平、财富与文化交流之路。在先秦至汉唐时期，丝

绸之路是中国向亚欧输出丝绸，输入香料和珠宝的商路；宋元时期丝路是中国输出陶瓷和茶叶，输入象牙、香料的商路；明清时期丝路是输出中国瓷器、茶叶、五金，输入白银、香料的商路。中国古代的四大发明就是通过丝绸之路由阿拉伯人传到西方，拉丁美洲的高产作物、西方的火炮、数学和天文知识等近代科学也是通过丝绸之路传入中国的。长期的商品贸易和文化交流留下丰富的历史遗迹，比如中国的泉州市留下许多阿拉伯伊斯兰文化遗存，东南亚的三宝公（郑和）庙比国内还多。东非的肯尼亚留下中国陶瓷等众多历史遗迹。

（二）丝绸之路留下精神遗产

中国与周边国家的"朝贡体系"延续了数千年，直到西方帝国主义入侵中国之后才走向衰落。朝贡体系虽然具有不平等的一面，很难为崇尚平等的西方所接收，但朝贡体系基本上是自然形成，体现中国"礼尚往来"的文化精神，并非中国的刻意安排。郑和七下西洋，最远抵达非洲的肯尼亚，虽然有"宣国威于海外"的意图，但中国没有在沿途攻城略地，进行殖民统治。因此，数千年的丝绸之路体现中国人崇尚和平的精神。从历史中吸取营养，中国今天重返丝绸之路必须强调其和平性质。中国领导人赋予

古丝路精神新的内涵：即用和平友好、互惠互利、包容共鉴、共同发展的新理念建设新的丝绸之路。

（三）丝绸之路留下物质遗产

丝绸之路是东西商业贸易之路，欧亚非地区国家能源资源丰富，与我国经济合作潜力巨大。这些国家的葡萄、核桃、胡萝卜、胡椒、胡豆、波菜（又称为波斯菜）、黄瓜（汉时称胡瓜）、石榴以及各种植物、皮货、药材、香料、珠宝首饰等物品传播到中国，海外的农作物传入我国，如宋代的占城稻、明代番薯、玉米、花生、烟叶等的引种，使我国农业生产状况发生巨大变化，大大提高人民的物质生活水平；而中国主要运出铁器、金器、银器、镜子和其他豪华制品，为亚欧国家人民的日常饮食增添了更多的选择，丰富了贸易国家的生产生活方式。

（四）丝绸之路留下文化遗产

在丝路历史长河中，不同文明之间的对话交流，使各国文化绽放缤纷的异彩，呈现出多样的特性。历史上中亚各国、波斯、大食都学习中国的丝绸制作技术，南宋时期日本使节还带回中国纺织工人。中国的四大发明通过海陆传到阿拉伯，然后再传到欧洲。许多宗教也在不同时期传到中国，并产生巨大影响。

第二节 重启丝绸新路

共建"21世纪海上丝绸之路"倡议是我国新时期对外战略的重大调整，它以经略海洋和海洋合作为核心，以发展与海上丝路沿线国家和地区的经济合作和人文交流为主线，促进中国与这些国家和平友好、港口互联互通与经贸交流机制创新，形成相互倚重，互利双赢的政治经济发展格局，为中国和平发展创造更好的地缘政治与地缘经济环境。

历史上，起始于中国的丝绸之路将亚洲、非洲和欧洲的商业贸易链接起来，促进了东西方的货物交换和文化科技交流。丝绸之路可分为陆上丝绸之路和海上丝绸之路。陆上丝绸之路以古都长安为起点，经河西走廊沿天山南北两路进入中亚地区，沿黑海南北两岸进入欧洲。海上丝绸之路主要有东海启航线和南海启航线，从朝鲜半岛和东部沿海港口进入日本，或经徐闻、广州、泉州等南部沿海口岸经东南亚、印度洋进入欧洲和非洲。2013年9月习近平主席出访中亚四国时提出建立"丝绸之路经济带"的倡议。2013年10月，习近平主席访问东南亚时在印尼国会发表演讲时指出，东南亚地区自古以来就是"海上丝绸之路"的重要枢纽，中国愿同东盟国家加强海上合作，使用好中国政府设立的中国—东盟海上合作基金，发展好海洋合作伙伴关系，共同建设21世纪"海上丝绸之路"。

两个倡议将中国古代与亚非欧友好通商的历史与现实经济交流结合起来，并赋予其新的时代内涵。

一、新"丝绸之路"的概念

新"丝绸之路"是相对古代丝绸之路而言的，最早由国际道路联盟提出要复兴丝绸之路。"新丝绸之路"

把中国与中亚、西亚、南亚、东欧、南欧和西欧等工业国家联系在一起，大致在古代丝绸之路的范围上。在中国境内全长达4395公里，贯穿中国东、中、西部的江苏、山东、安徽、河南、山西、陕西、宁夏、青海、甘肃、新疆10个省（区），同时还辐射到湖北、四川、河北、内蒙等省市，形成一个新的经济发展区域。

2013年习近平主席在访问哈萨克斯坦时，提出要建设"丝绸之路经济带"的倡议。该倡议秉承共同发展、共同繁荣的理念，以中国进一步扩大对外开放，特别是加快向西开放为契机，为自古以来以和平、友好、开放、包容为核心理念的丝绸之路精神注入新的时代内涵，赋予新的生机活力。"丝绸之路经济带"旨在使中国与欧亚各国深入、全面地分享发展成就和经验，使涉及30亿人口的沿途各国经济政策更加协调，相互联系更加紧密，同时相互合作更加深入，发展空间更加广阔，并且最终实现中国与欧亚地区的长期共同发展、共同繁荣，造福于本区域的各国人民。

如今，世界经济融合加速发展，区域合作方兴未艾。欧亚地区已经建立起了新区域合作组织，欧亚经济共同体和上海合作组织的成员国，地跨欧亚、南亚、西亚，把千百年来发挥

重要作用的"古老丝绸之路"重新开启，以新的理念为"世界上最长、最具有发展潜力的经济大走廊"注入了新鲜血液，开辟全球最重要的商贸大动脉，为丝绸之路上的经贸、金融、投资等领域扩大合作范围，构建中国新型大国形象具有极其重大而深远的意义。

"新丝绸之路经济带"东边牵连着亚太经济圈，西边紧系着欧洲经济圈，"丝绸之路经济带"的重点是经济合作与人文交流，为了互联互通和贸易投资便利化，精神是平等协商，循序渐进，其最终目的是实现互利共赢。这项造福工程联动了亚欧两大市场，创新模式多，以点带面，从线到片，逐步形成区域大合作。

"丝绸之路经济带"有三条路线，第一条是初步形成以欧亚大陆桥为主的北线，第二条是以石油、天然气管道为主的中线，还有以跨国公路为主的南线。从空间上大致可分为五个区段，：东亚段、中亚段、西亚段、中东区段、西欧段；从时间上可以分为近期、中期、远期。其最终目标是通过丝绸之路经济带向西更加开放，不仅联系到波兰、更波及欧洲和英伦三岛以及北欧国家。其突破口就是和沿线国家共同打造经贸合作区。综合交通通道，展开空间，依托于沿线交通和中心城市，对区域内贸易和生产要

素进行优化配置，促进区域经济一体化，实现区域经济和社会同步发展。"新丝绸之路"的"三部曲"主要为推进贸易投资便利化、深化经济技术合作和建立自由贸易区。

目前"新丝绸之路"框架已定，初步构想是：把握国家向西开放的战略机遇，以"政策沟通、道路联通、贸易畅通、货币流通、民心相通"为宗旨，以建设西安国际化大都市为核心，以构建欧亚立体大通道为基础，以建立交流平台和健全合作机制为保障，以文化旅游合作为先导，以商贸物流、先进制造、科技教育、现代农业等领域为重点，进一步加强与中亚各国全方位合作，全面提升对外开放水平，加快建设丝绸之路经济带新起点。

"新丝绸之路"的建设主要可以分三个阶段：第一个阶段是加强东西部地区在经济上的联系，加强丝绸之路沿线城市群的互联互通，增强基础设施建设；第二个阶段是西部地区重点城市群的战略规划，刺激沿边省市经济发展，推动当地的城镇化进程；第三个阶段是通过经贸带动西部地区加强和周边国家的联系，促进西部地区乃至全国的经济转型。

丝绸之路经济带，是在古丝绸之路概念的基础上形成的一个新的经济发展区域，它东边牵连着亚太经济圈，西边紧系着发达的欧洲经济圈，被称为是"世界上最长、最具有发展潜力的经济大走廊"。近百年以来，中国为重新开通"丝绸之路"进行了不懈的努力和探索。1905 年，在古丝绸之路上修建中国境内第一条汴洛铁路。新中国成立后，又建造了连接陇海、兰新直达欧洲的铁路大动脉。21 世纪以来，国家先后进行了"西部大开发""中部崛起"等重大战略部署，丝绸之路复兴的前景日渐光明。从 2005 年开始，两年一度的"欧亚经济论坛"在西安举行，成为促进丝绸之路复兴的重要平台。2007 年，我国与中亚七国规划共同投建"现代丝绸之路"。2008 年，我国与联合国开发计划署及中亚四国联合发起丝绸之路区域建设项目，共 19 个国家在日内瓦签署意向书，共同为复兴丝绸之路注资 430 亿美元。2013 年 9 月，习近平同志倡议建设"丝绸之路经济带"，这一倡议得到了各国的积极评价和支持响应，该构想的提出，与古老的丝绸之路既一脉相承，又体现了新的时代特点，吸引了世界的目光。"新丝绸之路"构想突破了传统的区域经济合作模式，以开放包容的心态接纳各个国家的积极广泛参与，将世界经济最活跃的欧亚两大地区和两大市场更紧密地联系起来，有利于促进东西文

明的交流与融合，再次激活这条古老的贸易通道，对沿途多个国家的经济建设、文化繁荣、和平发展乃至全球经济平衡都具有重大的战略意义。

丝绸之路经济带辐射地域辽阔，沿途有丰富的自然资源、矿产资源、能源资源、土地资源和旅游资源，是21世纪的战略能源和资源基地。在现代交通、资讯飞速发展以及全球化快速发展的背景下，促进沿线区域经贸各个领域的共享和平、共同发展，既是对历史文化的传承，又是对该区域蕴藏的巨大潜力的一次大开发。新丝绸之路战略规划提出后，中央出台了诸多政策来推动丝绸之路经济带的建设。进一步加强了同周边国家在交通、电力、能源网络方面的合作和投资，加快对外开放的政策实施，刺激沿边区域经济发展。核心是我国向西寻求发展空间，实现战略突围，保障能源安全，以缓解我国能源进口严重依赖途经马六甲海峡的海上运输风险，同时也是解决我国西北和西南地区基础设施落后，当地资源产出丰富但需求相对不足的矛盾，给当地经济带来红利，也辐射周边地区，拉动沿线经济的发展。"新丝绸之路"的建设，不仅可促进中国经济结构的调整和经济协调可持续发展，同时也可促进区域内经济发展文化融合，为沿线地区带来极大的发展机遇，将使古老商道重新焕发出生机活力。同时，"丝绸之路经济带"伟大战略构想的顺利实践，将带来太平洋至波罗的海的亚欧大陆"共振"，同时打通阻滞多年的亚欧经济动脉，绘出惠及经济带沿线各国、甚至影响更深远的亚欧经济新版图，这些变化也必将带来世界上最大的欧亚大陆一体化和全面复兴，这就是"中国梦"，更是"世界梦"和"人类梦"。

二、新"海上丝绸之路"的涵义

（一）新海丝的概念

新"海上丝绸之路"也叫作"21世纪海上丝绸之路"，这个提法于古海上丝绸之路，在新的时代条件下被重新提出，是新一届中央政府对外战略的顶层设计，肩负着实现中华民族伟大复兴的历史使命。"21世纪海上丝绸之路"是一个内涵丰富的战略概念，中国在丝路沿线国家所进行的有利于互联互通、区域合作、共同发展的外交举措都可以归到"21世纪海上丝绸之路"的概念之下，因此"21世纪海上丝绸之路"可以说是一个指引合作的理念，实现合作的平台。下面，着重从合作动机、合作内容和合作模

式三个方面来阐述"21世纪海上丝绸之路"的具体内涵。

1. 构建开放型经济新体制

改革开放以来，中国逐步融入全球化进程，对外经贸联系日益加深，2013年中国货物进出口总额达到4.16万亿美元，成为世界第一货物贸易大国，吸引外资1239亿美元，连续多年成为仅次于美国的资本输入国，对外贸易与投资对稳定中国经济持续发展已起着无可替代的作用。但随着2008年全球金融危机的爆发，中国经济的稳定受到剧烈冲击，对外贸易投资过度依赖发达国家的问题凸显。同时随着美国的战略东移，中国与周边国家在东海、南海上的利益冲突频发，中国遵循多年的保守型外交策略受到严峻挑战。中国经过30年的快速发展，现已成为世界经济总量第二大国、第一大出口国、第二大进口国、第二大吸收外资国、第三大对外投资国、第一大外汇储备国，参与全球化的物质实力日渐增强，但受制于经济体制的影响，"引进来"与"走出去"仍受到诸多限制，依然不具备引领全球化的能力。当今世界，区域合作已主导全球化发展，TPP、TTIP等超大自由贸易区的形成，必将会对经济全球化的发展产生深远影响。全球需求结构

深度调整，联合国贸发会议统计，2008—2012年发展中国家进口总额占全球进口的比重由39%升至45%，全球经济格局东升西降趋势明显。因此，通过建设"21世纪海上丝绸之路"，促进区域合作，形成良好的外部环境，积极开拓新兴市场，发挥强大的物质基础优势，构建开放型经济新体制，以更大的影响力参与到全球化的进程当中，对维持经济的稳定发展，实现全面建成小康社会和中华民族伟大复兴的中国梦具有重大意义。

2. 构建多元化贸易新格局

"21世纪海上丝绸之路"涉及的内容众多，重点围绕"五通"的战略倡议而展开，即"政策沟通、道路联通、贸易畅通、货币流通、民心相通"。"五通"是"一带一路战略首次提出时的核心内容，为后续的一系列丝路外交奠定了基础。本文以"五通"为基础，并整合后续丝路外交中我国政府及领导人所提出的各种政策、方针、措施、项目，将"21世纪海上丝绸之路"构建的主要内容概括为：统一的政策法规、互联互通的基础设施、便利的贸易与投资、以本币为主的金融合作和更加紧密的人文联系。其中，统一的政策法规，主要包括巩固中国与海上丝绸之路沿线国家的政治互信，在此

基础上求同存异，协调各国经济发展战略与政策，协商区域合作的规划和措施，整合各方在贸易、投资、金融、海关和交通运输等方面的法规和管理制度，让政策法规为区域经济融合开绿灯。互联互通的基础设施建设是构建"21世纪海上丝绸之路"的初期重点，包括海上港口互联互通，港口与腹地互联互通，陆上铁路、公路互联互通，空中航线互联互通，通信网络互联互通，能源管道互联互通，形成亚非范围内的高效互联的基础设施网络，为打造新的区域供应链、产业链、价值链，实现区域融合奠定物质基础。便利的贸易与投资是"21世纪海上丝绸之路"的核心内容，通过贸易与投资便利化的制度安排，降低贸易壁垒与投资限制，提高双边、多边贸易和投资的便利化水平，释放各国的贸易投资潜力。

中国的企业要借助"21世纪海上丝绸之路"积极"走出去"，化解国内产能过剩与国内资本走不出去的问题，尤其是在能源方面，要发挥中国资本与技术的优势，扩大海外能源产业的投资，确保国家的能源安全。金融合作是"21世纪海上丝绸之路"经济带发展的助推器，以本币为主的金融合作包括稳步开放金融市场，扩大本币结算和货币互换的规模，建立多边结算体系与货币互换网络，构建和完善区域金融安全和服务网络；中国应积极推动人民币走出去战略，使人民币成为区域性的功能货币，并主导建立区域性的开发基金或银行，为"21世纪海上丝绸之路"的推进提供融资渠道。更加紧密的人文联系包括，加强政府层面的沟通和民间的交流，扩大旅游、教育、科技、文化等方面的人员往来，密切人文交流，为各国之间的合作打好感情基础。

3. 构建合作利益共同体

"21世纪海上丝绸之路"涉及国家多，跨越范围广，国家之间差异巨大，利益诉求难以统一，决定了它不可能采用传统的区域合作模式，即要通过签署统一的自由贸易协定，构建自由贸易区，然后升级为货币共同体与政治共同体。传统的合作方式要求各个国家对主权和利益做出巨大的让步，不可能符合"21世纪海上丝绸之路"构建的现实，因此"21世纪海上丝绸之路"不能是零和博弈，或是利益换利益，而是采取更加务实的合作模式，在不损害各国现有利益的前提下，实现利益最大化，打造利益共同体。"21世纪海上丝绸之路"不是一个实体和机制，而是合作发展的理念和倡议，将充分依靠中国既有的双多边合作机

制，借助区域合作平台，通过更多的双赢或多赢的经济合作项目和贸易与投资便利化制度来促进区域融合发展，不寻求建立排他性的关税同盟或是超国家的管理机构，而是在开放、包容、平等、互利的原则上促进区域合作，最终实现各国共同发展。

如今，新丝路的区位早已引起世界各国重视，不少国家早已或明或暗进行布局，展开争取丝绸之路建设主动权的博弈。如：美国"新丝绸之路"行动计划，印度、伊朗和阿富汗共同推进南亚"南方丝绸之路"建设行动，巴基斯坦、伊朗、土耳其三国"通道"。近些年来，围绕亚洲与欧洲"通道"，有关国家展开了更大范围的合作与竞争。美国首先提出了更大的"亚太地区再平衡"战略，阻扰了亚洲可西亚和欧洲的扩展。同时，欧美联合构建跨大西洋贸易与投资伙伴关系协定（TTIP），推行更加自由化的国际经贸规则，从欧洲大陆方面阻碍亚洲与欧洲的经贸合作进程。TTP 和 TTIP 阻滞中国通过"陆上丝绸之路"建立的东亚—中亚—西亚的经贸合作关系，从而限制了中国海上的拓展空间。

因此，对于中国提出的"21 世纪海上丝绸之路"，相关国家会采取不同行动，或积极参与，或中立，或消极甚至阻扰。有关各方的行动会对海上丝路国家战略的实施产生影响。

（二）新海丝的范围

历史上的海上丝绸之路有三条航线，分别为东海航线：主要是从中国的东部港口出发到达朝鲜、日本；南海航线也是影响最大的一条航线：主要从中国的东南和南部的港口出发，经东南亚、南亚的各个沿海国家到达西亚、北非和印度洋西岸的沿海国家；美洲航线：主要从福建的泉州出发，经菲律宾的马尼拉到达美洲。"21 世纪海上丝绸之路"的构建主要是围绕着南海航线展开。在"21 世纪海上丝绸之路"提出之后，中国高层"海丝"外交所涉及的国家包括东盟十国，南亚的印度、巴基斯坦、斯里兰卡、马尔代夫，西亚和北非的阿拉伯联盟。我们将这些国家划为"21 世纪海上丝绸之路"的主要空间范围，并根据其所处的地理位置和各国联系的紧密程度，分为三部分即东盟部分、南亚部分、波斯湾和红海部分。

首先，东盟航线。东盟是"21 世纪海上丝绸之路"空间范围内距离中国最近并与中国联系最紧密的部分，是"21 世纪海上丝绸之路"建设的重中之重。东盟人口与经济总量巨大，大部分国家都是中低收入国家，经济增长迅速，除老挝之外都为海洋国家，

拥有新加坡、马尼拉、雅加达等众多的港口城市。中国和东盟山水相连、血脉相亲、文化相通、利益相融，自1991年中国与东盟开启对话进程以来，双方已在互联互通、金融、海上、农业、信息通信技术、人力资源开发、相互投资、湄公河流域开发、交通、能源、文化、旅游、公共卫生、环境等20多个领域开展合作。目前双方互为重要的投资贸易伙伴，2013年双边贸易额达到4436亿美元，东盟已成为中国第三大贸易伙伴，中国成为东盟最大的贸易伙伴，中国—东盟相互投资总额在2013年达到140.9亿美元，东盟成为中国企业投资合作的首选地，目前中国企业16个境外经贸合作区有5个落户东盟，为各区域之最。根据新加坡大华银行调查显示，中国有六成企业计划对外投资，且首选东南亚地区。中国东盟的合作机制、平台众多，涉及政治、经贸、安全、科技、文化、次区域合作、海上合作等方方面面，其中，中国—东盟领导人会议是中国与东盟最重要、最高级别的对话机制，是中国东盟合作的风向标；中国—东盟博览会、中国—东盟商务与投资峰会是推动中国与东盟的全面经济合作，促进中国—东盟自由贸易区建设的重要经贸合作平台；中国—东盟投资合作基金是中国设立的，专注于投资东

盟基础设施、能源和自然资源等领域的离岸股权投资基金，对东盟的公路、铁路、水路、航空、信息通信的互联互通起了重大作用。中国、东盟在经贸投资上越来越深的相互依赖关系，以及自贸区的建设和各种各样的合作机制都为"21世纪海上丝绸之路"在东盟的推行奠定良好的基础。

可以说，东盟是推进"21世纪海上丝绸之路"建设的重中之重，做好东盟范围内的"21世纪海上丝绸之路"建设会对其他部分的推进产生巨大的示范效应。

其次，南亚航线。南亚航线位于"21世纪海上丝绸之路"的中段，面向印度洋，是世界商贸水上要道，全球一半集装箱货运、1/3散运及2/3石油运输都要取道印度洋，它是东南亚和东亚连接非洲、中东、欧美的必经之路。南亚部分四个国家除马尔代夫外，其他三个国家均为中低收入国家，经济发展水平落后，但增长迅速，都为海洋国家，主要港口城市包括：加尔各答、孟买、卡拉奇、瓜达尔、科伦坡。印度是南亚最重要的国家，它一直视中国为竞争对手，而且一直存在着领土纠纷，中印之间长期缺乏信任。巴基斯坦是南亚的重要国家，中国全方位的战略伙伴，临近世界能源基地波斯湾，是中国在南亚构建"21世纪海上

丝绸之路"的重要战略基点。南亚国家的基础设施建设普遍落后，因此工程承包成为中国与南亚经贸合作的亮点。另外斯里兰卡的科伦坡港南集装箱码头和汉班托塔港也是中国参与建设的重要海港，科伦坡港南集装箱码头是中国在斯里兰卡的最大投资项目，建成后会成为"21世纪海上丝绸之路"重要枢纽。在自贸区建设上中国与这四个国家还处于起步阶段，只与巴基斯坦签署了完整的协议，在合作机制和平台建设上也不够完善，仅有一些政府层面的对话机制，缺乏更能激活贸易与投资合作的工商界的合作平台。南亚处于"21世纪海上丝绸之路"的枢纽地带，对"21世纪海上丝绸之路"的建设至关重要，但中国与南亚的合作现状是：与小国的联系紧密程度远远大于地区超级大国印度。因此，加深与印度的合作，发展与印度的战略伙伴关系成为南亚部分"21世纪海上丝绸之路"建设的关键。

最后，波斯湾和红海航线。波斯湾和红海航线区域范围内主要是阿拉伯国家联盟。阿拉伯国家联盟简称阿盟，由西亚和北非的22个阿拉伯国家组成，包括阿尔及利亚、阿联酋、阿曼、埃及、巴勒斯坦、巴林、吉布提、卡塔尔、科威特、黎巴嫩、利比亚、毛里塔尼亚、摩洛哥、沙特、苏丹、索马里、突尼斯、叙利亚、也门、伊拉克、约旦、科摩罗。阿盟国家是世界最主要的能源基地，拥有全球62%的石油储量和24%的天然气资源，对中国乃至世界的能源安全都至关重要。古代阿拉伯商人和中国的商人就通过陆上和海上丝绸之路往来于中阿之间，为东西方文明交流做出了重大贡献，当代中阿在资源禀赋和经济结构上的互补性，使中阿经贸联系日趋紧密，为中阿携手共建"21世纪海上丝绸之路"打下了良好的基础。

阿拉伯国家位于"一带一路"的西端交汇地带，是中国推进"一带一路"建设的天然和重要的合作伙伴。建设好"21世纪海上丝绸之路"，中阿应利用好现有的合作机制，尤其是中阿论坛，发挥好各国的优势，促进资源要素在中国和阿拉伯国家之间有序自由流动和优化配置，突破中阿务实合作转型升级面临的瓶颈制约，实现从能源到投资、科技、文化全方位的合作。

"21世纪海上丝绸之路"的涉及范围十分广阔，国家众多，各国经济发展水平、政治制度、社会文化等方面差异较大，因此其构建过程必定漫长复杂，在这个过程中我们要秉持平等开放的原则，从实施起来比较容易的国家开始，然后以点带面、逐步推进，最终实现广泛区域内的深化合作。

（三）新海丝的框架

"21世纪海上丝绸之路"连接中国与东盟的老挝、柬埔寨、缅甸、泰国、越南、马来西亚、新加坡、文莱、菲律宾、印度尼西亚10国，深化战略互信，拓展睦邻友好，聚焦经济发展，扩大互利共赢。其战略内容以中国—东盟"2+7合作框架"为主体，构建三大支柱、七大支点，重点推进，逐步深化。具体表现在：

1. 构建三大支柱

（1）精神纽带。 历史上海上丝绸之路是一个波斯文化、伊斯兰文化、印度文化与中国文化相互交流融合的重要通道。21世纪海上丝绸之路是一个和平合作、开放包容的理念和倡议。坚持用中国、印度和缅甸三国前领导人倡导的和平共处五项原则处理沿线国家之间的关系。尊重各自文化传统和社会制度差异，不将本国的价值观和社会制度强加于人。用和平友好、包容共鉴、互惠互利、共同发展的新理念建设新丝绸之路。在经贸合作和文化交流过程中取长补短，实现共同发展。

（2）经贸合作。 海上丝绸之路由历史上商贸往来拓展为贸易、投资和贸易投资便利化合作方向。启动中国—东盟自贸区升级版谈判，力争到2020年双边贸易额达到1万亿美元，让东盟国家更多从区域一体化和中国经济增长中受益；稳步推进海上合作，重点落实海洋经济、海上互联互通、环保、科研、搜救以及渔业合作；硬件建设要优先发展海上互联互通，软件建设要优先推动贸易投资便利化和自由化，发展双边自贸区和境外经济合作区。以此促进货物畅通和货币流通，实现产业合作和产业转移，建立健全地区供应链、产业链与价值链，形成沿线国际生产网络，提升经济合作水平，实现共同发展。

（3）人文交流。 由历史上的民间文化交流提升为政府层面和民间相结合的人文交流。以政府互动强化政策沟通，协调各国的外交、经济、文化政策，为民间交流创造条件。民间交流强化民心相通，重点做好文化、宗教、教育、医疗卫生、学术研究等领域的人文交流。鼓励高等院校校际交流和互派留学生，提升教育交流合作水平，进行人力资源开发，如厦门大学在马来西亚建立分校等。对欠发达国家进行教育和医疗卫生援助，提升其发展能力。密切人文、科技、环保等交流，巩固友好合作的基础。

2. 布局七大区域

港口城市合作和自贸区建设可以

作为重要战略支点。海上丝绸之路建设应与沿线重点区域和国家签署自贸协定，并利用枢纽港拓展经贸合作。应发挥双边和多边合作机制与区域合作平台的利用，做好战略布局。海上丝路沿线分为东南亚、南亚、西亚、非洲、欧盟、南太平洋岛国、拉美七大区域，在七大区域构建七大战略支点，形成七大推进路径。

第一个支点中国—东盟自贸区。 中国东盟自贸区是中国最早建立的区域合作平台。东盟与中国陆海相连，历史上是中国移民下南洋，筚路蓝缕进行开拓的国度，是华侨华人最集中的地方，是海上丝绸之路的最重要支撑点。2012年东盟10国面积约448万平方千米，人口约6.08亿人，GDP为2.33万亿美元。农业矿产资源丰富、经济发展水平与我国相当、市场潜力大。

近期内建设重点是在扩大从东盟进口解决贸易逆差的同时，推进"2+7"合作进程，全面提升CAFTA质量和标准，打造中国东盟自贸区升级版。充分发挥地缘优势，在农业、渔业、能源、金融等基础产业领域加强对话和合作，建立和健全地区供应链、产业链与价值链，提升东盟与中国产业在全球的竞争能力。

第二个支点是南亚区域合作联盟。 南亚区域合作联盟是世界上重要的区域合作组织，2004年确立了建立自贸区的目标。2012年该地区总人口约15亿人，区域幅员近500万平方千米，4亿中产阶级和经济总量超过1.5万亿美元的经济实体，南盟正日益成为全球一支重要的经济力量。以建设中巴经济走廊和孟中印缅经济走廊为重要节点，可以辐射南亚地区。

近期内重点提升中巴自由贸易协定水平，启动孟中印缅经济走廊合作机制，建设昆明—曼德勒—达卡—加尔各答的铁路或高速公路。打通中国新疆与巴基斯坦瓜德尔港以及中国云南与缅甸皎漂港的交通线可以破解马六甲困局。但国际陆路与海运不同，经过一个主权国家要比经过国际公海困难得多，需要强有力的整合能力。我国可以利用亚太贸易协定和RCEP合作平台深化与印度的经济合作机制，全面提升与南亚区域经贸合作水平。

第三个支点海湾合作委员会。 海合会是西亚最重要的区域组织，由西亚社会最稳定的国家组成，通过海合会辐射西亚地区是理想选择。该区域能源资源丰富，是我国能源进口的主要来源地。该区域人口约7000万，区域面积近400万平方千米，2012年经济总量近1.5万亿美元，进出口贸易规模为1.2万亿美元，人均消费水平高、市场潜力巨大。

重点方向是推动中国海合会自由贸易协定谈判进程，尽快签署自由贸易协定。推动中国与海湾国家合作由能源和矿产资源领域合作转向产业链合作，加强双方在新能源、纳米技术等新兴产业的合作，与阿联酋合作建设迪拜人民币境外交易中心，推动人民币国际化。

第四个支点为南部非洲关税同盟。 南部非洲关税同盟 2012 年人口规模达到 5892 万人，经济总量为 4180.6 亿美元，中国对南部非洲关税同盟出口 151.48 亿美元，进口 101.39 亿美元，是中国在非洲的最重要贸易伙伴。南非是金砖国家的重要成员，是非洲最重要的国家。

重点方向是深化在贸易与投资领域的合作，继续推动自由贸易谈判，并争取尽快达成中国在非洲的第一个自贸协议。同时，争取在南非及纳米比亚设立境外经济合作区，加强双边投资及矿业领域的合作。加强与塞舌尔和毛里求斯的海洋渔业合作。

第五个支点为欧洲经济与货币联盟。 欧盟是世界上最大区域经济组织和经济最发达和规模最大经济体，是海上丝绸之路和陆上丝绸之路的终点。该区域总人口 5.05 亿人，经济总量 16.66 万亿美元。2012 年中国对欧盟出口 3342.69 亿美元，占中国出口总额的 16.32%，自欧盟进口 2120.71 亿美元，占中国进口总额的 11.66%。欧盟已成为中国最大的出口市场、进口来源地和最重要的经济伙伴。

中国与欧洲的冰岛和瑞士签署了自由贸易协定，但都不是欧盟国家。今后，中国欧盟合作的重点方向是推动中国欧盟投资协定谈判进程，争取尽快启动中国欧盟自贸区谈判，实施以市场为导向的自贸区战略。中欧合作由贸易向投资和技术研发等重要领域转移，全面深化中欧战略经济伙伴关系。

第六个支点为南太平洋岛国论坛。 南太平洋论坛包括澳新等大洋洲国家和斐济、汤加等 16 个南太平洋岛国，海洋渔业和矿产资源丰富。目前中国正在加强与太平洋岛国论坛的合作，2006 年中国在斐济启动了"中国—太平洋岛国经济发展合作论坛"等。作为"南南合作"的范畴之一，中国持续给予岛国无附加条件的援助，并在交往的过程中不断改进援助方式，着力帮助岛国能力建设等。

中国与新西兰签署了自贸协议，并正在与澳大利亚进行自贸协议谈判。未来重点方向是拓展与斐济、汤加、所罗门群岛等岛国的远洋渔业与安全合作，以及巴新与澳大利亚的矿产资源合作。加快与澳大利亚达成自贸协议，消除澳大利亚对中国威胁的疑虑。

第七个支点为拉美太平洋联盟。

太平洋联盟是拉美国家面临太平洋时几个国家的经济一体化组织，由智利、秘鲁、墨西哥、哥伦比亚四国2011年4月28日宣布成立。其目的是通过提高商品、服务、资本和人员的自由流动，促进成员国家的经济增长、社会发展和国际竞争力的提高，并促进拉美同亚太地区的政治、经济与商务交流。这些国家是拥有丰富的农业、渔业和矿产资源的新兴经济体。

2012年太平洋联盟人口2.5亿，GDP总值20156亿美元。与中国的贸易总额达到1238.7亿美元，占中国对外贸易的3.2%，是中国在拉美的重要贸易伙伴。中国与智利和秘鲁签署了自贸协议，正在与哥伦比亚就自贸协议谈判展开可行性研究。墨西哥是北美自贸区的重要成员，通过它可以进入北美市场。中国加强与太平洋联盟的合作具有重要战略意义，可以探讨建立一个中国太平洋联盟自贸区，将其作为进入拉美市场的一个门户。

（四）新海丝的意义

中国提出21世纪海上丝绸之路建设战略不仅具有重大的历史和现实意义，而且具有高瞻远瞩的未来发展意义。

1. 从历史角度来看，传承发扬丝路组带

中国与东南亚、南亚、中东及东非国家在源远流长的历史交往中，曾建立过睦邻友好、彼此互惠、共同繁荣的古代海上丝绸之路，有力促进了东西方经贸和文化交流。但随着时代变迁，古代海上丝绸之路一度沉寂。随着中国改革开放深入以及影响力提升，需要继承历史传统，复兴和繁荣古代海上丝绸之路。

2. 从中国自身来看，推动经济发展进程

21世纪海上丝绸之路建设是中国成为世界第二大经济体以后进一步融入世界的重大战略，为中国经济持续稳定、健康、安全发展提供战略支持，有利于中国在改革开放30多年后实现进一步发展，有利于中国在亚太区域合作中赢得主动。进入新世纪，中国加速崛起，GDP超越日本、贸易超越美国，在亚太地区影响力大幅提升。美国提出"亚太再平衡"战略，推进跨太平洋战略合作伙伴关系（TPP），推动一个没有中国参与的美国主导的"美式"亚太经济一体化，以此分化、阻扰当前的中国、东亚一体化（中国—东盟自贸区，10+1，RCEP的10+3，10+6）进程。TPP会产生强大的贸易和投资转移效应，对中国对外经贸的影响是全局性的，中国提出建设海上丝绸之路，以巩固和拓展一体化成果，争取在亚太区域合作中赢得主动。有

263

利于构建多元平衡的开放体系，形成全方位开放新格局。当前，我国的进出口贸易过度依赖欧美发达国家，不仅贸易摩擦频发，而且增长空间有限。海上丝绸之路沿线广大发展中国家和新兴工业化国家的市场潜力巨大、能源和原材料丰富。建设海上丝绸之路，既拓展市场，又保障能源。在国际投资方面，我国目前主要是吸引外资，对外投资明显不足。建设海上丝绸之路，推动中国企业到海丝沿线国家投资，有利于实现"走出去"和"引进来"相结合，构建多元平衡的开放体系，形成全方位开放新格局。

3. 从世界大局来看，建立公平合理环境

21世纪海上丝绸之路建设是中国周边外交和对外开放合作的重大决策，为中国与海上丝绸之路沿线国家未来合作和共同发展描绘了一幅宏伟蓝图，双方务实合作必将提升至更高层次。有利于推进以海上丝绸之路为载体的经贸制度建设和全球经济治理。我国是经济大国（GDP、FDI世界第二，货物贸易世界第一），但全球经贸制度和规则一直由发达国家主导，处于被动地位。TPP具有竞争性、排他性，推行着美国的"新贸易政策"及"人权高于主权"的价值观。相比之下，中国倡议的21世纪海上丝绸之路是个开放、多元、包容、可延展经贸合作和经济治理平台，可以团结更多国家、汇聚更多变革能量，推动全球治理和改革朝着更加公正、合理的方向发展，推进以海上丝绸之路为载体的经贸制度建设和全球经济治理。有利于经略和平发展的周边环境，向世界展示一个开放、和平、自信的中国，参与并推动世界和平发展。习主席提出的"命运共同体"，是当前中国周边外交的战略方向。冷战以来，亚洲地区的力量格局发生显著变化，主要是中国的崛起、美国的焦虑、日本的失落。中国的崛起客观上使西太平洋地区出现中国和美国为核心的双中心格局。美国的"再平衡"战略有失偏颇，刺激一些国家铤而走险，甚至妄言围堵中国，致使一些领土争端问题升温。

中国领导人以共建21世纪海上丝绸之路的倡议诠释中国外交新理念，把中国梦（国家富强、民族振兴、人民幸福）同周边国家人民的幸福、周边国家的发展对接起来，使命运共同体意识在周边国家落地生根。海上丝绸之路向世界展示了一个开放、和平、自信的中国，为世界和平发展指明了方向。

（五）新海丝的困境

1. 涉及面广，协调难度大

一路建设大概辐射沿路几十个国

家，有人说 30 个国家，有人说甚至还要更多，涉及亚太经合组织（APEC）、东盟（ASEAN）、南亚共同体（SAC）、跨太平洋战略合作伙伴关系协定（TPP）、区域全面伙伴关系协定（RCEP）等错综复杂的经贸合作和制度安排。沿线各国的政治生态迥异，政策规划有别，宗教文化不同，民族犬牙交错，利益诉求多元，与我国的关系有亲有疏，他们对海上丝绸之路的建设是抱有厚望的，同时也担心我们背后有什么战略意图，担心失去对地区的主导权，还有顾忌南海争端、边界纠纷、主权让渡、资源保护和生态环境等等，难以形成统一建设的共识。

2. 边界复杂，争端纠纷多

沿线的部分国家政局动荡，南亚地区的反恐形势严峻，一些国家之间存在着边界纠纷，特别是我国与沿线六个国家存在着领土主权和海洋国际争端，一些国家在美国的怂恿下，不时在南海制造事端，对海上合作和共同开发态度消极，我们国家 60% 甚至更多的能源资源经过马六甲海峡，可以说，中国未来的安全威胁主要来自海上。

3. 基础不牢，合作程度低

沿线各国的发展不平衡，各国之间的政治安全互信不足，同我国贸易投资自由化的程度不一，海上商贸物

流通关体系有待完善，各国都无力出资互联互通，寄希望于中国来提供大规模援助或贷款。东南亚国家同我国的西南省区现在有一些融合，像云南广西，但是这种陆路联合和互联互通的基础设施和配套设施建设相对滞后，口岸和边贸的管理还有待加强，管理制度创新不足。另外，到目前为止边贸对经济带拉动作用并不明显。

4. 博弈激烈，外部干扰大

美国长期主导亚太海洋地缘战略格局，控制着和我国相关的日本海、渤海、黄海、东海、南海等太平洋边缘海，以及朝鲜海峡、琉球诸海道、台湾海峡、巴士海峡、马六甲海峡等半封闭海区和航道，在推行"亚太再平衡"战略中进一步严守同盟国强化岛链和海域的军事部署，加大舰机对我国的抵近侦察，实际上，这是国际关系界、国际战略界一直议论的对华战略包围圈问题。再加上有些国家挑唆我国域外的一些国家，在南海一些地方制造事端，干扰我国维护通道安全、控制重要港口、推动海上合作等等，遏制我国实现海洋强国的目标，我们必须要清醒思考、沉着应对。

（六）新海丝的途径

21 世纪海上丝绸之路建设的基本路径是：以国际经贸合作为核心，以

海上运输通道和基础设施建设为依托，以沿线的重点港口、中心城市、资源区块、产业园区为重点支撑，以海洋捕鱼合作为牵引，以人文旅游交流为纽带，构筑陆海空立体交通网络，形成开放式国际经济合作带，形成具有强大产业聚集效能的经济走廊，以这种利益交融互利共赢的一体化的伙伴关系，来安抚周边国家，稳定南海局势，维护通道安全，获取战略支点，拓展发展空间。

要在周边矛盾如此复杂，风险挑战如此之多的这样一个战略方向上推动海上丝绸之路建设，需要有宽广的视野。所谓宽广，就是要统筹国家主权安全和经济发展利益需要，从长远的角度去整体的规划、科学的论证、统筹的推进，特别要注意几个方面：

1. 总体规划要务实

不管怎样出台规划，都要立足周边实际和现有的基础，由近及远、先易后难、化整为零、循序渐进。所谓立足现实，就是要更多地考虑集成沿线零散的项目，像串联泛亚铁路公路等项目，要培育国际化、便利化、法治化的营商和通关环境，要重视相关规则、标准的制定和推广，要形成多边协调、各国参与、政府搭台、企业唱戏、民间配合的格局，以企业和项目为纽带，与各国利益实现捆绑，而不是完全另搞一套，更不能一厢情愿，不计成本、重复建设，恶性竞争，造成国家资源极大浪费，在这方面国内国际都是有经验和教训可以吸取的。

2. 战略重点要突出

海上丝绸之路涉及这么多的国家、这么多的省区、这么多的部门，各有各的意图和算盘，不能变成一个什么都往里装的大筐，也不能搞成我们对外要包打天下的一个公益事业，要帮助人家去建这建那，这个我们做不到，我们国家现在还有很多地区很多民众没有解决温饱问题，所以谋划海上丝绸之路的时候，一定要突出国家的总体战略意图，坚持我们的战略需求导向，确定哪些是国家投入的核心区域、重点对象、优先领域、重大项目以及关键节点，哪些要更多地引导地方、市场和企业去发挥作用，哪些必须要借助沿线国家、区域组织、次区域合作以及国际融资渠道，哪些需要依托现有项目和基础条件，按照轻重缓急来谋篇布局，虚实结合、精准发力、重点突破。要综合国家主权安全和经济发展利益来推动 21 世纪海上丝绸之路建设，不一定要严格循着古商道去走，立足现实也包含这一层含义。

3. 经贸合作要先行

要双边和多边结合来推进我国的自贸区战略，争取2015年年内启动中国—东盟自贸区升级版谈判，推动2015年完成区域全面伙伴关系协定谈判，加强同美国推动的TPP谈判的某种沟通和互动，推动构建亚太自由贸易区，这是APEC会议上提出的。总体而言，习近平访问中亚时提出共同建设"丝绸之路经济带"的做法，即政策沟通、道路联通、贸易畅通、货币流通、民心相通，也是建设21世纪海上丝绸之路的基本方式方法。五通中，政策沟通是基础，民心相通是目标，道路联通、贸易畅通、货币流通是21世纪海上丝绸之路建设的重要内容。今后将打造一个深度一体化的、活力四射的中国—东盟自贸区，一个升级版的自贸区，中国—东盟合作也将步入更加辉煌的"砖石十年"。

4. 对外协调要科学

海上丝绸之路涉及的各国政府，应通过协商沟通，形成区域开放合作的基本政策，通过协调区域发展的能源、交通、通讯整体布局和优势产业、主导产业群，提出区域国家间开展横向经济联合与协作的方案。这么大一个区域合作战略工程，一定要加强高层的战略引领，要做好东盟和重点国家的工作，加强宏观政策和发展规划的协调，不仅要把自己的工作做好，还要跟沿线国家沟通协调，加紧商签投资保护、交通运输、贸易便利化、金融合作、司法协助等相关的一些协议，推动海上国际合作，共同保护海上航道安全，打击海上跨国犯罪，推进《南海行为准则》的谈判，掌握南海规划的制定权，要双边和多边结合来推进我们的自贸区战略，吸纳区域组织、金融机构、域外国家包括欧洲的参与，也不排斥美国企业的进入，因为再进入它也不具备这样一种地缘的优势、区位的优势。总的想法就是最大限度地要去分散我们的战略压力，减少推进这个战略的阻力。中国应根据海上丝路建设的需要与战略安排跟沿线国家搭建更多的自贸区，双边投资协定和境外经济合作区，简化出入境签证手续以及组建丝路沿线港口城市联盟等合作机制，促进贸易与投资自由化，为双边和多边经济合作提供制度保障。

5. 风险防范要充分

要加强内部管理，突出经贸合作和人文交流，重视生态保护和绿色发展，避开一些争议问题和敏感领域。坚持先予后取、多予少取，不干涉别国内政，不介入别国之间的矛盾，减

少因为中方自身问题而引发外界的不良反应。要设计一些民生项目，推动形成一些早期的收获，让沿线国家早一点尝到甜头。海丝战略规划要有风险评估，要有应对预案，要有危机管理机制。要加强对港口要地的一些枢纽工程和油气管线境外园区等的安全防护。要重视开展预防外交，深化同东盟国家的海上合作和反恐合作，稳妥地处理南海争端。

6. 人文交流要推进

对外要多讲海上丝绸之路的历史和文化，同时赋予睦邻友好互利共赢的新内涵，同沿线国家加强人文交流，增设友好城市和协调机制，共同打造世界遗产和风景旅游，共同申办海上丝绸之路的之路，之旅，之都，之节等等。要发扬智慧，多开展这样的活动，开展文化产业和文化贸易合作，深入实施人脉工程，加强教育、智库、媒体、非政府组织等等的交流，重视发挥华侨华人在参与建设、协助公关、舆论宣传等方面的独特作用。深化与侨团商会的联系，引导沿线国家的侨胞特别是侨商积极投身华商投资产业聚集区建设，与侨商合作或者委托其争取战略项目和能源资源。

7. 体制改革要常态

中国要走出国门必须建立开放型经济体制，做到内外协调。比如我国的车辆和船舶要到国外，就要允许国外船舶和车辆进入我国境内。但我国公安和边防部门不答应。国内部门对外经贸很不熟悉，内口与对外口协调困难，要打破利益集团的藩篱，发挥市场在资源配置中的决定性作用。因此，要利用开放倒逼改革的机制，进行国内体制机制创新，尽力适应丝路建设的开放型经济新体制，促进国际国内要素有序自由流动、资源高效配置、市场深度融合。要营造一个能够争取相关国家民众理解和支持的舆论氛围，吸引沿线各国的参与，同时可以避免招致不必要的误解和反弹，甚至引发外交和安全风险。

第三节 重振月港雄风

漳州的海上丝绸之路萌芽于汉唐，发展于宋元，兴盛于明清。明中叶后漳州以月港为中心，主动融入大航海时代的贸易共荣圈，开创月港在世界海洋文明中的辉煌历史。明代初年，政府长期实行"海禁"政策，禁止外国商人随意来华贸易，也禁止中国商人自由出海经商。中国沿海民众为了生存，不得不以"走私"的形式冒险出海，同时千方百计地寻找"海禁"的薄弱环节，以建立外贸基地。政府管制比较松弛的漳州月港，因此而悄然发展成私人海外贸易的聚集点，于明隆庆元年（1567年）获得官方的认可，成为当时政府批准唯一合法的民间海外贸易港口。

当时月港拥有18条通往东西洋的航线，与东南亚、南亚和东北亚等47个国家和地区有直接贸易往来，是中国东南沿海对外交通贸易中心和当时从中国经吕宋马尼拉至美洲阿卡普尔科的"海上丝绸之路"的主要启航港。

随着月港的繁荣兴盛，漳州窑应运而生，外销的漳州窑瓷器倍受青睐，以"月港"为起点的"海上丝绸之路"在明清时期已渐变为"海上陶瓷之路"。迄今为止，中国乃至世界很多国家的博物馆都收藏有漳州窑瓷器。

作为"海上丝绸之路"衰退时期最为繁荣的港口地区，漳州明清海洋贸易承上启下，以其优越的地理区位、特殊的民间港口贸易形式、丰富精美的贸易输出商品、以及对当代海运贸易产生重大影响的海商人物代表，以"月港"为中心的漳州海外贸易成为16世纪后期至17世纪中叶，中国东南沿海地区海外交通贸易的中心和海上丝绸之路的启航港，参与了欧洲文明与中国文明最初的直接接触，在中国和世界海洋贸易交往中扮演着举足轻重的地位和全球海上贸易史迹不可缺失的角色，填补了"海上丝绸之路"发展历程的空白。

一、月港发展优势

（一）区域优势突出

漳州月港处于九龙江出海口，上接东海和黄海，下连南海的重要位置，处于中国"海丝"的中南部。明代月港海商北上贸易到达琉球、日本、朝鲜，南下贸易到东南亚各国，并与西班牙、葡萄牙、荷兰等西欧殖民国家进行环球贸易。这里正处于我国沿海地区的中心位置，是我国海洋战略发展的门户，同时也处于欧亚大陆地缘战略区和海洋地缘战略区的一个结合位。这个海区既是连接欧亚非三大洲和太平洋两岸诸航线的重要枢纽所必经的海域，又是中国周边地区海上贸易的经济走廊，有着良好通达性，中国倡议建设21世纪海上丝绸之路，其地缘优势突出。

1. 对台优势

首先是龙海与台湾地缘相近。龙海与台湾隔海相望、一衣带水，距大担、二担岛仅4海里，至金门仅9.4海里。龙海"南太武"与金门"北太武"两座名山素有"姐妹山"之称，是龙海与台湾地缘相近的典型见证。其次是龙海与台湾血缘相亲，语言、习俗与台湾相同相近。龙海是著名的台胞祖籍地，现有台湾省籍及金门籍同胞2650余人，赴台人员1600多人，台属15000多人，明、清时期迁居台湾的龙海籍移民后裔达120万人以上。连战、王金平、林洋港、高清愿等台湾政商界知名人士的祖籍地都在龙海。再次是龙海与台湾商缘繁荣。龙海是全省十大外经贸县市之一。目前，我市正常运营的台资企业（不含台投区）涉及十多个行业，包括食品、机械、制鞋、包装、电子、电力、化工、农业、养殖、旅游、体育用品、光电、橡胶等。初步形成了食品产业、临港产业、电力能源产业和橡胶制品产业等。台湾岛内的上市公司和大财团已有台塑、正新等大企业集团在我市投资落户，成为我市电力生产、汽车汽配产业等支柱产业的"龙头"和支撑。2013年，以外商投资企业年检资料为依据统计，龙海现有69家台资企业，上缴税收9.04亿元，占财政总收入的30.74%；台资企业从业人员5300多人，其中外籍人员近百人。龙海已逐步发展成为全省乃至全国重要的台商投资密集区之一。

2. 交通优势

龙海拥有陆、海、空兼备的立体交通网络，交通十分便捷。陆路有鹰厦铁路与国道324线、319线、沈海高速，省道漳云线和厦漳、漳诏、漳龙高速公路纵横交错。海路有九龙江西、北、南三溪贯穿全域，海轮可直达厦门、上海、汕头、香港、澳门等地；距离龙海市区仅有19公里、年货物吞吐量达8117.2万吨的厦门港可直达北美、南美、欧洲、地中海、大洋洲以及日本、韩国、东南亚等国家和地区主要港口，集装箱班轮航线，拥有辐射全球的航运网络。航空有距离龙海市区仅有59公里的厦门高崎国际机场，航线遍及内地及港澳地区、东南亚、韩国、日本、美国和欧洲，是华东地区重要的区域性航空枢纽。特别是随着厦漳跨海大桥、厦深铁路、龙厦铁路、厦漳高速、靖海高速、港尾支线铁路等一批重大基础设施项目的投入使用，龙海的交通将更为四通八达，更为顺畅。

3. 港口优势

九龙江岸线全长290公里，水域深而广阔，又具有较好的御风隐蔽条件，为福建省天然深水优良港湾。全市拥有石码、后石、招银3个港区和角美、浒茂洲2个作业区，从2005年12月31日开始正式纳入厦门港一体化管理。全市港口货物吞吐量近3000万吨。现已建成中小泊位码头52座，其中万吨级以上泊位9座。其中，招银港区是首批对台直航口岸、对外开放

漳州港双鱼岛

一类口岸和对金马直航货运口岸，建有万吨以上码头8座（15万吨级2座、10万吨级1座、5万吨级2座），招银港区至营口、太仓、岚山等15条内贸集装箱航线，至海天外贸集装箱航线和至天津、锦州、大连等3条散杂货班轮航线覆盖全国各主要港口，货物通关极为便捷，境内布有4个进出口海关报关点，属全国少有。目前，投资上百亿、规划面积6.2平方公里的漳州开发区"四区"30万吨级码头，海洋石化25万吨级码头、港尾国家一级渔港、龙池金帝码头已开工建设，正在加紧施工；玉枕陆岛交通码头2015年4月竣工投入使用，乌礁岛（普贤）陆岛码头已开工建设，厦门港龙海客运站等项目已经竣工即将投入使用。

（二）历史渊源深厚

月港贸易首次实现海洋贸易全球

271

化，推动中原文化与外来文明融合发展，创造过海上国际贸易的辉煌历史。月港对外贸易航线持续了两个半世纪，时间跨度之长、数量之大、国别之多，是世界上大帆船航海史上罕见的。以月港为中心的漳州古代海上贸易涵盖了港口与通商、贸易输出品、海商人物史迹等方面的众多历史文化遗存，集中体现了明中期到清前期近两百年独有的古港口风貌，为探索古代"海上丝绸之路"完整的发展历程，揭示中外海洋物质文化交往的恢宏历史提供了相对完整且独特的实物见证。它填补了中国的航海史、造船史、港口史、海外贸易史、移民史、国际关系史、中外科技文化交流史等的内容，大大丰富了海上丝绸之路文化内涵。

（三）人文联系亲密

中华文明在中国周边地区历史上的影响根深蒂固，儒家文化得到广泛的认同，并且形成了共通的东亚文化或者叫文明圈。月港的对外贸易和交流，随着闽南海外贸易的拓展和移民活动的频繁，数以万计的闽南人过东洋、下南洋、闯西洋，使当地建筑艺术、民间信仰、社会组织刻上闽南文化烙印，深刻地影响贸易国的日常生活和习俗。明代漳州海商大量前往南洋经商，旅居海外推动华侨集团崛起，

许多人成为当地的工商巨子、文化领袖，其贡献不言而喻。据最新统计，东南亚华人华侨不少于 500 万人，其中 80% 以上都保留闽南文化和习俗。那么，这种文化同一性、价值认同感，加上民族向心力所产生的共同或相似的地域语言、价值观、思维方式、生活习俗、民族性格、地缘意识、血缘关系、历史传统等文化要素，都可能转化为具有某种凝聚力和整合效能的软力量，赋予强大的民族精神动力和人文资源。这无疑为以文化为纽带开展广泛深入的地区合作创造了优良的物质条件。

（四）发展潜力巨大

2009 年 5 月，国务院发布《国务院关于支持福建省加快建设海峡西岸经济区的若干意见》，海峡西岸经济区开放开发上升为国家战略。这为龙海的发展带来了新一轮发展机遇。正所谓，白纸上面好画画，龙海经济的后发优势在海上丝绸之路的建设中体现得淋漓尽致。首先，龙海市现有的以正新橡胶为龙头的汽车汽配产业，以华阳电业、中海油 LNG、福能风电为龙头的电力能源产业，以海新集团、紫山集团为龙头的食品产业等产业集群，已成为我市的优势产业。与海上丝绸之路沿线国家在石油、天然气、

煤、铁、锰、铜、镍、金、银、原木、天然橡胶等资源性产品上具有较大的互补优势，合作空间广阔。进一步优化三大优势产业发展规划，完善产业配套，充分发挥优势产业的引领作用，可以为海上丝绸之路沿线国家、地区的企业在龙海发展提供宽阔的平台，给我市各行各业的发展注入强大的生机和活力。其次，龙海开放市场基础非常扎实，是连接海峡两岸以及东南亚"两种资源、两个市场"的重要节点，是我国参与国际贸易合作的重要门户。龙海是闽南金三角重要开放城市之一，对外开放时间早、领域宽、层次高，在国际合作特别是贸易合作中积累了丰富经验。仅 2014 年就实际利用外资 9000 多万美元，同比增长 67.07%，出口总值预计 47200 万美元，同比增长 14.66%，完成年任务的 107.27%。注册合同外资 6000 万美元，同比增长 27.25%。但与我省另两个海丝申遗城市福州、泉州还有不小的差距，这说明了龙海经济发展还有很大的上升空间，发展潜力无限，后发优势强劲。

（五）区域合作优化

经过多年的努力，如今在漳州地区客观上形成了一个梯度传递型的区域分工体系，接力棒式的产业和技术的传递关系，在劳动力成本上升之后，一些低端的加工制造，像纺织业、制鞋业等这样一些低端制造业，就自然会向越南、孟加拉等一些国家转移。初步形成的双边、多边、次区域合作共同推进的这样一种多层次、开放型、多样化、包容性的区域合作组织和结构，深化了漳州同东南亚和南亚国家之间的经贸联系，提升了区域经济一体化程度，虽然这个程度还不够高，但这为未来各个领域的合作提供了基础条件、机制保障和先期经验。

二、月港建设瓶颈

"一带一路"建设既是经贸合作通道，也是人文交流的重要渠道。月港融入"一带一路"建设面临问题主要有：

（一）分工协作问题

主要是月港融入"一带一路"建设的功能定位、目标任务、重点领域和拓展空间不够明确，缺乏站位全局、统筹规划和"一盘棋"发展思想，主动融入、积极对接、协力推进，发挥优势意愿不强，挑战意识不够，不利于优化资源配置。

（二）平台作用问题

月港面临基础设施落后，对外通道不够通畅，有待完善；对外人文交流合作载体不多，区域平台作用发挥

不够，政府优惠政策不明确，经贸交流相对缺乏，港口区位缺陷、古迹恢复困难等一系列的难题。

础相对薄弱、出海通道不够便捷、区域性物流中心建设滞后等，也制约"海丝"发展。

（三）资金瓶颈问题

月港挖掘保护海上丝绸之路遗迹宣传力度不够、保护力度不够、投资力度不够，没有设立专项保护基金，申遗经费紧缺。开辟新月港的设施投资较大，政府财政困难，很难落实到位；空中运输航线，打造海上丝绸之路建设、加快先行区建设仍存在大量的资金缺口。

（四）文化融合问题

月港在拓展对外文化交流、构建闽南文化生态保护区、提升区域文化品牌影响力等方面推进慢、节奏慢、步伐慢，较少了解海上丝绸之路地区的参与情况和热情，与海外侨胞沟通不够深入，主动融入"一带一路"建设的文化体制机制没有建立等。

（五）政府角色问题

"月港海丝"建设属于跨区域、跨部门、跨领域的合作，涵盖政治、经济、文化、宗教等问题，需要党政一把手高度重视，各部门齐抓共管，密切沟通配合，形成一致的开放合作理念，共同制定区域开发政策，重点项目推进和优势产业合作，实现优势互补、互惠互利和共同发展。此外，月港基

三、月港新路建设框架

省委九届十次全会也提出要"打造新的海上丝绸之路"，特别是省委尤权书记在《打造21世纪海上丝绸之路重要枢纽》提到"明朝中后期，漳州月港作为我国唯一合法的海上丝绸之路始发港，是当时中国最大的对外贸易港口。""福建地处我国东南沿海，是海上丝绸之路的重要起点和发祥地……在建设21世纪海上丝绸之路中具有不可替代的重要地位。"明代的月港被誉为"闽南一大都会"，从月港出海的华商华侨华人遍布东南亚各国，月港成为华商华侨华人闯荡世界的出发港，是"走出去"对外开放的典型代表。月港的繁荣已经过去，今天龙海市委、市政府高度重视"挖掘月港文化，凝集社会力量，重振龙海雄风"，提出要"保护好月港旧区""开辟好月港新区"。

（一）打造海丝先行区

充分运用各级各类媒体和网络平台，多角度、多层次、多渠道广泛宣传月港的历史地位和时代意义，统筹谋划，多形式、全方位推进月港海丝先行区建设。要以全球视野和战略眼光，将月港建设，纳入全省、全国构

月港历史风貌区保护与有机更新规划

资料来源：厦门合道工程设计集团有限公司：《龙海市月港历史风貌区保护与更新规划》，2014年12月编制。

建全方位的"21世纪海上丝绸之路建设"的开放格局。在国家、省、市三个层面推进立足龙海实际，明确月港区域发展的目标、要求、举措。建议成立龙海市"月港海丝建设"工作领导小组，在主动参与全省、全国层面海丝建设的相关规划、政策制定和落实的同时，统筹全市重大规划和专项规划，把月港建设成层次清晰、定位

准确、特色鲜明、功能合理、布局科学的先行试验区。针对龙海地理优势和人文优势，研究制定推动月港建设产业、贸易、投资、海洋、文化、生态等与海丝城市、东南亚国家经济合作的相关政策，确定一批合作项目并推动落实，使这类多形式的合作真正成为推动龙海跨越发展的主要力量，更好地服务我市"重振雄风当龙头"的总目标。

（二）打造对外交流合作区

月港是"走出去"的典范，与沿海城市、贸易地区有着深厚的历史渊源和人文联系，经贸往来密切，要着力做好实施走出去战略，要加快对外深度合作。一是加强与海丝城市的互联互通。利用临海优势，以港口为枢纽，加快推进海上通道互联互通，积极参与国家港口等重大基础设施建设，提高港口的货物运输能力，带动与沿海各地的贸易投资。二是推动海丝建设区域经济一体化。在国家海丝建设大背景下，建议以港口基础建设、道路交通建设、片区建设为抓手，启动和实施"海洋战略"，与国家的南海大战略对接。将龙海经济社会发展与周边地区的人力资源、资本、技术、经营、市场充分对接，有效整合。三是要打破传统合作模式。改变传统观念，破除旧的体制、机制，借鉴发达地区的经验和做法，集中精力发展海

275

洋渔业、造船、港口物流、食品加工等优势产业，不搞面面俱到。并与海丝城市建立起政府之间、行业之间、产业之间、社团之间的常态化的沟通协调机制和长效平台，推进双方经贸和人文交流合作。

（三）打造经济发展桥头堡

立足月港在海内外的地缘人缘优势，把握好 21 世纪海上丝绸之路建设的契机，高标准高起点推动月港旧区保护、月港新区建设和石码中心城市建设，打造龙海建设 21 世纪海上丝绸之路、促进区域开放合作的"桥头堡"和"龙头"。抓紧制定总体方案、管理方法、实施细则和配套制度，重点在金融、教育、卫生、旅游、专业服务等领域开放合作取得突破。通过产业结构的调整升级，促进对外贸易增长方式的转变，推动龙海外贸出口由粗放增长型向质量效益型转变，由劳动密集型向资本、技术、知识密集型转变。

（四）打造对台经贸合作圈

许多知名台资企业在龙海落户，鼓励民间企业与台资企业联合投资，介入台资企业的上下游产业链投资经营，尽快建立台资产业园、经济试验区，积极拓展对台贸易交流平台，增强民营资本实力，把龙海建成实力雄厚、政策宽松、辐射力强的对台经贸联系的龙头和窗口。

（五）打造文化传播新商道

进一步发挥华侨华人与人文软实力优势。"国之交在于民之亲"。海上丝绸之路，不仅是东西方海洋贸易的主要通道，也是人民友好交往、文化交流的重要通道。在建设 21 世纪海上丝绸之路中，月港要注重打好"侨牌"和"文化牌"，加强与沿线各地的人文交流和沟通联系。开展以民间交流和文化交流为重点的友好往来，巩固交深"老朋友"，结识拓展"新朋友"。通过召开多层次多形式的交易会、恳亲会、联谊会等，积极组织、引导华商和侨资企业、海外华侨华人专家学者回乡开展经贸、科技和文化等多方面的交流合作；发挥华侨华人桥梁纽带作用，为龙海企业走出去牵线搭桥，通过华侨的努力，使沿线国家人民了解中国，了解现行政策，从而营造有利于合作共赢的环境。要重视对中华文明和闽南文化的传播，树立福建改革开放新形象，提升我国在海上丝绸之路沿线各国的影响力。

第四节 月港新路建设

一、制订总体规划

国家提出"一带一路"战略构想以来，文化部、财政部联合委托中国文化产业协会、清华大学国家文化产业研究中心开展前期研究，着手编制《丝绸之路文化产业战略规划》。该战略规划将是从国家的高度对丝绸之路文化产业加以规划，统筹协调丝路沿线丰富的文化资源，避免因行政体制的条块分割、地区间缺乏协调，导致各地产业结构雷同，甚至重复建设和资源浪费的现象。因此，月港海丝建设要与国家"一带一路"整体规划相衔接，要贯彻党中央、国务院关于21世纪海上丝绸之路的战略部署，立足本地实际，科学制订区域海丝建设专项规划，更好地发掘月港独特的文化资源，促进文化资源优势转变为经济优势，带动区域经济社会快速发展，同时促进保护与开发建设优势互补、协同发展。制订总体规划要注重体现本地特点和地方特色产业发展规划，

制定规划要切实可行、完善配套政策和跟进策略，还应包括：文化创新带、交流先行区、经济增长极、区域稳定剂和文化传播器。总体规划还要做好时间布局，确定近期、中期、长期的计划和领域，由易到难、由近及远，以点带线、由线到面，将海丝建设落实。在总体规划的指导下，利用国家、省关于"海上丝绸之路"建设的各种扶持政策和优惠条件，打造新产业、新格局。

二、强化顶层设计

（一）成立领导小组

推进"一带一路"建设意义重大，必须加强组织领导，明确责任分工，完善工作措施。建议由市委、市政府主要领导牵头，宣传部、发改委、经贸局、财政局、海洋渔业局、规划建设局、侨办、文化局等部门为成员单位，成立"一带一路"建设工作领导小组，

领导考察调研

强化共识，科学定位"角色"和"职责"，形成发展合力。制定战略执行方案，对工作方案的目标、措施和任务进行分工，结合各单位的职能，加强配合，推进月港海丝建设早发动、早部署、早上马，定期进行汇报与协调，解决具体问题和事项，统筹规划建设，突出区域特色，积极争取国家政策、项目和资金支持，有计划有步骤有保障来贯彻执行"一带一路"建设大局。我国政府应设立一个专门机构来协调相关省区间的关系，打破行业和地区壁垒，根据各省区文化资源状况，建立和完善文化产业区域合作机制，加强各省区的文化产业分工和协作，鼓励文化企业跨区域经营，以形成共同

建设 21 世纪海上丝绸之路的合力。在对外方面，也要建立对话磋商合作机制，通过海上丝绸之路国家或地区领导人会议、文化部长会议，制定和通过纲领性文件、各种文化产业合作协议等，也可以考虑设置日常组织机制，包括海上丝绸之路文化产业带秘书处、联合专家组和专业工作组等。总之，建立全方位合作机制，形成一个相互联系、相互合作的系统机制，有助于海上丝绸之路文化产业带的发展。

（二）突出合作重点

按照"开放包容、双向互动、互利共赢、官民结合"原则，积极拓展对外贸易市场，不断扩大经济互补性，

提升对外经济开放度。建议以龙海市为重点，以角美台商投资区，漳浦县、诏安县、东山县、龙文区为依托，各地互通互联、经贸合作、以人文交流为核心，深化重点领域合作，全面提升对外经济合作空间，加快月港海丝建设的支撑点。

（三）创新工作机制

借鉴海峡高峰论坛、厦门投洽会博览会、漳州农博会等载体平台，促进与其他地区的政策沟通、民心相通，开展区域互动结对，完善区域合作模式，拓展互通互联、经贸合作和人文交流空间。秉持开放包容的"海丝"精神，完善多层协商体系，加强政府沟通，加快建立多维度、常态化的区域交流合作机制。

三、加大经费投入

国家设立总规模 400 亿美元的海丝建设基金，是要为"一带一路"有关沿线国家的基础设施建设提供资金支持，设立丝路基金是要利用我国资金实力直接支持"一带一路"建设。由此可见，龙海、漳州两级地方政府，都要成立海丝建设基金支持的相关建设。在专项基金扶持的同时，还应鼓励各类社会资本通过多种形式参与海上丝绸之路建设，尤其是争取民营资本参与丝路建设。社会资本要按照市场机制和国际惯例办事，制定严格的

规章制度，保证透明公开，为丝路建设提供良好的发展基础。对海上"丝绸之路"建设领域所涉及的扶持政策，要在专门融资机构的协调下加强沟通，制定政策和规则的实施细则，加强对市场主体的扶持力度，从立项、用地、财税、奖励等方面推动"丝绸之路"相关项目的实施；加大对"月港海丝建设"政策、文化、投资环境和旅游资源等宣传推介，集中龙海本地力量、吸引内地和周边地区参与海上"丝绸之路"的建设；重视对"丝绸之路"项目相关的人才培养，在国际商务规则、自由贸易区规则、经贸业务、金融业务、文化科技等方面培训培养专业的人才，为月港海丝建设提供必备的人才资源。

四、开展学术研讨

历史上的"海上丝绸之路"具有多始发港、多航线的特点。就始发港而言，可以梳理出蓬莱、扬州、宁波、福州、泉州、漳州、广州、北海、南

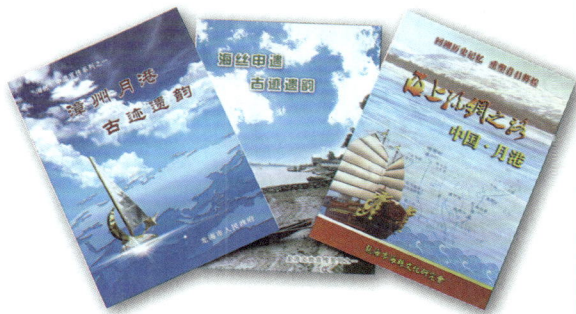

月港海丝宣传材料

京九个主要"海上丝绸之路"城市，涉及我国东南、西南沿海、沿边各省区，要定期与不定期举办"高峰论坛"，共同探讨多边文化经贸发展规划、文化项目合作、文化交流活动等议题。同时，在高峰论坛之下，设立文化产业主题论坛，可以结合相关产业设立影视、演艺娱乐、动漫游戏、文化旅游、工艺美术、非物质文化遗产、民族文化、工业制造、建筑设计、文化体育等主题论坛，也可以结合海上丝绸之路的贸易产品设立丝绸文化、陶瓷文化、茶文化等主题论坛等，以增进各个地区间的文化贸易交流，促进经济文化合作。各地历史悠久，文化资源丰富，重要历史人物、重大历史事件不胜枚举，还有许多资源可以开发。因此，应该进一步加强学术研究，研究"海上丝绸之路"沿线国家的历史与文化、沿线港口和城市、中外政治和文化交流等，尤其要运用历史学、遗产学的视角，捕捉可以将历史文化转换成产业的闪光点，让海丝文化产业化，让产业文化化。

五、加强人文交流

加强科技文化交流合作。与海上"丝绸之路"沿线地区开展政府间的科技文化交流，通过政府间的协议建立常态化的文化科技交流平台与机制。充分利用漳州、龙海与沿线国家和地区特别是东南亚国家业已存在的政府间合作机制，推动建设海上"丝绸之路"的政策和学术研究机构，推动与沿线国家在科教文卫体领域的全面深入的交流合作；扩大月港在东南亚国家的影响力，进一步推动月港文化与南洋文化的融合与发展。

加大闽南文化交流与融合。鼓励民间与"丝绸之路"沿线国家的人员交流，特别是东南亚国家的交流，举办各种民间交流合作。东南亚文化许多是中华文化与闽南文化的交流融合演化而来的，所以必须加大闽南文化的交流与融合力度，比如举办闽南文化节、闽南论坛、龙舟文化节、闽商文化节等，扩大闽南文化对所在国华侨华人的影响力和向心力，以文化作为纽带连接月港与东南亚国家的各项交流与合作。

月港文化课题调研工作会

《中国世界文化遗产预备名单》申报工作座谈会

发挥华侨交流媒介作用。"华侨"是海上丝绸之路的重要参与者、见证者和贡献者，是推进海丝建设的重要依托力量。"丝绸之路"沿线国家有几百万、上千万华侨华人，闽南侨胞众多，经济实力雄厚，智力资源丰富，要充分进一步挖掘侨资侨智，充分利用"两新"（新生代、新华侨华人）、"两重"（重点社团、重点人物）资源优势，以侨为"桥"，强化乡情、亲情、友情联络，发挥侨力资源的独特作用，依法维护海外侨胞合法权益，推进海外华侨华人在构建政治互信中起释疑解惑作用，在双边经贸合作中起桥梁纽带作用，在区域经济一体化中起穿线搭桥作用，在中外文化交流合作中起融合发展作用。

六、筹建重点项目

产业园区是提高文化产业规模化、专业化、集约化水平的重要载体，实现了经济规模和范围的扩张。诸如美国硅谷、中国中关村，已经成为软件信息产业的地标；美国好莱坞、印度好莱坞，则是电影工业的代名词。这些世界较为成熟的产业园区，都是凭

借特色资源发展起来的。这些产业园区又以其强大的吸纳和辐射力，对区域经济发展做出巨大贡献。因此，可以筹建"海上丝绸之路"园区，以"海上丝绸之路"特色文化资源为基础，提高海丝产业的规模化、集约化。在申报世遗的9个城市中，漳州月港有着深厚的历史渊源，是明朝政府唯一许可的民间合法海上贸易起航港，可以考虑筹建"月港海丝"园区，在开辟月港新区的同时，加大落实重点项目建设。合理引导外资投向，支持外资企业转型升级，探索设立海丝产业集聚园区，成为漳州与海上丝绸之路城市开展产业合作的重要载体。

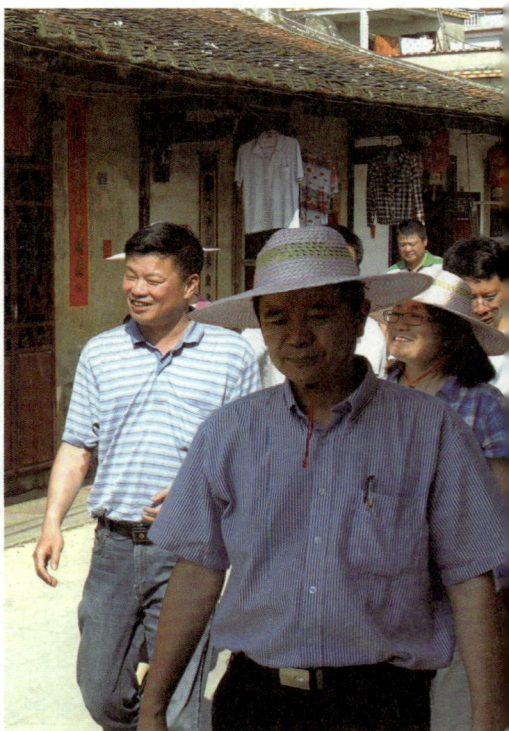

专家现场调研指导

七、传播中华文化

从历史文化渊源来看，台湾是"海上丝绸之路"重要节点，两岸同属中华文化圈。最早开发台湾的是海澄人颜思齐，有三分之一台湾人的祖籍地在漳州。从现实来看，"21世纪海上丝绸之路"将大陆经济与东盟、南亚等连接起来，台湾作为亚太地区重要经济体，如果和大陆联合起来，有助于"丝绸之路经济带"发挥更大的效应，台湾方面对于"21世纪海上丝绸之路"却表现冷淡，没有给出积极的回应。但近年来，两岸在文化产业的交流与互动频繁，海峡两岸文博会、国交会、艺博会、旅博会、茶博会等，都已形成品牌效应。因此，可以借助海上丝绸之路文化产业先行先试，加强与台湾的文化产业交流与合作，推动"21世纪海上丝绸之路"建设。同时，利用两岸中华文化的同根同源，增强台湾同胞的中华民族凝聚力。

八、弘扬海商精神

漳州月港的兴盛是漳州发展史上辉煌的一页，也是"海丝"发展史上绚丽的篇章。月港文化是一种海丝文化，是海洋文化、开放文化、走出去的文化。漳州月港的兴盛，涌现出了一批又一批敢冒风险、敢拼爱赢的海商，辟了世界大帆船航海史上维持最久的一条贸易航线。月港海商那种海纳百川的胸怀和扬帆远航的抱负，力求更加开放、开拓和开明的秉性，在他们的身上突出体现了"顺风使舵、敢顶风浪、敢拼会赢、借船出海、司舟共济、情深似海"的精神，他们抱团取暖、共同发展、懂得感恩、爱国爱乡，既是漳州改革的动力、发展的源泉，也将为今天"21世纪海上丝绸之路"建设带来启发。漳州的发展要利用"月港"参与"21世纪海上丝绸之路"建设的有利契机，与"海丝"城市建立交流合作机制、文化交流基地、交流对接平台，携手共建"一带一路"经济体。特别是要突出在"月港"与台湾、东南亚的历史渊源与影响，加强对台经济、文化交流。龙海空间腹地大，不只是历史名城，还是沿海水城，港口众多，交通设施便利，漳州要发挥自身人文精神，通过对月港的挖掘和拓展建设，以厦漳泉同城化为契机，以厦门湾为中转，海陆并行，配合厦门港打好内港基础，以九龙江口的月港航道为基础开发港口经济和临港工业，打造滨海城市特色产业，利用月港知名品牌和龙海具备的人缘、地缘、商缘优势，打造"新的月港"，发挥"活的海丝"，推进漳州经济和文化双赢发展。

专家现场调研指导

参考文献

- （元）脱脱：《宋史》，卷四百八十九，列传第二百四十八，外国五，中华书局 1977 年版。
- （明）顾炎武：《天下郡国利病书》，上海古籍出版社 2012 年版。
- （明）张燮著，谢方校注：《东西洋考》，卷七、卷十、卷二十三，中华书局 2000 年版。
- （明）何乔远：《闽书》，福建人民出版社 1994 年版。
- （明）张燮著，谢方校注：《西洋朝贡典录校注东西洋考》，中华书局 2008 年版。
- （明）陈九德辑：《皇明名臣经济录》，卷四三，北京出版社 1998 年版。
- （明）陈子龙、徐孚远、宋徵璧等选编：《明经世文编》，卷二百四十三、二百六十七，中华书局 1962 年版。
- （明）周起元：《东西洋考·序》，中华书局 2000 年版。
- （明）郑若曾：《筹海图编》，卷四、卷五，中华书局 2007 年版。
- （明）许孚远：《敬和堂集》，卷七《九谛》，明嘉靖四十一年（1562 年）版。
- （明）郭棐著，黄国声、邓贵忠点校：《粤大纪》，卷三，事纪类，海岛澄波，中山大学出版社 1998 年重印本。
- （清）陈锳等修，（清）叶廷推等纂：《海澄县志》，清乾隆二十七年（1762 年）刊本。
- （清）张廷玉：《明史》，《陆饷货物抽税则例》，中华书局 1974 年版。
- （清）张廷玉：《明史》，卷二〇五《朱纨传》，中华书局 1974 年版。
- （清）顾祖禹：《续史方舆纪要》，卷九十九，中华书局 2005 年版。
- （清）朱枫：《漳州府志》，清乾隆四十一年（1776 年）版。
- （清）董诰等纂修：嘉庆《全唐文》，卷五五六，中华书局 1983 年影印本。
- （清）江国栋：康熙丁酉年《龙溪县志》，卷十一，漳州图书馆 2005 年影印本。
- （清）黄许桂修，曾沚水纂：《平和县志》，清道光十三年（1833 年）版。
- 郑墉：《海澄月港》，《月港遗迹点滴》，清光绪二十二年（1896 年）版，龙海市政协 2010 年编印。
- （清）沈定均修，（清）吴联薰增纂，陈正统整理：《漳州府志》，卷四十七《寇礼》，清光绪三年（1877 年）版。
- （清）徐松辑录：《宋会要辑稿》，职官四四之二，中华书局 1957 年影印本。
- （日）藤田丰八：《中国南海古代交通丛考》，商务印书馆 1936 年版。
- 胡寄馨：《明代福建对外贸易港研究》，《福建省研究院汇报》1947 年第 2 期。
- 张维华：《明代海外贸易简论》，学习生活出版社 1955 年版。
- 全汉升：《美洲白银与明清年间中国海外贸易的关系》，《新亚学报》1983 年第 16 卷（上）。

● （美）菲律乔治：《西班牙与漳州之初期通商》，《南洋问题资料译丛》1957 年第 4 期。

● （日）小叶田淳：《中世南岛交通贸易史之研究》，东京刀江书院 1968 年版。

● （港）刘兰田：《菲律宾民族的渊源》，《附录：大帆船贸易》，东南亚研究所菲华历史学会 1970 年版。

● 吴晗：《朝鲜李朝实录中的中国史料》，中华书局 1980 年版。

● 许在全：《张燮与〈东西洋考〉》，《福建师大学报》1980 年第 2 期。

● 林仁川：《明代漳州海上贸易的发展与反税监高寀的斗争》，《厦门大学学报》1982 年第 3 期。

● 唐天尧：《试论明代月港兴衰的原因》，《福建师大学报》1982 年第 3 期。

● 方文图：《略论月港的兴衰》，《厦门日报》1982 年 10 月 17 日。

● 杨翰球：《十五世纪至十七世纪中叶·中西航海贸易势力的兴衰》，《历史研究》1982 年第 5 期。

● 陈自强：《论明代漳州月港》，《福建论坛》1982 年第 2 期。

● "中央研究院历史语言研究所"校勘：《太祖洪武实录》，卷七〇、卷一三九，上海书店 1982 年版。

● 陈自强：《论明代漳州月港的历史地位》，《海交史研究》1983 年第 5 期。

● 周中夏：《宁波港历史上的衰落》，《海交史研究》1985 年第 1 期。

● 林仁川：《明代中琉贸易的特点和福建市舶司的衰亡》，《海交史研究》1988 年第 1 期。

● 李金明：《明代海外贸易史》，中国社会科学出版社 1990 年版。

● 厦门大学南洋研究所：《南洋研究论文集》，厦门大学出版社 1992 年版。

● 林仁川：《福建对外贸易史与海关史》，鹭江出版社 1991 年版。

● 严从简：《殊域周咨录》，卷九，中华书局 1993 年版。

● 李国祥、杨昶主编，薛国中、韦洪编：《明实录类纂》福建台湾卷，海禁，武汉出版社 1993 年版。

● 杨国桢：《闽在海中》，江西高校出版社 1995 年版。

● 李金明：《漳州港·明代海澄月港兴衰史》，福建人民出版社 2001 年版。

● 向达校注：《西洋番国志郑和航海图两种海道针经》，中华书局出版社 2000 年版。

● 廖大珂：《福建海外交通史》，福建人民出版社 2002 年版。

● （日）桑原骘藏，陈裕菁译：《蒲寿庚考》，第一章《蕃汉通商大势》，中华书局 2009 年版。

● 朱鉴轶、陈佳荣：《渡海方程辑注》，中西书局 2013 年版。

后记
POSTSCRIPT

🖋 郑 云

　　翻阅古代"海上丝绸之路"这段厚重的历史，月港是一个不容忽略的地方。作为"海上丝绸之路"衰退时期最为繁荣的港口地区，月港承上启下，以其优越的地理区位、特殊的民间港口贸易形式、丰富精美的贸易输出商品、杰出的海商人物代表，在中国和世界海洋贸易交往中扮演着举足轻重的地位和不可缺失的角色，填补了"海上丝绸之路"发展历程的空白。

　　月港时代虽短，却适逢其会，在中国海洋贸易史上很难再找到这样风云际会、影响深远的时代。月港商人在皇权打压下，扬帆出海，开辟了自己的东西洋航线，进行环球贸易。

　　月港，这个名字，从儿时至今一直回荡在我的脑海里。学生时代就在海澄读书，一次次聆听街头巷尾老人们讲关于月港的故事和月港人，渐渐对月港产生浓厚兴趣。出社会了，又从事文物保护工作，又一次次来到月港。每当我行走在这城郊之间，在水陆之际、在今古之交时，一种感慨、一种遗憾总是弥漫在心头，那些古老而残破的房屋、独特而陈旧的竹帘、荒废而淤积的码头、浑浊而流淌的溪河、盘节而高大的榕树……还有那一个个紧靠着码头的祠庙，这些无处不在的古迹和苍远的氛围，一点点地包围了我，使我对月港的认识日渐清晰，对月港的情感与日俱增。毫无疑问，四百多年前的月港留给后人是灵魂栖地！在这里，散发着浓郁闽南风情、海洋特色和盛世遗风。如今，这条月溪、这条小巷、这个古镇应该得到足够的尊重、得到应有的保护，这是一个文物工作者的呐喊和社会责任。

我们去月港，当年那些"贾肆星列、居民数万"的繁华景象，已经无法感受，只见"几无烟火、疮痍载路"的一片荒芜场地。我没有更多的时间于此吐纳。但我觉得，那些依稀可见、斑驳不清的残垣断壁很值得我去勘查、寻访……一个仓促而果敢的想法萌起，把它记录下来！这个念头折腾了好多年，我拜读了胡寄馨、许在全、林仁川、杨国桢、李金明、唐三尧等教授专家的关于月港研究著作之后，一直不敢提笔，一拖而拖。恰逢月港"申遗"与"一带一路"建设的提出，使沉寂百年的月港重新进入人们的视野，引起社会广泛关注，我才下定了决心，试试看！此书内容没有专家学者的渊博深邃，没有作家诗人的华美幽默，更没有史学家、考古学家的严谨周密，我仅仅把这一时期的一点点印象和感想写下来，在月港那旷世风华已被雨打风吹去，不至于荡然无存，体面地留下一段短暂而美丽的梦！

如果这算是一种呼吁的话，仅仅在于，希望让月港这个名字重新出现在人们的眼前，让人们记住它过去的辉煌后，有感重振月港雄风之心志。

本书在整理、组稿、编辑、校对过程中，得到领导、专家的鼓励与指导，得到同事、同行的帮助与支持，还有那些真诚待我、为我的朋友、亲人的呵护与关心；特别是中国文物协会副会长郑国珍局长、厦门大学南洋研究院李金明教授在百忙中拨冗为本书作序，他们的无私奉献和热忱关怀，铭记在心，在此深表谢意！

因水平有限，难免有失偏颇，遗漏错误之处，敬请方家、读者教正！

2015 年 7 月 27 日

于紫云岩麓下